Erich-Norbert Detroy

Das Powerbuch der Neukundengewinnung

REDLINE WIRTSCHAFT

Erich-Norbert Detroy

Das Powerbuch der Neukundengewinnung

Effektive und gewinnorientierte Kundenakquise
per Brief, Telefon und Internet

REDLINE WIRTSCHAFT

Erich-Norbert Detroy
Das Powerbuch der Neukundengewinnung
Effektive und gewinnorientierte Kundenakquise
per Brief, Telefon und Internet
Frankfurt: Redline Wirtschaft, 2005
ISBN 3-636-03027-2

Unsere Web-Adresse:

http://www.redline-wirtschaft.de

Umschlag: Vierthaler & Braun, München
Coverabbildung:

Ein Unternehmen der Süddeutscher Verlag Hüthig Fachinformationen
Satz: J. Echter, Redline GmbH
Druck: Himmer, Augsburg
Printed in Germany

Inhaltsverzeichnis

Vorwort

Das Berufsbild des Verkäufers hat sich in den letzten 10 bis 15 Jahren grundlegend gewandelt. Neue Informations- und Kommunikationsmedien wie Internet, E-Mail und Handy haben die Verkaufslandschaft nachhaltig verändert – und tun dies weiterhin. Direct-Mailing (Verkaufen per Brief und Katalog) und Teleshopping (Verkaufen per Fernsehen) gewinnen für unsere Kunden zunehmend an Attraktivität. Die Märkte sind transparenter denn je, und der globalisierte Wettbewerb zwingt Unternehmen dazu, Innovationen in immer kürzeren Zeitabständen zu konkurrenzfähigen Preisen zu entwickeln. Auch gesellschaftliche Veränderungen haben dazu beigetragen, dass wir heute konstatieren müssen: Die Anspruchshaltung unserer Kunden wächst von Tag zu Tag. Der „klassische" Verkäufer, der sich diesen Trends verschließt, hat ausgedient.

Dieses Buch zeigt Ihnen, wie Sie den dramatisch gewachsenen Anforderungen an den Beruf des Verkäufers gewachsen sind. Den Berufseinsteigern unter Ihnen gibt es das professionelle Rüstzeug an die Hand, um Verkaufen leicht und verständlich zu lernen. Aber auch als Profi finden Sie darin vielfältige Anregungen, um Ihre Verkaufsstrategien und -taktiken zu komplettieren und zu perfektionieren.

Der Verkäufer, der mit der Zeit geht, berücksichtigt die großen Trends und ihre Auswirkungen auf seinen Beruf und in seiner täglichen Berufspraxis. Verkaufen heute (und morgen) bringt zahl- und facettenreiche, auf jeden Fall aber qualitativ neue Herausforderungen mit sich – aber auch ungeahnte Chancen und Möglichkeiten für Sie!

Gesellschaft und Wirtschaft verändern sich mit einer enormen Geschwindigkeit

„Per Internet oder Teleshopping bestellt, morgen schon da, natürlich Rückgaberecht und Rechnungsbezahlung statt Nachnahme, versteht sich von selbst ... !"

Unsere Kunden sind heute nicht mehr bereit, vier Wochen auf ein Angebot zu warten. ISDN, DSL, E-Mail, SMS ... die Schnellen schlagen die Langsamen. „Wer zu spät kommt, den bestraft das Leben" – dieser Spruch kommt Ihnen bekannt vor, nicht wahr?

Ausdauer ist mehr denn je gefragt

Die Globalisierung des Wettbewerbs und die modernen Medien machen unsere Welt zu einem Dorf. Dabei hören wir immer wieder, dass woanders viel mehr und fleißiger gearbeitet werde – vor allem die mittel- und osteuropäischen Länder sowie einige der Staaten in Ost- und Südostasien mit ihren Standortvorteilen holen rasant gegenüber dem hochindustrialisierten Westen auf.

Verkaufserfolge sind nicht (mehr) mit einem Achtstunden-Routinetag zu erreichen. Fleiß und Ausdauer, Hartnäckigkeit und Durchhaltevermögen sind charakterliche Grundvoraussetzungen, wenn Sie sich im harten (Verkäufer-)Wettbewerb durchsetzen wollen. Erfolg erreichen Sie nicht im Fahrstuhl – Sie müssen schon die Treppe benutzen!

Soziale Bedürfnisse haben sich gewandelt

An die Stelle der (Groß-)Familien ist in den letzten Jahrzehnten zunehmend die große gesellschaftliche Gruppe der

Geschiedenen, Singles und vieler, die in sozialer Abgeschiedenheit leben, getreten. Chatrooms und -foren, Internet-Kontaktbörsen, Online-Spiele, Telefon(man)ie etc. haben die persönliche zwischenmenschliche Kommunikation mittlerweile weitgehend ersetzt. Wir sind ja modern und leben digital und virtuell!

Der gesellschaftlicher Mangelfaktor Nummer eins ist also menschliche Anerkennung! Tiefer gehende soziale Kontakte werden wieder verstärkt gesucht. Auch unsere Kunden dürsten nach emotionaler Nähe und persönlicher Ansprache – worauf warten Sie noch? Als Verkäufer sind Sie auch als Beziehungsprofi gefragt!

Die letzten Jahrzehnte haben unsere Welt mehr verändert als die Jahrhunderte davor. Der Zuwachs an Gewinn ist enorm, denn das, was heute noch als Fortschritt gilt, hat morgen oft nur noch musealen Wert. Lebenslanges Lernen ist angesagt. Wer stagniert, verliert!

Schon Augustinus wusste: Nur was in uns selbst brennt, können wir auch in anderen entzünden. Als Verkäufer heißt das für Sie: Nur wer Freude am seinem Beruf hat, kann seinen Kunden begeistern. Ihre Begeisterung entspringt immer der Faszination, mit der Sie sich Ihren Aufgaben widmen. Entfalten Sie Ihre Kreativität – so werden aus Ihren Neukunden begeisterte Stammkunden, die Sie wiederum zu neuen Kunden führen. Begeistern Sie sich selbst, so begeistern Sie Ihre Kunden – und gewinnen, genauso wie Ihre Kunden!

Zum Schluss eine dreifaches Dankeschön

Sicherlich wäre dieses Buch nicht so praxisnah geworden, hätte ich nicht in meinen Seminaren so viel von den professionellen Methoden meiner Teilnehmer mitbekommen – dafür mein erstes Dankeschön!

Das zweite Dankeschön gilt meinem Freund Professor Siegfried Vögele, dessen Ratschläge, Hinweise und Tipps mich besonders zum Kapitel über die Neukundenwerbung per Brief inspirierten.

Mein größter Dank gilt allerdings „Eva“, ohne die ich die Kraft nicht gehabt hätte, dieses Buch zu realisieren. Hinter einem guten Verkäufer steckt eben doch meist auch eine starke Frau.

Viel Erfolg bei der Neukundenwerbung wünscht Ihnen
Ihr
Erich-Norbert Detroy
DETROY CONSULTANTS INTERNATIONAL
Beilstein/Heilbronn

1 Der Kunde, das unbekannte Wesen

Die Zeiten, in denen es als peinlich galt, bei Aldi einzukaufen, sind schon lange vorbei. Nur die Älteren unter uns reiben sich vielleicht noch die Augen, wenn wir jemanden „Im Armani zum Aldi“ (so ein Buchtitel) gehen sehen.

Schnäppchenjagd ist schick, „Geiz ist geil“ (wie lange noch?) und „verarschen lassen“ sollen wir uns auch nicht – besonders beim Preis –, andererseits finden Anbieter von Luxuswaren immer auch ihre Klientel, und das nicht zu wenig.

In Zeiten der wirtschaftlichen Unsicherheit (Krise und Umbau der Sozialversicherungssysteme, Zunahme der Arbeitslosigkeit, Rückgang des Realeinkommens, Verlagerung von Arbeitsplätzen in das „billigere“ Ausland etc.) verschiebt sich die Perspektive des Verbrauchers – das Preis-Leistungs-Verhältnis wird zum dominierenden Kriterium beim Kauf.

Viele Unternehmen haben auf diese Entwicklung reagiert: Die Ladenausstattung ist auf das Notwendigste beschränkt, Angebotsvielfalt und Sortimentstiefe sind radikal verkleinert, der Service tendiert gegen null.

So nutzen Verbraucher zum Beispiel Discountmärkte nach wie vor hauptsächlich, um ihren Bedarf an Grundnahrungsmitteln zu decken, doch finden auch immer mehr frische Lebensmittel und branchenfremde Non-Food-Artikel wie Heimwerkerzubehör, Kinderkleidung, DVD-Player etc. ihren Weg in die Einkaufswägen. Aber nicht nur Low-Budget-Haushalte kaufen bei Aldi, Lidl & Co. ein – auch besser verdienende Zielgruppen stöbern mittlerweile gern mal zwischen Wein-Pappkartons und Software-Aktionstischen.

Andererseits zeigt die Produktpolitik der Automobilunternehmen, dass sie neben diesen preisbewussten Kunden auch eine Klientel im Fokus hat, die Wert auf noble und zum Teil luxuriöse Modelle legt – verkaufen tun sich diese teuren Schlitten aber auch nur, weil die Hersteller entsprechenden Service bieten – Mehrwert und Zusatznutzen.

Luxus definiert sich aber längst nicht mehr allein über einen hohen Preis, exklusive Vertriebswege, hochwertige Ausstattung, eine ausgewählte Klientel etc. Luxus wird vom Verbraucher und B2B-Kunden häufig auch immateriell definiert. So wird „Zeit haben" zunehmend zu einem erstrebenswerten, weil scheinbar kaum vorhandenen Gut. Der Wellnesstrend der letzten Jahre ist nicht zuletzt auf das Bedürfnis zurückzuführen, sich kleine Inseln der Ruhe und des Wohlbefindens in der Hektik des Alltags zu schaffen. Ein individuell abgestimmter Service nimmt daher verstärkt einen besonders wichtigen Stellenwert ein, für den Kunden auch bereit sind, „Luxuspreise" zu zahlen. Ein langlebiges Luxusprodukt benötigt professionelle Wartung, Pflege und Inspektion – entsprechend muss sich die hochwertige Qualität dieses Produkts in einem zuverlässigen, komfortablen, individuellen Service niederschlagen, um dem Kunden zu sagen: Du bist ein besonderer Kunde. Du bist ein wichtiger Kunde. Dein Vertrauen ehrt uns. Wir revanchieren uns mit einer bevorzugten Behandlung.

Individualität ist Trumpf: One-to-One-Marketing

Der viel beschworene Wandel in der Wirtschaft hat nicht nur strukturelle und konjunkturelle Gründe, sondern wird insbesondere durch Veränderungen im Konsumenten- und Wettbewerbsverhalten herbeigeführt.

Die Zeiten der Anbietermärkte sind vorbei – in Zukunft entscheiden Fachkompetenz, Spezialisierung, Flexibilität und gezielte Verbraucher- und Kundenansprache darüber, wer im Wettbewerb die Nase vorne hat. Die Frage, der sich Unternehmen heute stellen müssen, ist: Welche Kunden spreche ich heute mit welchem Produkt, mit welchen Marketinginstrumenten, mit welcher Strategie an?

Die Konsumenten waren früher leicht zu „durchschauen", bestimmten Gruppen zuzuordnen und in weitgehend einheitlichen Massenmärkten unter Marketingaspekten leicht zu „bearbeiten". Entsprechend waren die Märkte aufgeteilt: Während Unternehmen, die mit ihren Preisen im Mittelfeld ihrer Konkurrenten angesiedelt waren, große Mengen absetzen konnten, hatten typische Billig- und Premiumanbieter wenig Chancen.

Die Märkte haben sich verschoben, die Situation hat sich grundlegend gewandelt: Industrie und Handel verdienen im Segment der Massenprodukte nicht mehr genügend (Innovationen werden durch Me-too-Produkte immer schneller nachgeahmt). „Billig" ist schon lange nicht mehr gleichbedeutend mit „schlecht". Das allgemeine Qualitätsniveau hat sich im Lauf der letzten Jahrzehnte deutlich verbessert, und auch in Fernost wird mittlerweile Topqualität produziert. Die Verbraucher sind entsprechend anspruchsvoller geworden, haben das Durchschnittliche satt, wollen Qualität *und* Auswahl *und* gute Preise.

Die heutigen Konsumenten sind – wenn überhaupt – nur noch sehr schwer zu berechnen. Sie pendeln nach Lust und Laune zwischen „Parkstraße heute und Lidl morgen". Allerdings lassen sich „die" Verbraucher nicht nur in Billig- und Luxuskäufer unterscheiden – zwischen diesen beiden Polen hat der heutige Konsument noch ganz andere Ausprägungen entwickelt: Er ist entsprechenden Untersuchungen zufolge vor allem preisbewusst, anspruchsvoll, konsum- und technikorientiert.

Selbstverständlich gibt es nicht *den* Verbraucher oder *die* Verbraucherin. Unterschiede in der nationalen oder sozialen Herkunft, hinsichtlich Bildungsstand und Einkommensverhältnissen prägten natürlich auch schon früher die Kaufgewohnheiten, aber gesellschaftliche Trends sowie wirtschaftliche und technologische Entwicklungen sorgen dafür, dass Marketingstrategien heute wesentlich differenzierter aussehen müssen. Quantitative und qualitative Wünsche und Ansprüche steigen in Konsum und Freizeit ebenso wie im Job.

Beispiel Smart-Shopper

Der Smart-Shopper ist mittlerweile ein weit verbreiteter Käufertypus. Er legt sein Geld strategisch günstig an, soll heißen: Spricht ihn ein Produkt oder eine Dienstleistung an und stimmt das Preis-Leistungs-Verhältnis, legt er gern auch mal einen Euro drauf. Nicht der absolut gesehen niedrigste Preis ist für ihn entscheidend, sondern vor allem ein besonders günstiges Preis-Leistungs-Verhältnis gilt dem Smart-Shopper als Ausweis smarten Einkaufens: Da haben sich aufwändige Informationsbeschaffung und Preisvergleiche, Organisations- und Verhandlungsgeschick zu einem wertvollen „Deal“ verdichtet. Nicht so sehr die Ware an sich, sondern der individuelle Wert, den er mit seinem „Beutestück“ erzielen kann, bildet den Mehr-Wert.

Die Anspruchshaltung der Kunden wächst

Unsere Grundbedürfnisse – Essen, Kleidung, Wohnung – sind schon längst gesättigt. Damit locken wir als Verkäufer keinen Hund mehr hinter dem Ofen hervor – allein mit Zusatz- und Faszinationsnutzen können wir Kunden an uns „fesseln“, seien es mitreißende Erlebnisse wie trendige Einkaufswelten, Gourmet-Genüsse oder außergewöhnliche Reisen.

Zusatznutzen für den Kunden bedeutet nicht nur das nackte Produkt mit seinem Grundnutzen, sondern Gewinn, Vorteile für das eigene Unternehmen, Prestige, Spaß etc. Wer seinem nackten Produkt nicht durch einen Zusatznutzen eine Marktnische gesichert hat, wird früher oder später von „seiner“ Zielgruppe eiskalt ignoriert und von Wettbewerbern, die günstigere Preise und/oder Ersatzprodukte anbieten, aus dem Markt gedrängt.

Mit dem Basisnutzen allein lässt sich keine Zufriedenheit mehr beim Kunden erzielen – dieser versteht den Grundnutzen als so selbstverständlich, dass sich seine Aufmerksamkeit vor allem auf den Zusatz- und Faszinationsnutzen richtet: Dieser beginnt beim Lächeln des Verkäufers und seiner kompetenten Beratung, die den individuellen Kundennutzen im Auge hat, konzentriert sich auf einen schnellen, zuverlässigen und kostengünstigen Service und wird begeistert angenommen, wenn er emotional verpackt und erlebt wird. Heute gilt mehr denn je: (Ver-)Kaufen ist ein emotionaler Vorgang, der nachträglich rational „gerechtfertigt“, mit logischen Argumenten begründet wird. Produkteigenschaften werden angesichts vergleichbarer Qualitätsstandards von „menschlichen“ Eigenschaften verdrängt – und deshalb kommt es entscheidend auf Ihre Persönlichkeit als Verkäufer an, Ihre Fähigkeit, eine dauerhafte, nachhaltige, von Vertrauen und gegenseitigem Respekt getragene Partnerschaft mit Ihrem (Neu-)Kunden aufzubauen.

Individualität und Menschlichkeit im Umgang mit Kunden ist das Leitbild des erfolgreichen Verkäufers: Er muss sich zum Freund seiner Kunden wandeln.

Für Unternehmen und ihre Vertriebsmannschaften wird es damit immer wichtiger, das Vertrauen ihrer Kunden nicht zu enttäuschen. Nur mit Ehrlichkeit und Fairness lassen sich auch Ehrlichkeit und Fairness auf Kundenseite gewinnen.

Sie müssen Ihren Kunden nicht nur von Ihrem Produkt überzeugen – vergleichbare Angebote findet er auch bei Ihren Wettbewerbern. Gewinnen Sie Ihren Kunden auf der persönlichen Ebene: Er möchte sich umsorgt, geborgen, sicher fühlen. Schenken Sie ihm Ihr Vertrauen – er wird Ihnen das seine schenken!

Treue zahlt sich aus – Treue zahlt sich nicht aus

Früher kauften Kunden dort, wo ihre Väter und Großväter schon gekauft hatten, und gaben diese „traditionelle" Bindung an die „alten" Lieferanten wiederum an ihre eigenen Kinder und Enkelkinder weiter.

Das war einmal. Aus und vorbei. Treue wird heute nicht mehr belohnt – schon gar nicht über Tiefstpreise. Der Kunde springt von Lieferant zu Lieferant, sucht grundsätzlich den billigsten Anbieter, der dann aber die Qualität des Teuersten bieten muss.

Der gewaltige Konkurrenzkampf, der insbesondere durch die Öffnung der Märkte in Osteuropa entstanden ist, ist zum Hyperwettbewerb mutiert. Doch im „alten" Europa zu produzieren und zu Preisen zu liefern, die auf dem Niveau des „neuen" Europa liegen, ist für viele Firmen völlig unmöglich – es sei denn, sie produzieren bereits jetzt in den Ländern des ehemaligen Ostblocks. Aber unser Businesskunde ist nur indirekt an dieser verschärften Situation mit schuld, denn er wird ja von seinen eigenen Kunden genauso hart vor das „Preis-Gericht" gezerrt.

Neben dieser extrem verschärften Preissituation sind auch längere Lieferfristen nicht mehr zu verkaufen. Wer nicht von heute auf morgen liefern kann, stellt sich selbst ins Abseits.

Massive Anstrengungen in der Logistik (zu einem Studium dieser zukunftsträchtigen Wissenschaft kann jungen Leuten nur geraten werden!) machen Sofortlieferung überhaupt erst möglich. Just-in-time war nur der Anfang. Unsere Autobahnen sind längst zu großen Lagerstätten geworden, erste Tests mit Flugzeugen, die zehnfache Schallgeschwindigkeit fliegen, sind bereits absolviert. Die Welt wird immer mehr zu einem kleinen Dorf.

Viele Unternehmen setzen dem ruinösen Preiswettbewerb gesteuerte Kundenbindungsprogramme über Kundenkarten und Bonushefte entgegen, die Kunden und Lieferanten finanziell verpflichten. Echte Geschäftsfreundschaft bleibt dabei auf der Strecke, denn solch ein Kundenzwang ist kein probates Mittel für Verkaufsstrategien, die auf langfristige Partnerschaften setzen. Ihr neuer Kunde will mitgestalten: Er verlangt individuelle Problemlösungen für seinen Bedarf und seine Wünsche – und das alles natürlich so schnell wie möglich.

Als Verkäufer gewinnen Sie nur, wenn Sie Ihrem Kunden mehr Gewinn bringen.

Was bleibt? Die Herausforderung einer echten, neuen und begeisternden Kunden-Freundschaft:

- Unter Freunden lässt es sich leichter und geschmeidiger (ver-) handeln.
- Unter Freunden lässt es sich leichter und angenehmer reden.
- Unter Freunden lässt es sich leichter über Freunde reden.

Deswegen muss Ihre Devise sein: Nicht nur Kunden, sondern Freunde gewinnen.

Einen Kunden-Freund gewinnen Sie dann, wenn jeder Kontakt mit ihm dazu dient, ihm Nutzen, Vorteile, einen Profit zu ermöglichen. Erfolgreich verkaufen heißt: dem Kunden helfen, der Beste zu sein. Ihr Kunde kauft heute nur, wenn er seinen Gewinn durch den Kauf klar erkennen kann. Ihr *Neu*kunde bleibt und wird Ihr begeisterter *Stamm*kunde, wenn er zu Ihrem Fan wird!

Transparente Märkte brauchen „menschliche" Verkäufer

Die rasante Entwicklung der Informations- und Kommunikationstechnologien und -medien sowie ihre zunehmende Verschmelzung verändern stetig unsere Gesellschaft. Sie beeinflussen unser berufliches und privates Alltagsleben, erschließen uns insbesondere im Freizeitbereich ganz neue Dimensionen. Unsere Auffassung von dem, was Konsum ist, wird sich weiter wandeln und sich über die reine

Informationsbeschaffung hinaus auf Inhalte (Content) und Emotionen erstrecken.

Das Internet bietet Kunden im B2B-Bereich fantastische Möglichkeiten, durch das Suchen von Produkt- und Verfahrensinformationen und Lieferanten sowie durch weltweite Preisvergleiche die jeweils günstigsten Anbieter zu finden. Untersuchungen haben gezeigt, dass jeder Businesskunde vor einem Kauf im Schnitt vier bis fünf Informationskanäle nutzt, seien es Internet, Prospekte und/oder Angebote, E-Mail- und/oder Telefonanfragen, Fachzeitschriften und/oder -bücher, Messen, Seminare, oder Mund-Propaganda.

Dem Endverbraucher bietet das Internet gegenüber dem traditionellen Einzelhandel erhebliche Vorteile: Bequemlichkeit, Schnelligkeit, Verfügbarkeit, Auswahl, Zeitersparnis und Zusatzinformationen nennen nach Untersuchungen die bei weitem meisten Online-Nutzer als entscheidende Zusatznutzen-Kriterien im Vergleich zum Kauf im Supermarkt, Warenhaus oder Elektrogroßmarkt. Informationen im Überfluss, praktische und schnelle Konsummöglichkeiten: Das Internet wird innerhalb des nächsten Jahrzehnts, in dem weit über die Hälfte aller Haushalte und de facto alle Unternehmen vernetzt sein werden, das bekannte Konsumverhalten verändern. E-Commerce wird schon bald zum normalen Konsumalltag wie das Shoppen in der Einkaufsmeile gehören.

Mithilfe von Suchmaschinen informieren sich Ihre Kunden und Verbraucher über Produkttests und vergleichen Ihre Preise mit denen Ihrer Wettbewerber. Dazu kommen kritische Stellungnahmen von Fachverbänden und Verbraucherorganisationen. Kleinere Kunden und Verbraucher organisieren sich via Internet in Käufergemeinschaften und bündeln auf diese Weise ihre Marktmacht, um bei größeren Anschaffungen günstigere Konditionen zu erzielen.

Angesichts dieser vielfältigen Informationsquellen werden Anbieter, deren Preise nicht wettbewerbskonform sind, vom Kunden gnadenlos abgestraft – es sei denn, der „mitgelieferte“ Zusatznutzen wiegt in den Augen des Kunden die Preisdifferenz auf. Und hier wiederum liegt Ihre Chance als erfolgsorientierter Verkäufer, denn spätestens für das Abschlussgespräch wird nach wie vor der persönliche Kontakt zu Ihnen bevorzugt. Ihr Kunde kauft nach Zusatznutzen, denn Produkteignung, -qualität und -grundnutzen sind selbstverständliche Mindestvoraussetzungen. Persönliche Beziehung, kompetente Beratung, Lieferschnelligkeit und -sicherheit, Flexibilität bei Kundensonderwünschen, Schnelligkeit und Kulanz bei Hilfsbedürftigkeit des Kunden etc. – schöpfen Sie alle Möglichkeiten aus, Mehr-Wert für Ihre Kunden zu schaffen!

Die hohe Markttransparenz und die zunehmende Marktmacht in Käufergemeinschaften organisierter Kunden und Verbraucher schaffen ständig wachsende Anforderungen an die technischen und kommunikativen Fähigkeiten der Unternehmen und ihrer Verkäufer, um mit dem Wissensstand ihrer Kunden mithalten zu können. Enge und langfristig tragfähige Beziehungen sind also notwenig, um dem Kunden das „Fremdgehen“ nicht schmackhaft zu machen.

Vertrauen und Kundentreue bauen sich aber nicht über (neue) Medien und Systeme auf, sondern nur zwischen Menschen. Darin liegt Ihre Herausforderung: Kundenkontakte mit hoher Qualität aktiv zu gestalten. Trotz aller automatisierten Verkaufsprozesse, trotz leistungsfähiger Medientechnologie und Computersysteme: Bei Tätigkeiten, die zwischenmenschliches Fingerspitzengefühl, soziale Kompetenzen und verkäuferisches Geschick – gerade in der schwierigen Neukundenakquisition! – erfordern, bleiben Sie als qualifizierter Verkäufer unentbehrlich: ist Ihr Knowhow gefragter denn je!

Wertewandel

Nicht nur die dramatische Ausweitung unserer Informations- und Medienvielfalt (vor gerade mal 20 Jahren begann die Ära des Privatfernsehens, erst zehn Jahre ist es her, dass das Internet/WWW seinen Siegeszug startete!), sondern auch politische (Verfestigung demokratischer Strukturen und Verfahren in der Gesellschaft), wirtschaftliche (steigender Wohlstand, struktureller Wandel, soziale Absicherung) und gesellschaftliche Entwicklungen haben sich in den letzten Jahrzehnten wechselseitig beeinflusst und die grundlegende Liberalisierung und Individualisierung seit den sozialen Umbrüchen in den 1960er Jahren („68er-Generation“) gefestigt. Die heutige Vielfalt der Lebensstile ist Ausdruck dieser zunehmenden Individualisierung des gesellschaftlichen Lebens und wird gern mit dem Begriff der „Multioptionalität“ umschrieben.

Doch die gewollte individuelle Freiheit, abseits gesellschaftlicher Zwänge so autonom wie möglich darüber zu entscheiden, wie wir unser Leben gestalten, verlangt auch, zwischen vielen dieser Optionen nicht nur wählen zu *können*, sondern auch wählen zu *müssen*! Mal Hand auf's Herz: Verspüren Sie angesichts dieser vielen Möglichkeiten der eigenen Lebensgestaltung einerseits, schwindender Sicherheit in der Arbeitswelt und in der Altersversorgung, der fortschreitenden Zerstörung unserer natürlichen Umwelt und vieler anderer Veränderungen, die wir nicht beeinflussen können (die aber trotzdem unser Leben bestimmen!), andererseits, nicht manchmal Unsicherheit, den Wunsch nach Überschaubarkeit und Orientierung? Da ist er, der zweite, weniger offensichtliche, aber nichtsdestotrotz grundlegende und langfristige Wandel, den Soziologen und Trendforscher für die letzten Jahrzehnte konstatieren, der sich aber allen Untersuchungen und Prognose zufolge noch verstärken wird.

Multioptionalität und das Streben nach verlässlicher Orientierung bedingen sich gegenseitig, prägen aber gleichermaßen das Kaufverhalten von Konsumenten und das Ihrer Kunden: Nutzenbezogenes Anspruchsdenken, (Entscheidungs-)Freiheit, Unabhängigkeit, Bequemlichkeit, (Lebens-)Genuss und Abenteuerlust stehen gleichberechtigt neben dem unveränderten Wunsch nach menschlichen Bindungen im engeren und weiteren (auch beruflichen!) Umfeld, der Suche nach sinnvoll empfundenen Verhaltensempfehlungen (Umweltschutz, Gesundheitsvorsorge, Wellness, private Altersversorgung etc.) und verlässlichen Informationen zu Produkten und Dienstleistungen – als Verkäufer können und sollten Sie an diesem Punkt ansetzen:

- Erleichtern Sie Ihren Kunden den Kaufprozess! Vermitteln Sie ihnen dabei Freundlichkeit und Spaß, Verlässlichkeit und Sicherheit!
- Beziehen Sie Ihren Kunden in Entscheidungsprozesse ein, lassen Sie ihn mitwirken!
- Erarbeiten Sie sich die dauerhafte Wertschätzung Ihrer Kunden durch eine ausgeprägte Hilfsbereitschaft, Vertrauen und gegenseitigen Respekt!
- Pflegen Sie ein höhere Kontaktfrequenz mit Ihren Kunden! Stellen Sie dauerhaft höchste Aufmerksamkeit für Ihre Kunden sicher!

2 Der erfolgreiche Verkäufer – ein kurzes Profil

Wer bin ich? Eine wahre Geschichte

Als Sohn griechischer Eltern wurde ich in Smyrna, dem heutigen Izmir in der Türkei, geboren und 1922, wie alle Griechen, im Zuge der großen Säuberungsaktion unter dem türkischen Republikgründer Kemal Atatürk aus meiner Heimat vertrieben. In Athen fand ich ein neues Zuhause. Weil aber meine Familie auseinander gerissen worden war und ich keine Arbeit in Athen fand, beschloss ich, als blinder Passagier auf einem Schiff nach Buenos Aires auszuwandern. Um nicht aufzufallen, verdingte ich mich als Schiffspage mit großer Hilfsbereitschaft und großem Charme. Ich war stets der Schnellste, wenn die Schiffsgäste einen Liegestuhl oder ein Getränk wünschten.

Mir war stets bewusst, in Argentinien nur dann eine Chance zu haben, wenn ich die Sprache lernen würde – also ließ ich mir von den Schiffsgästen in Rekordzeit Spanisch beibringen.

In Buenos Aires nahm ich einen Job als Telefonist an, was mir aber nach ein paar Wochen zu langweilig wurde. Ich fragte meinen Vater, den ich über Briefkontakte wiedergefunden hatte, ob ich seine Tabakwaren in ganz Argentinien vertreiben dürfe.

So bekam ich gegen Vorauskasse Muster und ging mit diesen direkt zum größten argentinischen Tabakwarengroßhändler – wurde aber von diesem abgewiesen, immer und immer wieder.

Die meisten Verkäufer hätten an meiner Stelle schon längst aufgeben – aber ich nicht, und das erst mit 14 Jahren! Ich änderte meine Strategie, stellte mich vor das Gebäude des Großhändlers und grüßte alle Personen, die hineingingen und herauskamen. So wurde ich allmählich zum Tagesgespräch im Unternehmen. Der Senior, ein 70-jähriger würdiger Herr, sprach mich daher an: „Kleiner, wir grüßen uns so freundlich, woher kennen wir uns eigentlich?" Ich gab ihm eine unerwartete Antwort: „Wir kennen uns, weil ich ihnen ein gutes Geschäft vorschlagen kann."

„Was für ein Geschäft denn?", fragte der Senior.

Jetzt hatte ich den Fuß in der Tür: „Haben Sie fünf Minuten Zeit? Können wir in Ihr Büro gehen?"

So ging der Senior mit mir wieder in sein Büro. Dort verkaufte ich ihm so viel Tabakwaren, dass ich von meinem Vater 500 Dollar Provision bekam.

Wer war dieser pfiffige Junge, der auf diese Weise den Grundstock für sein späteres milliardenschweres Imperium legte? Steckt in Ihnen auch ein kleiner Milliardär? Wenn Ihre Neugier Sie nicht ruhig weiterlesen lässt, dann blättern Sie doch ein paar Seiten weiter ans Ende dieses Kapitels ...

Dreifache Kompetenz

Kunden brauchen kompetente Partner – Verkäufer. Aber was bedeutet Kompetenz bei einem Verkäufer? Welches Wissen, welches Know-how, welche Anlagen, Fähigkeiten, Stärken muss er mitbringen, um Kunden überzeugen, begeistern zu können und so in seinem Beruf erfolgreich zu sein?

Fach- und Anwendungskompetenz

Mit Fachkompetenz ist das Wissen über das eigene Produkt-/Dienstleistungsangebot, Konditionen, Service etc., über den Markt, den Wettbewerb, wirtschaftliche, politische und rechtliche Rahmenbedingungen der Branche und des Verkaufsberufes gemeint.

Aber durch Fachwissen und Produkt-Know-how allein ist der Verkäufer nicht in der Lage, dem Kunden seinen individuellen Nutzen zu vermitteln. Er benötigt zusätzlich Anwendungskompetenz: die Fähigkeit, zeit- und situationsabhängig, auf den jeweiligen Kunden abgestimmt, das eigene verkäuferische Wissen (Akquiseinstrumente und -techniken, Gesprächsführung – Einwandbehandlung, Preisverhandlung, Abschlusstechniken – , After-Sales-Betreuung etc.) effizient einzusetzen.

Wie für mittlerweile fast alle Berufe gilt auch für den Verkäufer, dass lebenslange Lernbereitschaft und -fähigkeit entscheidende Voraussetzungen für berufliche Erfolge sind. Verkäufer werden immer gebraucht, aber sie stehen ständig vor neuen Herausforderungen: Flexibilität, Anpassungsfähigkeit, die Bereitschaft, sich ständig beruflich und auch persönlich weiterzuentwickeln. Vermeiden Sie Stillstand, denn Erfolg baut auf stetem Wachstum: Erfolge sind keine Ruhekissen, Misserfolge kein Grund, die Flinte ins Korn zu werfen. Kunden fordern zu Recht Verkäufer, die sie aus fundiertem und aktuellem Know-how heraus kompetent beraten.

Verkaufen ist heute mehr denn je eine permanente Herausforderung an die Bereitschaft und Fähigkeit des Verkäufers, sich stetig im Beruf und als Persönlichkeit weiterzuentwickeln.

Soziale und emotionale Kompetenz

Was nutzt alles Produkt- und Anwendungs-Know-how, wenn ich es nicht dem Kunden „rüberbringen“ kann? Jenseits von Fachkompetenz sind es heute zunehmend „menschliche“ Fähigkeiten, die im Wettbewerb um Kunden über Erfolge entscheiden: Kundenorientierung, Servicedenken – Denken in Kundennutzen – und Hilfsbereitschaft. Soziale Kompetenz im Verkauf heißt zum Beispiel:

- vom ersten Auftritt an beim Kunden einen positiven Eindruck und eine positive Grundstimmung zu wecken;
- nicht die ewig gleichen und langweiligen Begrüßungsschablonen zu benutzen, sondern auch einmal kreativere Gesprächseröffnungen zu suchen;
- dem Kunden wirklich zuzuhören und dessen Argumente zu respektieren, auf seine Einwände individuell einzugehen und mit ihm gemeinsam nach Lösungen zu suchen;
- Konflikte zu vermeiden bzw. geschickt Brücken zu bauen;
- teamorientiert zu arbeiten, also gute Kontakte mit Innendienst, Service und anderen Kollegen zu pflegen;
- (verborgene) Motive und Wünsche des Kunden zu erkennen und einzubeziehen.

Emotionale Kompetenz meint die Fähigkeit, die eigenen und die Gefühle anderer zu verstehen und zu führen. Kundenführung heißt demnach, die emotional tief liegenden Motive der Kunden erkennen zu können und sie aus diesen Tiefen heraus dazu zu bewegen, langfristig treue Stammkunden und Empfehler zu werden.

Im Kunden muss das Gefühl wachsen, dass seine Bedürfnisse, Wünsche, sein Nutzen im Mittelpunkt stehen, damit er sich ernst genommen, respektiert und aufgewertet fühlt, damit eine tragfähige emotionale Brücke zwischen Verkäufer und Kunde entsteht – Vertrauen. Durch *Empathie* – die Fähigkeit, sich in andere, ihre Einstellungen und Gefühle einzufühlen – wird Vertrauen gebildet. So erkennt der empathische Verkäufer zum Beispiel bei der Einwandbehandlung, ob emotionale Gründe hinter den Vorwänden des Kunden oder seinem „Nein“ stecken.

Soziale Kompetenz entscheidet immer mehr über den Verkaufserfolg – und eine positive Lebenseinstellung ist das Fundament dieser sozialen Kompetenz.

Persönliche Kompetenz

Wer sich nicht selbst mag, den mögen auch andere nicht. Daher kann ein Verkäufer, der an sich selbst zweifelt, keine positive und dauerhafte Beziehungen zu Kunden aufbauen. *Begeistern* kann er sie erst recht nicht. Stimmt also die innere Einstellung des Verkäufers nicht, kann er auch keine wirksame soziale Kompetenz entfalten, die den Kunden für sich gewinnt.

Die innere positive Einstellung des Verkäufers zu sich selbst, zu seinem sozialen Umfeld, zu seinem Beruf setzt Motivation voraus – Motivation, die sich aus einem ausgeglichenen Energiehaushalt speist. Jeder Mensch hat seinen ganz eigenen Energiehaushalt: Stellen Sie fest, wie viel Energie Ihnen zur Verfügung steht, wie viel Energie Sie für welche privaten und beruflichen Lebensbereiche, für welche Aufgaben aufbringen müssen: Was geht Ihnen leicht von der Hand? Was bremst Sie, wofür müssen Sie sehr viel Energie aufbringen?

In nächsten Schritt sollten Sie Ihre persönliche Energiequellen erkennen und bewusst fördern:

- Werden Sie sich Ihrer eigenen Stärken bewusst und bauen Sie diese aus. Der Einsatz Ihrer Stärken in Berufs- und Privatleben ist eine ungeheure Kraftquelle, die Ihnen nahezu unerschöpfliche Energie liefert!
- Sorgen Sie für eine Work-Life-Balance in Ihrem Leben: Gestalten Sie Ihren ganz individuellen Ausgleich zwischen Arbeit sowie Privat- und Familienleben.
- Achten Sie auf eine gesunde Lebensweise: ausgewogene Ernährung, Sport/körperliche Fitness, Wellness, ausreichend Schlaf. Lernen Sie Entspannungsphasen ganz bewusst einzulegen, abzuschalten, zum Beispiel, indem Sie Ihre Hobbys pflegen.
- Bringen Sie Ordnung in Ihr Privat- und Berufsleben: Sorgen Sie für „soziale Hygiene“ in Ihrem privaten und beruflichen Umfeld: in der Familie, unter Freunden und Kollegen.

Die innere Einstellung des erfolgreichen Verkäufers

Um dauerhaft Kunden für sich zu gewinnen zu können, muss ein Verkäufer Anziehungskraft besitzen. Aber was genau ist es, das einen Verkäufer für seine Kunden so anziehend macht?

Kunden haben ein feines Gespür dafür, ob Ihr Denken, Sprechen und Handeln im Einklang miteinander stehen. Als Verkäufer müssen Sie mit sich selbst im Reinen sein. Sie haben selbst den größten Einfluss auf Ihre Einstellung – denn Sie können diese formen und ändern.

Positive Grundhaltung und Vorfreude

Ihre eigene positive Grundstimmung wird die Beziehung zu Ihrem Kunden positiv beeinflussen: Sind Sie von Ihrem Produkt, von Ihrem Unternehmen und von Ihrer Lebensweise überzeugt, so wird Ihnen das der Kunde aufgrund Ihrer Ausstrahlung glauben. Mit dem Kauf des Produkts kauft der Kunde nicht nur Ihr Produkt, sondern auch Ihre positive Überzeugung.

Die Freude am Kontakt, auf das Gespräch, auf den neuen Kunden, diese Vorfreude hat ansteckende Wirkung: Der Verkäufer, der mit Vorfreude zum neuen Kunden geht, hat die besten Chancen, schon mit dem (fast) alles entscheidenden ersten Eindruck zu gewinnen:

- Kunden honorieren die Freude, die ihnen jemand entgegenbringt.
- Wer sich auf den Kunden freut, der schätzt ihn, wertet ihn auf.
- Vorfreude wirkt sich auf Mimik und Körperhaltung aus.
- Vorfreude äußert sich in der Stimme und ihrer Klangfarbe bei der Begrüßung und im weiteren Gespräch.
- Vorfreude erleichtert die Informationsbeschaffung, Bedarfs- und Motivermittlung im Gespräch mit dem Kunden.

Kunden brauchen Optimismus – sie haben selbst genug Probleme und möchten nichts von Problemen und Krisen hören, sondern von Chancen und Lösungen erfahren.

Innere Stabilität

Auch Ihr Akku ist irgendwann leer. Erfolgreiche Verkäufer wissen, wie entscheidend Phasen der Regeneration sind. Speisen Sie daher Ihr inneres Kraftwerk regelmäßig mit neuer Energie. Tanken Sie Kraft in Ihrem Privatleben – am Feierabend, am Wochenende, im Urlaub –, um Ihre körperliche, geistige und psychische Fitness aufrechtzuerhalten und weiter zu fördern.

Diese Ausgewogenheit von *beruflicher Anspannung* und bewusst herbeigeführter *privater Entspannung* ist für Ihre innere Stabilität notwendig, um Kritik sachlich und gelassen anzunehmen zu können. Kundenkritik richtet sich in der Regel nicht persönlich gegen den Verkäufer, gegen sein Unternehmen oder sein Produkt; vielmehr ist es oft genug ein Signal, dass sich Kunden mehr Zuwendung und Hilfsbereitschaft wünschen.

Ein in sich ruhender Verkäufer nimmt Kritik zum Anlass, im Gespräch näher auf den Kunden einzugehen. Er reagiert nicht beleidigt, abwehrend, sondern sucht weiter unbeirrbar nach den Motiven und Wünschen des Kunden.

Ein selbstbewusster Verkäufer, der sich seiner Schwächen bewusst ist, ist auch zur Selbstkritik fähig. Ein realistisches Selbstbild, das auch Fehler und Misserfolge konstruktiv reflektiert, trägt enorm zur inneren Stabilität bei: Einen Verkäufer, der ein gesundes Selbstbewusstsein besitzt, den haut so schnell nichts um, im Gegenteil: Wer sich nicht von Kritik aus der Bahn werfen lässt, zeigt persönliche Souveränität und Glaubwürdigkeit. Und wer diese Souveränität besitzt, der lässt auch unvermeidbaren Ärger an sich abprallen.

Ständige persönliche Weiterentwicklung

Ständige persönliche Weiterentwicklung vollzieht sich in kleinen Schritten, jeden Tag – dabei sind Fehler unvermeidlich. Entscheidend ist aber, aus ihnen zu lernen – diese Selbstreflexion ist Basis für die Bereitschaft, weiter an sich selbst zu arbeiten, aufgeschlossen auf Neues zuzugehen, bisher Ungewohntes auszuprobieren, Gewohntes infrage zu stellen, Vertrautes aus einer anderen Perspektive zu bewerten, unter Umständen auch Altes und Überkommenes über Bord zu werfen

Zielorientierung

Kein Erfolg ohne Ziele. Erfolgreich zu sein bedeutet, seine selbst gesteckten Ziel zu erreichen: Was für die einen das eigene Häuschen mit glücklicher Familie ist, ist für die anderen ein hohes Einkommen, Luxus, Reisen, Unabhängigkeit – wieder andere streben nach Macht und Einfluss.

Ohne Visionen haben Ziele keine dauerhafte Anziehungskraft für uns. Mit Visionen sind keine Illusionen, Traumtänzereien, keine religiös oder esoterisch verbrämten Utopien gemeint. Visionen sind vielmehr innere Bilder einer gewünschten, angestrebten und dabei realisierbaren künftigen Wirklichkeit, die unseren (Teil-)Zielen Orientierung geben. Mithilfe von Visionen können wir unsere kleinen und großen Ziele einordnen, ihnen eine Priorität für unser Denken und Handeln zuweisen. In Ihrer Vision nehmen Sie vorweg, wo Sie eines Tages stehen wollen: im Privatleben, im Beruf, mit Ihrem ganzen Selbst, mit Ihrer ganzen Persönlichkeit – und damit natürlich auch als Verkäufer!

Visionen geben die Richtung vor, Ziele zeigen uns den Weg. Ohne Ziel gibt es kein Ankommen und keinen Erfolg.

Begeisterung und Motivation

Begeisterung ist eine der stärksten Energiequellen des Menschen – Begeisterung reißt Menschen mit. Begeisterte Verkäufer stecken Kunden und Kollegen an – erfolgreiche Verkäufer gewinnen Sympathie durch Begeisterung.

Begeisterung hat ihre Quelle in einer positiven Einstellung zu sich selbst, zur sozialen Umwelt, zur beruflichen Aufgabe, zum Unternehmen und zum Produkt – und vor allem zum Kunden.

Diese Begeisterung zeigt sich im „Flow“, einem Motivationszustand, der Menschen zu Höchstleistungen treibt, ein Zustand, in dem uns eine bisher ungeahnte Kraft durchströmt. In diesem Zustand entwickeln wir ein nahezu grenzenloses Vertrauen zu uns selbst und in das Gelingen unserer Aufgabe.

Unter- und Überforderung, Routine und Langeweile lassen keinen Flow zu, bremsen unsere Begeisterung aus. Persönliche Weiterentwicklung hingegen, das heißt, die eigenen Grenzen immer ein wenig weiter auszudehnen, an Neuem zu wachsen, selbst gestellte Herausforderungen zu meistern, versetzt uns in diesen Flow, der unsere Motivation explodieren lässt, uns begeistert – Begeisterung, die unsere Kunden ansteckt.

Sind Sie authentisch?

Glaubwürdigkeit, Geradlinigkeit, Ehrlichkeit, Aufrichtigkeit, Offenheit – kurz: Authentizität – sind Eigenschaften, die einen Menschen „wertvoll" machen. Authentizität bedeutet: die Übereinstimmung von Denken, Sagen und Handeln. Persönlich integre Menschen sind klar, bestimmt, einschätzbar; wir können uns auf sie verlassen.

Sicherheit

Ihr Kunde erwartet, dass Sie ihm Sicherheit bieten. Dieses Gefühl der Sicherheit können Sie schon vom ersten Moment Ihrer Kontaktaufnahme an Zug um Zug aufbauen:

- durch Ihr Auftreten;
- durch die Art und Weise, wie Sie gemeinsam mit ihm seinen Bedarf und seine Wünsche herausarbeiten und eine individuelle Lösung präsentieren, die ihm seinen Nutzen klar macht;
- durch Referenzen;
- durch faire Preisverhandlungen;
- dadurch, dass Sie ihm gleich nach dem Abschluss versichern, einen guten Kauf getätigt zu haben, und dass Sie bei Fragen und Problemen immer für ihn da sind;
- dadurch, dass Sie stets ein Auge auf Lieferung/Installation „seines" Produkts, auf Einweisung/Schulung und andere Aktivitäten „seines" Kundendienstes/Service haben.

Zuverlässigkeit

Sicherheit heißt auch, dass Sie zuverlässig sind – dass Versprechen gehalten werden, die Sie als Verkäufer persönlich äußern oder Ihr Unternehmen in den Markt tragen. Nichts verzeiht der Kunde weniger als gebrochene Versprechen und nicht eingehaltene Zusagen des Verkäufers. Das Vertrauen des Kunden ist rasend schnell verspielt und kann – wenn überhaupt – nur mit allergrößter Mühe zurückgewonnen werden. Für erfolgreiche Verkäufer heißt das: Keine Zusagen machen, die nicht mit hundertprozentiger Sicherheit eingehalten werden können!

Hilfsbereitschaft

Soziale Kompetenz bedeutet auch, dem Kunden immer ein bisschen mehr zu geben, als er erwartet – helfen Sie Ihrem Kunden, wo immer es geht, unterstützen Sie ihn bei seinen Aufgaben, bei seinem Streben nach Erfolg, denn durch Hilfe und Nutzenmehrung entsteht beim Kunden nicht nur Begeisterung, sondern auch Dankbarkeit, sogar Verpflichtung Ihnen gegenüber!

Höflichkeit

Ihr Kunde erwartet Höflichkeit: Gute Umgangsformen wie die Form Ihrer Begrüßung, Ihre Anrede und Vorstellung, Ihr Auftreten und Verhalten, Ihre Pünktlichkeit, Ihre Sprache und die angemessene Distanz zu Ihrem Gesprächspartner sind Mindestvoraussetzungen bei persönlichen Terminen. Damit signalisieren Sie ihm, dass Sie ihn respektieren und wertschätzen.

Höflichkeit wertet den Kunden auf – aber ohne Einfühlungsvermögen bringt Sie auch die formale Beherrschung von Gesten der Höflichkeit nicht an Ihr Ziel: Nur gute Umgangsformen, die durch entsprechendes Taktgefühl mit Leben erfüllt werden, wirken persönlich und nachhaltig auf eine dauerhafte Geschäftsbeziehung.

Dankbarkeit

Ein aufrichtiges Dankeschön ist viel mehr als nur ein Zeichen von Höflichkeit und Takt – es verbindet Menschen und ist somit ein weiterer Baustein für dauerhaft tragfähige Kundenbeziehungen.

Als Verkäufer haben Sie jeden Tag die Möglichkeit, Ihrem Kunden „Danke“ zu sagen: bei einer Auftragserteilung, wenn er Sie weiterempfiehlt, bei Beschwerden und Reklamationen, wenn Ihr Kunde Ihnen Komplimente macht, für die Geduld Ihres Kunden, wenn Sie sich einmal verspäten sollten, und und und ...

Beharrlickeit

Ihr Kunde schätzt Ihre Hartnäckigkeit, weil Sie ihm damit zeigen, wie viel Ihnen an einer Zusammenarbeit liegt. Ihr Kunde möchte umworben werden, Wertschätzung erfahren, Ihre volle Aufmerksamkeit haben. Geben Sie gerade bei dem Versuch, mit einem Neukunden in Kontakt zu treten, allzu schnell auf, dann bedeutet dies für ihn, dass Sie kein wirkliches Interesse an ihm haben oder dass Sie von Ihrem Produkt oder Ihrer Dienstleistung selbst nicht so überzeugt sind, dass Sie ihn als Kunde davon überzeugen können.

Ihr Auftritt, bitte!

„Für den ersten Eindruck gibt es keine zweite Chance“ – eine uralte Binsenweisheit, aber sie hat nichts von ihrer Gültigkeit verloren. Untersuchungen bestätigen immer wieder, dass in den allerersten Momenten eines zwischenmenschlichen Kontakts – insbesondere beim ersten persönlichen Gesprächstermin – weniger zählt, *was* wir sagen, als vielmehr, *wie* wir es „rüberbringen“ – per Mimik, Gestik, Tonfall, Dialekt etc. Das gilt natürlich auch und vor allem für Ihren „Auftritt“ als Verkäufer – oder vertrauen Sie einem Finanzdienstleister Ihr Geld an, der Sie in ausgebeulten Jogginghosen, mit strähnigem Haar, Nikotinfahne, herabhängenden Schultern und mit einem schlaffen Händedruck begrüßt und mit leidender Stimme erzählt, wie schlecht doch die Geschäfte laufen?

Das äußeres Erscheinungsbild

Gewiss: Es handelt sich dabei eher um die Karikatur eines Verkäufers. Aber dieses drastische Beispiel soll Ihnen vor Augen führen, wie entscheidend für Sie als Verkäufer schon allein ein gepflegtes Äußeres ist. Was Ihre Kleidung betrifft, so sollte sie im Vergleich zum Kunden immer einen Tick korrekter sein. Das wertet Ihren Kunden auf, bringt ihn aber nicht in die Verlegenheit, seinerseits „underdressed“ zu sein. Auch Ihr sonstiges Outfit sollte den Gepflogenheiten Ihrer Branche und der jeweiligen Gesprächssituation entsprechen, zum Beispiel durch den angemessenen Einsatz von Düften und Schmuck.

Vom Scheitel bis zur Sohle, von Mund- über Schweißgeruch bis hin zu ungepflegten Fingernägeln: Schlampigkeit hat keine Chance, auch nicht im größten Stress!

Körpersprache

„Worte können lügen, der Körper nicht.“ Samy Molcho bringt es auf den Punkt: Ihre besten Argumente verpuffen wirkungslos, wenn Ihr Kunde aus Ihrer Gestik und Mimik zu ganz anderen, gegenteiligen Schlüssen kommt. Hier ein paar grundlegende Verhaltensweisen, die Sie beachten sollten:

- Machen Sie kleine, unentschlossen wirkende Schritte, oder stürmen Sie forsch in das Büro Ihres Kunden? Ein sicherer, nicht zu schneller, vorwärts gerichteter Schritt wirkt wesentlich souveräner.
- Neigen Sie dazu, auf den Boden zu schauen? Dann achten Sie darauf, aufrecht, offen und mit einem leichten Lächeln auf Ihren Kunden zuzugehen.
- Ein fester, selbstsicherer Händedruck macht Sie sympathisch – oder gefällt Ihnen ein schlappes Handhinhalten oder übertriebenes Händeschütteln besser?
- Sitzen Sie aufrecht auf Ihrem Stuhl, nehmen Sie dessen Sitzfläche voll ein – ein zwischenzeitliches Zurücklehnen macht durchaus einen entspannten Eindruck auf Ihren Kunden. Allzu lässiges Herumfläzen, im schlimmsten Fall noch mit gespreizten Beinen, ist aber völlig unangebracht.
- Vor der Brust verschränkte Arme signalisieren Ihrem Kunden überdeutlich, dass Sie sich im Grunde genommen aus dem Gespräch „ausgeklinkt" haben – deutlicher können Sie mangelnden Respekt vor den Argumenten und Wünschen Ihres Kunden nicht ausdrücken. Achten Sie daher auf eine offene Armhaltung!
- Unterstreichen Sie Ihre Argumente mit lebendigen Gesten, aber vermeiden Sie hektisches Herumfuchteln mit Armen und Händen. Wenn Sie Ihrem Kunden zuhören, sollten Sie versuchen, Ihre Hände ruhig zu halten, sie aber nicht in Ihren Hosentaschen vergraben. Nervöses Herumnesteln zum Beispiel an einem Kugelschreiber lenkt Ihren Kunden, aber auch Sie selbst ab.

Sprache und Rhetorik

Eine kundengerechte Verkaufsargumentation setzt gewisse rhetorische Fähigkeiten voraus, die sich auch gezielt trainieren lassen. Flüssig, genau, nutzenorientiert, schlagfertig, angemessen in Tonfall und Sprechtempo – so lässt sich die ideale Verkäufersprache charakterisieren.

Präzision und Kürze: Ihr Gesprächspartner freut sich über genaue Formulierungen, die Ihre Verkaufsinformationen und -argumente auf den Punkt bringen. Konzentrieren Sie sich auf Thema und Ziel des Gespräches, um zeitraubendes Geschwafel oder Phrasendrescherei zu umgehen. Vermeiden Sie daher auch, soweit es geht, Konjunktive wie „würde“, „möchte“, „könnte“ – solche Formulierungen signalisieren Ihrem Kunden Unsicherheit und fehlende innere Überzeugung.

Klarheit in der Aussprache: Schauen Sie Ihren Gesprächspartner an, wenn Sie mit ihm reden. Vermeiden Sie Nuscheln und Murmeln – gerade Dialekte „verschlucken“ oft ganze Wort- und Satzteile. Für Verkäufer ist daher die Beherrschung des Hochdeutschen eine wesentliche Voraussetzung – zumindest zu Beginn einer Geschäftsbeziehung. Wenn der Kontakt zu Ihrem Kunden enger wird, kann eine leichte Dialektfärbung dieser Geschäftsbeziehung durchaus eine zusätzliche persönliche Note geben.

Sprachmelodie: Ein schriller Tonfall schreckt ab, ein sonorer in angemessenem Sprechtempo vermittelt dagegen eher Wärme und Geborgenheit. Lächeln Sie ganz leicht beim Sprechen – Ihr Tonfall gewinnt sofort an Freundlichkeit! Schnellreden verbreitet Hektik, führt zu Verständnisproblemen und vermittelt Ihrem Kunden Unsicherheit – genauso wie ein zögerlicher und/oder stotternder Wortfluss und unzusammenhängende Sätze oft mangelnde Vorbereitung oder fehlende innere Identifikation mit den eigenen Argumenten und dem Ziel des Gesprächs verraten.

Sie-Kommunikation: Zu den rhetorischen Standards für Ihren Erfolg als Verkäufer zählt auch Ihre Fähigkeit, in der Sprache Ihres Kunden zu formulieren. Das bedeutet zunächst einmal, Ihren Kunden immer wieder mit seinem Namen anzusprechen. Darüber hinaus sollten Sie Fachchinesisch und „Technoduschen" vermeiden – statt Ihrem Kunden auf diese Weise das Gefühl zu geben, er sei „unterbelichtet", sollten Sie sich seinem Wissens- und Informationsstand anpassen und auf dieser Ebene nutzenorientiert argumentieren. Dabei ist der alte Grundsatz behilflich, nach dem ein Bild mehr sagt als tausend Worte: „Malen" Sie die Vorteile Ihres Produkts, Ihres Angebots in ausdrucksstarken Bildern. Stellen Sie dabei den Kunden in den Mittelpunkt Ihrer Formulierungen! Verwenden Sie statt „mein", „unser", „ich" und „wir" verstärkt „Sie" und „Ihr".

Aufmerksamkeit: Zuhörenkönnen ist ein zentrales Element Ihrer sozialen Kompetenz als Verkäufer und ein aktiver Prozess. Signale der Aufmerksamkeit werten Ihren Kunden auf: interessierte Zwischenfragen, reflektierende Fragen („Habe ich Sie richtig verstanden, dass Sie ....") , Gesten (leichtes Nicken) sowie Töne und Worte („Hm, hm ...", „Ich verstehe ...") der Zustimmung, Notizen (während Ihr Kunde Wünsche und Vorschläge äußert) etc. Dazu gehört auch, körpersprachliche Signale Ihres Kunden zu deuten.

Aus Kundenfrust mach Kundenlust

In einer umfangreichen Untersuchung wurden vor ein paar Jahren über 3000 Bewohner einer deutschen Großstadt darüber befragt, worüber sie sich beim Einkaufen ärgern und worüber sie sich freuen. Die Ergebnisse waren frappierend – und eröffnen gleichzeitig eine große Chance, erhebliche Servicemängel abzustellen:

Hauptärgernisse von Kunden

Mangelnde Verfügbarkeit von Verkaufspersonal

- Kunden müssen warten, bis eine Verkäuferin oder ein Verkäufer zur Verfügung steht.
- Kunden müssen klingeln, damit überhaupt jemand kommt, der sie bedient.
- Kunden müssen zum Informationsstand zurückgehen.
- Kunden geraten bei Anrufen in eine Warteschleife und hören teure Musik – teuer, weil der Gebührenzähler rattert.
- Kunden müssen wiederkommen, weil der zuständige Kollege/die zuständige Kollegin schon in der Gleitzeit/Freizeit ist.

Mangelnde Hilfsbereitschaft

- Kunden müssen schwere Kartons selbst zum Auto schleppen.
- Kunden müssen durch verschiedene Abteilungen eilen, um etwas ganz Bestimmtes zu finden.
- Gekaufte Ware werden noch verpackt überreicht – wohin mit dem Verpackungsmüll?
- Kunden wird nicht automatisch ein Rückruf angeboten – und wenn doch, dann erfolgt er nicht.

Schon hier lassen sich entscheidende Rückschlüsse für unser Servicedenken herausarbeiten:

- Sorgen wir dafür, dass wir immer erreichbar sind. Die moderne Technik macht's möglich!
- Helfen wir dem Kunden auf Schritt und Tritt. Es gibt nichts Schöneres als ein freundliches Danke und ein Lächeln dazu.

Was Kunden in wahre Begeisterung versetzt

Individuelle Bedienung

- Kunden werden mit ihrem Namen angesprochen und als individuelle Persönlichkeiten wahrgenommen und geschätzt.
- Kunden kennen „ihre“ Verkäuferinnen und Verkäufer persönlich (Namensschild, persönliche Vorstellung etc.).
- Kunden werden automatisch auf einen persönlichen Zusatzvorteil angesprochen.

Anwendungskompetenz

- Kunden werden nicht mit Fachwissen allein gelassen, sondern erhalten echtes Gewusst-Wie für ihren ganz individuellen Bedarf!
- Kunden können sich den besonderen „Trick“ bei der Anwendung locker aneignen.
- Kunden werden nicht für dumm verkauft, wenn einmal etwas nicht funktioniert.

Der Erlebniskauf

- Kunden schätzen Verkäufer, die als Persönlichkeiten interessant sind.
- Kunden sind begeistert vom Einkauf, bei dem sogar Warten zum Vergnügen wird.

- Kunden freuen sich über positive Überraschungen während des Verkaufsgesprächs.

Schon ergeben sich drei weitere Ansatzpunkte und Chancen, unsere Kundenbeziehungen zu vertiefen:

- Widmen wir uns dem Kunden voll und ganz, mit 100 % Aufmerksamkeit! Lernen wir, uns Namen zu merken, sprechen wir unsere Kunden mit ihren Namen an. Stellen wir uns nicht als 08/15-Verkäufer vor, sondern überraschen und begeistern wir den Kunden mit ungewöhnlichen Ideen!
- Erklären wir die Besonderheiten unseres Produkts locker und unterhaltsam, ohne schulmeisternd zu wirken!
- Trainieren wir, aufmunternd und begeisternd zu sprechen und unseren Kunden dabei ein gewinnendes Lächeln zu schenken.

Die richtigen Werte vermitteln

Jedes Auto fährt von A nach B. So weit, so gut. Doch der eine Kunde möchte *schnell* von A nach B, der andere *sicher* von A nach B und der Dritte *komfortabel* von A nach B.

Dieses Prinzip der unterschiedlichen Prioritätensetzung ist bei fast jedem Produkt gleich. Mit Brot stillt man seinen Hunger, der eine macht es nebenbei, der andere denkt an seine schlanke Linie, und der dritte möchte den Geschmack des frischen Brotes genießen.

Der Grundnutzen – beim Auto die Beförderungsleistung, beim Brot, den Hunger zu stillen – ist nur noch Basis der Kundenzufriedenheit. Heute geht es um mehr. Alle Produkte haben Zusatznutzen, doch jeder Kunde wünscht einen anderen Zusatznutzen.

Deswegen fragen wir zu Beginn eines jeden Gespräches den Kunden nicht nur nach seinem Bedarf (rational), sondern auch nach seinen Bedürfnissen, Motiven und Werten (emotional). Hier erfahren wir seinen wahren Antrieb, seine Motivation, die Beweggründe für sein Interesse an unserem Produkt.

Den richtigen Zeitpunkt dafür zu erkennen ist unsere Aufgabe, unsere „Kunst". Dieser Zeitpunkt ist natürlich bei jedem Produkt ganz unterschiedlich – dafür müssen wir ein Gefühl entwickeln. Wer den Finger immer am Puls des Geschehens hat, wer aufmerksam seine Kunden beobachtet; wer diese Feinfühligkeit für ihre Bedürfnisse und für den „richtigen" Zeitpunkt besitzt, diese Wünsche zu bedienen, der punktet entscheidend bei seinen Kunden. Beziehungstiefe zahlt sich eben aus.

Vom Zusatznutzen zum Kundenglück

Wir leben heute in einer aufgeklärten Gesellschaft. Den Grundnutzen eines Produkts, einer Dienstleistung erkennt der Kunde schnell. Zusatznutzen lässt sich schnell erklären, vermitteln. Nutzen ist ganz „normal" geworden.

Was aber einen Kunden den Weg zu uns finden lässt und ihn zum Dauerkunden macht, ist das Gefühl, bei uns sein *Glück* gefunden zu haben. Umgibt ihn die Aura des Glücklichseins, dann haben wir ihn für uns gewonnen. Glück ist eine große Sehnsucht, der sich kein Mensch entziehen kann.

Die Welt glücklich machen wollte zum Beispiel auch Akio Morita, der Gründer von Sony. Und das hat er geschafft! Denn was für tolle Produkte hat seine Firma hervorgebracht („It's a Sony")!

Also, los geht's! Machen wir unsere Kunden glücklich! Tun wir alles, um glückliche Augen bei unseren Kunden zu sehen. Meist ist das gar nicht so schwer.

Die zwischenmenschliche Kundenbegeisterung Zehn schnelle Tipps
1. Zeige immer, dass du für den Kunden bereit bist. 2. Greife schnell zum klingelnden Telefon. 3. Rufe sofort zurück, wenn es erwartet wird. 4. Lächle – und die Welt gehört dir. 5. Danke viel und nimm Dank an. 6. Behandle jeden Kunden als etwas Einmaliges. 7. Sei begeistert und rede begeisternd. 8. Mache (unvermeidliches) Warten zum Vergnügen, sei hilfsbereit. 9. Hab Lust, Kunden glücklich zu machen. 10. Zeige, dass du zu den Siegern gehörst. PS: Mit höchstem Respekt vor dem Menschen im Menschen kommt Leistung (fast) wie von selbst.

Steckt in Ihnen auch ein kleiner Milliardär?

Testen Sie nun, ob in Ihnen ein kleiner Milliardär steckt, denn mit diesen wenigen, aber hervorstechenden Charaktereigenschaften machte Aristoteles Onassis später Milliarden!

Der Onassis-Test

- Haben Sie Mut? Sind Sie bereit, Neues mit Risiko zu versuchen?
- Haben Sie Charme? Ist Ihre Anziehungskraft nahezu unwiderstehlich?
- Sind Sie hilfsbereit? Scheuen Sie sich nicht davor, auch einfachste Tätigkeiten für Ihre Kunden mit Freundlichkeit zu erledigen? Machen Sie Ihren Kunden gern eine kleine Freude?
- Sind Sie lernbereit? Sind Sie in der Lage, sich in kürzester Zeit auf Neues einzustellen?
- Sind Sie auch ein bisschen frech? Können Sie durch leichte Provokationen höchste Aufmerksamkeit erzeugen?
- Fordern Sie sich selbst zu großen Leistungen heraus? Stellen Sie sich hohen Maßstäben?
- Haben Sie ein gesundes Selbstbewusstsein? Lassen Sie sich nicht so leicht „unterbuttern"?
- Sind Sie hartnäckig? Ist Ihr Leitmotto „I never give up!"?
- Erkennen Sie die Notwendigkeit von Strategieänderungen? Spielen Sie virtous auf der Klaviatur der Akquisition?
- Beherrschen Sie überraschende und paradoxe Formulierungen? Verstehen Sie es, die Aufmerksamkeit Ihrer Kunden durch ungewöhnliche rhetorische Wendungen komplett auf sich zu ziehen?
- Können Sie die Neugierde Ihrer Kunden wecken? Verkaufen Sie immer zuerst sich selbst und das Gespräch – und erst danach das Produkt?
- Ergreifen Sie ständig die Initiative? Besitzen Sie die Fähigkeit, Menschen zu führen?

Wenn Sie alle zwölf Fragen uneingeschränkt mit „Ja" beantworten können, dann steckt in Ihnen ein großartiger Akquisiteur, ein kleiner, wenn nicht sogar ein großer Milliardär!

3 Abenteuer Neukunde

Noch mal ganz von vorn beginnen, das wollen viele Menschen. „Hätte ich nur damals dies und jenes getan", so resignieren manche. Im wirklichen Leben, dem eigenen, ist der heutige Tag immer der erste Tag im neuen Leben. Die Tage von gestern sind vorbei.

Glücklicherweise können wir bei neuen Kunden immer wieder von vorn beginnen, alles richtig machen, jede Chance nutzen, uns vieles erarbeiten.

Alte Kunden können sehr „störrisch" sein, oft sind sie „verdorben", von uns oder von unseren Vorgängern.

Deswegen ist es doch etwas ganz Besonderes, wenn wir auf der „Jagd" nach dem neuen Glück noch täglich unsere Erfolgserlebnisse haben können.

Den Weg zu neuen Kunden versperrt uns niemand. Nur wir selbst. Also, Tür auf zu neuen Kunden, zu neuem Glück!

Neukunden – wozu?

Erfolg beruht auf Gegenseitigkeit: Wir leben vom Kunden, und der Kunde lebt von uns! Wir müssen Kunden davon überzeugen, dass sie bei uns besser bedient werden als anderswo. Nur dann gewinnen wir sie.

Doch vieles hat auch manchmal ein Ende. Treue Kunden wandern nach Jahren zur Konkurrenz ab. Die Gründe dafür sind vielschichtig. Der Trend zu Kundenverlusten hat sich in den letzten Jahren verstärkt. Der Markt ist in Bewegung, er wächst und verändert sich. Kunden richten ihren Bedarf auf System- statt Produktlieferanten aus.

Auch ein Unternehmen, das schon seit Jahrzehnten existiert und beste Arbeit geleistet hat, benötigt ständig neue Kunden, um Umsatzverluste zu kompensieren. Ohne Neukunden gerät man auf die Straße der Verlierer.

Der Erfolg eines Unternehmens hängt immer auch mit dessen Wachstum zusammen. Natürlicher Kundenschwund muss durch Neukunden ausgeglichen werden.

Deutschlands Großunternehmen haben in den letzten Jahren die Zahl ihrer Lieferanten teilweise um 50% reduziert. Für die Verlierer heißt es, neue Kunden zu gewinnen.

Ein Drittel aller Unternehmen verändert jährlich seine Angebotspalette wesentlich. Neue Lieferanten werden demnächst benötigt.

Kennen wir alle Wege, um in unserem Gebiet das Dickicht der Umstrukturierungen rechtzeitig zu durchschauen und gezielt zu akquirieren?

Zigtausende Unternehmen werden jährlich allein in Deutschland neu gegründet. Und alle sind sie auf der Suche nach guten Lieferanten.

Der Verkäufer, der nur Stammkunden betreut, arbeitet rückwärts. Er blickt in den Rückspiegel und sieht nicht die Faszination des Horizontes der Zukunft. Er nutzt die Chancen des Marktes, der täglich neu verteilt wird, nicht.

In der Betriebswirtschaftslehre ist die Lorenz'sche Umsatzverteilungskurve bekannt. Für die Neukundengewinnung heißt das:

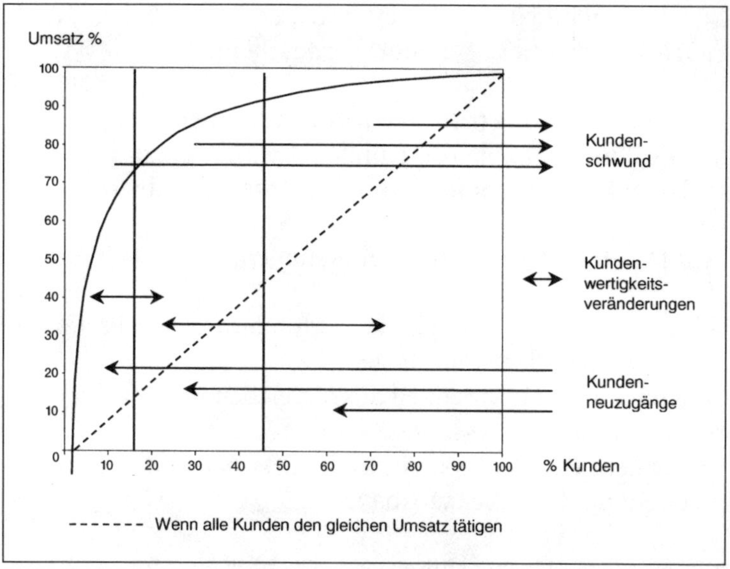

Abb. 1: Lorenz'sche Umsatzverteilungskurve

Auch die Regel von Vilfredo Pareto ist allgemein bekannt: Wir machen mit 20 % unserer größten Kunden 80 % unseres Umsatzes. Die darauf folgenden nächstgrößten 30 % unserer Kunden machen nur noch 10 % unseres Umsatzes, und die letzten 50 % unserer kleineren Kunden kommen gerade noch auf 10 % Umsatzanteil.

Das 20 : 80-Verhältnis hat natürlich „Spiel". Die Kurve kann flacher oder steiler werden. Je flacher die Kurve ist, umso sicherer steht das Unternehmen da. Je steiler der Verlauf ist, umso riskanter wird es.

Bei zu steilem Kurvenverlauf ist die Abhängigkeit unseres Unternehmens von einzelnen Kunden zu groß. Höchste Gefahr! Wenn wir nur wenige sehr große Kunden haben, müssen wir besonders aktiv Neukundenakquisition betreiben, um das Risiko zu mindern.

Die abgebildete Interpretation der Lorenz'schen Kurve (auch Pareto-Effekt genannt) verdeutlicht:

- Der Schwund betrifft alle Kundengruppen.
- Die Umsatzanteile pro Kunde schwanken.
- Neue Kunden kommen in jeder Kategorie hinzu.

Auf Dauer haben wir die Zielsetzungen,

- Kundenabwanderungen zu verhindern durch Perfektion in Kundenpflege und -hege,
- Kundenschwund schnell auszugleichen mit gezielten Akquisitionen interessanter Neukunden,
- kleinere Kunden systematisch auszubauen durch konsequenten Wertigkeitsausbau.

So bleibt das Unternehmen gesund. Nur ein Unternehmen, das auf ein kontinuierliches Wachstum baut, hat langfristig Erfolg.

Diese Ziele erreichen wir durch systematische Ausschöpfung unseres gesamten Marktpotenzials. Permanent müssen wir unsere Chancen zur Neukundengewinnung erforschen. Dabei stellen sich zwei Fragen:

1. Kennen wir alle potenziellen Abnehmer in unserem Gebiet?
2. Haben wir neben der Stammkundenbearbeitung auch Zeit für die Neukundengewinnung reserviert?

Neukundengewinnung ist wichtig, um das notwendige Wachstum eines Unternehmens zu sichern. Abgesprungene Kunden müssen kompensiert, Umstrukturierungen bei kaufenden Kunden ausgeglichen werden. Nur wer immer hellwach in seinem Aufgabenbereich wirkt, kann auch Neugründungen von potenziellen Kunden rechtzeitig erfahren. Für eigene neue Produkte müssen auch neue Märkte erobert werden, und dem Verlust bestehender „satter“ Kunden muss vorbeugt werden.

Neukunde gewonnen! Und dann?

Wann ist ein „Neukunde“ wirklich „Kunde“? Schon beim ersten Kauf? Gerade beim Neukunden müssen wir alle Kräfte mobilisieren. Nur dann wird er zum Stammkunden.

Soll unser Kunde uns weiterempfehlen, müssen wir mehr leisten, als der Kunde erwartet. Und dies müssen wir dem Kunden auch vermitteln. Nicht jeder weiß, dass es ihm bei uns gut geht.

Gerade beim Neukunden passieren immer wieder kleinere Pannen, die eine Eigengesetzlichkeit annehmen, wie zum Beispiel Terminverzögerungen oder Falschlieferungen. Der gerade gewonnene Kunde ist schnell verärgert. Und dann?

Ein neuer Kunde ist wie eine kleine Pflanze. Wir müssen ihm viel Aufmerksamkeit und Sorgfalt, Wohlwollen und Zuversicht schenken.

Am Anfang entwickeln sich Umsätze zögernd, dann steigen sie langsam. Mit gewonnenem Vertrauen – durch Leistung und Service – steigen die Umsätze zunehmend progressiv, und zwar bis zur Endphase des Geschäftes bzw. zur Ausschöpfung des Potenzials, das der Kunde uns einräumen möchte. Der Umsatz erreicht seinen Höhepunkt. Doch wenn die Sonne ihren Höhepunkt erreicht hat, dann geht sie wieder unter ...

Nun können Umsätze sogar wieder sinken. Vielleicht weil wir unsere Preispolitik überziehen, das Vertrauen des Kunden ausnutzen und respektlos überteuerte Waren anbieten, oder aber, weil wir ihm im wahrsten Sinne des Wortes „zur Last werden“. In diesem Fall spricht man von

Über-Verkauf. Kleinste Unzufriedenheiten lassen den Umsatz rasch bis auf null absinken. Die folgende Grafik zeigt dies deutlich:

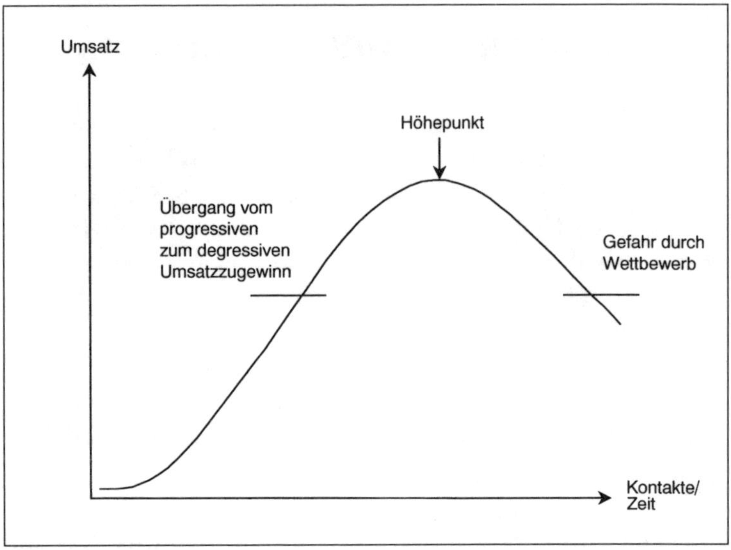

Abb. 2: Umsatzentwicklungskurve

Daraus ergeben sich folgende Erkenntnisse:

1. Ein einmal neu gewonnener Kunde muss gerade in der Anfangsphase weiter betreut und intensiv beraten werden und viele Servicehilfen bekommen.
2. Er muss von dem betreut werden, der ihn gewonnen hat.
3. Anfangsumsätze sind lediglich Indikatoren für zukünftig noch interessantere Umsätze. Es geht um die Ausschöpfung des Gesamtpotenzials.
4. Der Besuchskontaktabstand muss am Anfang kurz sein. Er wird mit der Zeit länger, darf jedoch nicht an Beziehungstiefe verlieren.

Anfangsaufträge sind meist nicht gewinnbringend. Die starken Bemühungen, den Kunden zu gewinnen, die hohe Besuchsanzahl beim Kaufenden (plus die vielen anderen Besuche, die nicht zum Auftrag geführt haben) lassen den Gewinn schmelzen.

Neue Kunden sind also oft verlustbringend. Dies kann geändert werden durch systematische Pflege dieser Kunden.

Die richtige Kontaktfrequenz macht den Kunden zum Stammkunden. So werden zusammen mit einer kostengünstigeren Bearbeitung Gewinne möglich.

Angst vor (Neu-)Akquisition?

Für viele ist der Verkauf und insbesondere der Verkaufsaußendienst besonders attraktiv. Schließlich ist hier gutes Geld zu verdienen. Aber nicht nur der Drang nach viel Geld, sondern auch das höhere Maß an Freiheit machen Tätigkeiten im Außendienst interessant.

Dazu kommt die Freude, mit Menschen umzugehen, Menschen kennen zu lernen und Kontakte aufzubauen.

Aber warum haben viele Menschen Angst vor neuen Kontakten? Ist es die Angst vor einer möglichen Ablehnung? Vor Misserfolg? Vor Blamage?

Solche Gedanken lähmen. Wir müssen vielmehr auf das Neue, auf das Ungewisse achten. Wir müssen begierig nach Abenteuern sein, Freude an Entdeckungen haben.

Das Erfolgswerkzeug Nr. 1 von Spitzenverkäufern ist die *Lust auf das Siegen.*

Der Spaß am Ungewissen, am Neuen, am Unbekannten und die innere Energie, daraus etwas zu machen, zeichnen den motivierten Verkäufer der Zukunft aus. Ist es nicht schön, immer wieder auf Entdeckungstour zu gehen, voller Spannung dem Ungewissen entgegenzufiebern? Ist es nicht etwas ganz Besonderes, so sein eigenes Wissen und seinen Horizont zu erweitern? Gegen Bezahlung?

Ein kleines Kind hat Lust an seiner eigenen Entwicklung, hat Freude am Lernen. Das kleine Kind wird bei allen Lernfortschritten bewundert und wird durch diese Anerkennung angeregt, noch weiter zu lernen.

Wo ist diese kindliche Neugier im Erwachsenen geblieben?

Marc Aurel hat in seinem Gedicht über das „Jungsein" von dem Elixier der Neugierde gesprochen, der Neugierde, die auch ältere Menschen noch jung erhält. Neugier ist die Quelle des Jungseins, die Quelle der Erhaltung und damit des Wachstums. Verkauf muss jung und vital bleiben.

Neugier ist der Hunger der eigenen Seele. Neugier ist damit bei der Akquisition sehr behilflich und lässt uns den verstärkten physischen Aufwand rasch vergessen.

Dass uns dabei Steine in den Weg geworfen werden, dass wir dabei manche Hürde überwinden und oft gegen den Wind segeln müssen, ist verständlich. Denn andere wollen ja auch gewinnen. Deswegen brauchen wir den stärkeren Pioniergeist, den besseren inneren Elan! *

Wir Menschen fragen immer wieder nach dem Sinn des Lebens. Ist es das eigene Auto, die gesunde Familie, das eigene Haus? Oder könnte Lebenssinn einfach sein, dem Leben Sinn zu geben? So wie es Victor Frankl formuliert hat?

Dem Leben Sinn zu geben heißt, sich mit voller Kraft, mit voller Freude und Energie neuen Aufgaben zu widmen. Wer Freude am Akquirieren hat, wird diesen Sinn alsbald für sich verbuchen können.

---

* Gegen den Wind zu segeln, das ist wahre Seglerkunst. Segler sagen, dass das Segeln besonderen Spaß macht, wenn ihnen der Wind um die Nase weht. Dann müssen sie alles zeigen, was sie können. Der anschließende Stolz ist ein ganz besonderer.

Ein Profiverkäufer hat Lust auf

- Neues,
- Abenteuer,
- Eroberung,
- Entwicklung.

Ein Profiverkäufer hat im Herzen einen gewissen Pioniergeist, er will es wissen. Er hat dabei Freude an der Abwechslung, er ist ständig auf der Reise nach neuen Entdeckungen.

Das ist die Basis, Ängste vor Akquisitionen zu überwinden.

Checkliste: So bauen Sie Kontaktängste ab
1. *Angst vor Versagen:* Stellen Sie sich den nach Ihrem Besuch glücklichen Kunden gedanklich vor. 2. *Angst vor Ablehnung:* Erinnern Sie sich an die vielen gewonnenen und noch bestehenden Kontakte. 3. *Angst vor Ideenlosigkeit:* Bereiten Sie Ihre Argumente gut vor, und besuchen Sie ein Kreativitätstraining. 4. *Angst vor Sprachlosigkeit:* Statt am Anfang pfeilschnell zu argumentieren, ist es besser, Fragen zu stellen. Der Kunde merkt, dass ihm zugehört wird, und fühlt sich ernst genommen.

Freude am Neukunden Zehn Leistungsansprüche für Profiverkäufer
1. Fange jeden Tag aufs Neue an. 2. Du bist der bessere Partner. 3. Wachse mit deinen Kunden. 4. Pflege und hege deine Kunden. 5. Hab immer Lust auf Neues. 6. Sorge für Kundenausgewogenheit. 7. Leiste immer mehr, als von dir erwartet wird. 8. Erfreu dich am Akquisitionsabenteuer. 9. Bleibe jung, bleibe neugierig. 10. Kämpfe für deine Kunden. PS: Bist du täglich stolz auf deine Leistung?

4 Spannendes zur Partnersuche

Überall suchen und finden sich Partner. In der Tierwelt und bei uns Menschen. Immer gehört das Wollen dazu.

Die Tiere kennen das Balzen, wobei sie durch Ausbreiten des Federschweifes oder röhrende Rufe signalisieren: Ich bin bereit, ich will gewonnen werden, ich bin auf der Suche! Und irgendwann wird der Ruf erhört, Männchen und Weibchen finden sich!

Beim Menschen ist das ähnlich. Wenn der „Frühling der Gefühle" da ist, Schmetterlinge im Bauch sich bemerkbar machen, beschließt man nach kurzer Prüfung ein gemeinsames Abenteuer, das manchmal zu lebenslanger, freiwilliger Bindung führen kann.

In der Wirtschaft ist es nicht viel anders: Der Kunde sucht seinen Lieferanten, der Lieferant sucht seinen potenziellen Kunden!

Wenn beide auf sich aufmerksam geworden sind, beide einander vertrauen – der Lieferant prüft die Bonität des potenziellen Kunden und der Kunde dessen Leistungsvermögen –, kann die Partnerschaft beginnen.

Vom Suchen und Finden

Es ist ein weit verbreitetes Vorurteil, dass in Einkäuferschulungen unsere Kunden nur auf Preisverhandlungen getrimmt werden. Viel mehr beschäftigt man sich dort mit dem Thema der Beschaffungsmarktforschung:

- Woher bekomme ich XYZ?
- Wer liefert was?
- Wer bietet gute Qualität?
- Wer gilt als zuverlässiger Lieferant?
- Auf welchen Anbieter kann man dauerhaft bauen?
- Wer leistet mehr (denkt mit), als erwartet wird?
- Wer setzt sich für seine Kunden besonders ein?
- Wie einfach ist die Kommunikation?

Fragen über Fragen!

Oft kauft der Kunde aus Unkenntnis falsch. Er kennt (noch) nicht die besten Lieferanten: Weder sein Vorgänger konnte ihm diese mitteilen (oder hat es vergessen), noch hat er die leistungsfähigsten auf der Messe gesehen. Auch der Verkäufer als Botschafter des besten Lieferanten hat sich bei ihm noch nicht gemeldet (oder wurde gleich wieder vergessen).

Können Sie sich vorstellen, dass es vielen Kunden nicht leicht fällt, den richtigen Lieferanten zu finden?

Attraktivität für uns!

Bedarfsfälle, die es vorher nicht gab, Unzufriedenheit mit bestehenden Lieferanten oder überhöhte Preisforderungen des langjährigen Partners führen zu der Frage: „Woher bekomme ich was?“

Natürlich kann auch ein Einkäufer, der ein neues Sachgebiet bekommt, sich sofort auf die Suche nach neuen Lieferanten machen, getreu dem Motto: Neue Besen kehren gut!

Im Bedarfsfall muss dem potenziellen Kunden dreierlei vermittelt werden:

1. Wir sind der leistungsfähigste Lieferant!
2. Wir sind der bessere Partner!
3. Im Bedarfsfall bestellt er automatisch bei uns!

Ständig beim Kunden präsent sein heißt, sich zu „verewigen".

RITTAL, ein technisches Unternehmen, bildet auf der Rückseite des Plastik-Jahreskalenders sein Unternehmenscredo ab – und gewinnt.

Abb. 3: Ein Jahreskalender mit Pfiff

Machen Sie sich unverzichtbar!

Natürlich ist es schön, wenn der Kunde unsere Telefonnummer weiß und automatisch wählt. Bei Stammkundenbeziehungen oder täglichem Bedarf ist dies oft selbstverständlich. Über längere Zeit wurde hier eine gute zwischenmenschliche Beziehung aufgebaut.

Was aber, wenn wir noch am Anfang sind, der Kunde weder uns noch unsere Firma kennt?

Die Aufgabe – das Ziel
Wir müssen so eindrucksvoll auf uns aufmerksam machen, dass wir dem Kunden für immer lebendig und positiv in Erinnerung sind!

Dazu einen Vergleich:

- Wenn wir Durst haben, verlangen wir nach Wasser und Bier!
- Wenn wir Hunger haben, wollen wir Brot und Wurst!
- Wenn es um Werkzeuge geht, muss der Kunde zukünftig nach Meier & Müller verlangen.

Uns so bekannt zu machen, dass der Kunde bei bestimmten Produkten nur an uns denkt, verlangt eine gewisse angenehme Penetranz unserer Informationsgestaltung.

In der Werbung zielt alles auf Dauerhaftigkeit, Wiederholung, Regelmäßigkeit, wiederkehrende Bilder und Logos ab bis hin zur Kultstrategie und einprägsamen Slogans. So ist es möglich, dass uns bei „Mach' mal Pause" nur ein Getränk in den Sinn kommt, dass uns bei „Hoffentlich ..." nur eine Versicherungsgesellschaft einfällt.

Und wir?

Von der Werbepsychologie kann jeder Verkäufer viel lernen.

Wir müssen uns selbst fragen, ob wir eine so persönliche Einmaligkeit haben, dass uns der Kunde immer wieder gern kontaktiert.

Wir müssen so abwechslungsreich sein, dass alle unsere Kontakte für den Kunden interessant werden.

Wir müssen als spannender, interessanter Mensch aus der grauen Masse herausragen.

Das erfordert eine besondere Strategie.

Die Akquisitionsstrategie

Effiziente Neukundengewinnung beginnt bei der Analyse der potenziellen Absatzmöglichkeiten und der Erforschung des Kaufverhaltens der potenziellen Kunden.

Eine klare Gegenüberstellung und Vergegenwärtigung der Vor- und Nachteile verschiedener Akquisitionsmethoden ist unverzichtbare Voraussetzung.

Indem dann ein Zusammenhang hergestellt wird, kann aus Bedarf, Bedarfszeitpunkt und Kaufauslöser eine erfolgreiche Strategie zur Gewinnung neuer Kunden entwickelt werden.

Eine Akquisitionsstrategie ist wie eine Reise. Sie hat einen Start, viele Etappen, Aussichtspunkte und ein Ziel.

Schauen wir uns die Schritte einer professionellen Akquisitionsstrategie an.

Fünf Schritte für eine professionelle Kampagne zur Neukundengewinnung
Schritt 1: Zielsetzung (verkäuferische/unternehmerische) *Was wollen wir erreichen?* ➢ Kundenzahl und Kundenqualität ➢ Erstauftrag und Folgegeschäft ➢ Ansprechpartner und Multiplikatoren

Schritt 2: Analyse potenzieller Absatzmöglichkeiten

Welche Kunden wollen wir gewinnen?

- Branchen, Kundengruppen
- Regionale Chancen
- Bedarfsmomente und Kaufverhalten

Schritt 3: Prüfung der Akquisitionsinstrumente

Welche Methoden der Kontaktanbahnung sind sinnvoll?

- Gegenüberstellung der Akquisitionsmethoden
- Kosten-Nutzen-Analyse
- Administrative Bedingungen

Schritt 4: Strategieentwicklung

Wie sieht die Werbekampagne aus?

- Auswahl der Akquisitionsmethoden
- Ausarbeitung der Konzeption/Ablaufstrategie
- Bereitstellung der Hilfsmittel (Muster, Proben, Prospekte etc.)

Schritt 5: Start der Akquisitionsmaßnahmen

Wann starten, wie steuern und kontrollieren wir?

- Aktivitäten und Organisation
- Termine (Beginn, Etappen, Endtermin)
- Steuerung und Kontrolle

Diese fünf Stufen sind nach dem Motto „Erst denken, dann handeln!“ gestaltet. Bei umfangreichen Akquisitionsmaßnahmen müssen wir Verkäufer unsere innere Ungeduld und Spontanität zurücknehmen. Der Markt ist heute so stark umworben, dass wir uns unüberlegtes und impulsives Akquirieren nicht erlauben können.

Der Markt wird täglich neu verteilt. Das ist die Herausforderung an den Profi.

Vom Suchen und Finden
Zehn Checkpoints zur Partnersuche

Wer sucht, der findet;
wer anklopft, dem wird aufgetan:

1. Suchen wir energisch genug?
2. Zeigen wir offensichtlich genug, dass wir suchen?
3. Ist unser Klopfen zu hören?
4. Sind wir zu zaghaft?
5. Erkennen wir, dass der andere auch sucht?
6. Sind wir selbst attraktiv genug?
7. Ist unser Kontakt einprägsam?
8. Hat der Kunde Lust, auf uns zuzugehen?
9. Sind wir jederzeit bereit?
10. Ist „Tempo“ unser Motto?

5 Strategien zur Neukundengewinnung

Zuerst ist die Politik zu gestalten, dann die Strategie und schließlich die Taktik. So die Hierarchie des Vorgehens.

Dies entspricht nicht dem typischen Verkäufernaturell. Dynamik, Tatkraft und Initiative sind die Antriebskräfte guter Verkäufer, die uns ungeduldig werden lassen. Wir sind Praktiker.

Dabei erleben wir aber gelegentlich, dass wir gehandelt haben, bevor wir genügend nachgedacht, geplant und organisiert haben. In der Konsequenz ist das Ergebnis unnötige Arbeit. Hier werden wir Gefangene unserer extrovertierten Veranlagung.

Wir sind kontaktfreudig, energiegeladen, umgänglich, spontan und herzlich. Das sind wichtige Eigenschaften eines Verkäufers.

Doch das planerische Vorgehen der Akquisition ist bei systematischer Markterschließung unerlässlich.

Zu schnell sind einige Telefonate geführt, einige Kunden kalt besucht, falsche Akzente gesetzt und ein Zurück ziemlich schwierig.

Das A und O ausgeklügelter Neukundenwerbung ist die Strategie, die Planung der Vorgehensweise. Diesem Gedanken ist dieses Kapitel gewidmet.

Vision, Ziel und Charisma

Der heute weltweit bestbezahlte angestellte Manager ist Michael Eisner, der Boss des Walt-Disney-Imperiums.*

Eisner ist ein geradliniger Manager, und das, obwohl er den wichtigsten Gründungsgedanken Walt Disneys am intensivsten lebt.

Walt Disney hatte zu seiner Unternehmensgründung eine Vision, auf die das ganze Konzept seiner Firma aufgebaut ist: „Ich möchte mithelfen, die Welt glücklich zu machen."

Und nun schauen Sie einmal, was Sie alles von diesem Konzern bekommen können. Egal ob es ein Mickymausheft ist oder ob Sie einen Disney-Park besuchen oder einen Disney-Film anschauen. Überall spüren Sie das Glück, das Ihnen entgegenkommt.

Was ist Ihre Vision?

Wollen Sie immer noch nur Nutzen verkaufen? Machen Sie Ihre Kunden zu glücklichen Menschen! Tun Sie alles, damit der Kunde dies bereits bei der Akquisition spürt. Und schon haben Sie Ihre Vision.

Aber das ist nur *eine* Vision. Es gibt noch viele, die möglich sind. Visionen sind Träger großartigen, kontinuierlichen und ausdauernden menschlichen Handelns. Visionen halten wach und spenden Energie. Visionen überwinden auch tiefste Gräben des Widerstandes und der Enttäuschung.

Unsere Vision ist wichtig, damit eine *Mission* entsteht. Unter Mission verstehen wir, was letztlich unser „Auftrag" ist. Das könnte zum Beispiel sein, dass Sie ganz gezielt Ihre potenziellen Kunden Anteil an Ihrer Vision haben lassen.

---

* Er wird aktuell auf ein Jahreseinkommen von über 100 Millionen Dollar geschätzt!

Eine Vision mündet in eine Mission, die dann als konkrete Zielsetzung umgesetzt wird.

Zielsetzungen sind für Höchstleistungen unerlässlich. Denn nur durch Ziele können wir unsere Kräfte konzentrieren und verschwenden keine Energien mit überflüssigen Arbeiten.

Wer in seinem Tätigkeitsgebiet ohne Zielsetzung arbeitet, muss sich vergleichen mit dem Schiff, das den Hafen nicht kennt, in den es segeln soll. Bekanntlich ist dann jeder Wind der richtige (Seneca).

Erst ein *Ziel* macht uns effizient. Erfolgserlebnisse können als solche erst wahrgenommen werden, wenn wir ein Ziel erreicht haben.

Zur Zielsetzung der Neukundenakquisition müssen wir uns selbst folgende Fragen beantworten:

- Wie viele Kunden will ich gewinnen?
- Wie viele potenzielle Kunden muss ich dazu ansprechen?
- Wie viel Zeit habe ich dazu zur Verfügung?
- Welchen Umsatz sollen diese in welcher Zeit bringen?

Sobald wir die Ziele festgelegt haben, können wir eine *Strategie* ausarbeiten.

Eine Strategie ist die Kombination mehrerer Maßnahmen (Mittel), die mit einem verfügbaren Kostenrahmen in definierten Zeitrastern vorgenommen werden.

Eine *Vision* fließt in eine Mission ein, die in ein *Ziel* und folglich in ein *Strategiepapier* mündet.

Damit sind die Voraussetzung und das Handwerkszeug für großartige Akquisitionserfolge geschaffen. Wir haben Grund zur Vorfreude.

Haben Sie schon beobachtet, dass Sie sich in der Vorfreude genüsslich die Hände reiben, mental bereits Ihren Freudentanz machen? Sie stimmen sich also in eine Erfolgsausstrahlung ein, sind fasziniert von Ihrem Vorhaben und gewinnen automatisch Charisma.

Charisma macht andere Menschen für uns so attraktiv. Wir sind also jetzt attraktiv für den Kunden. Er spürt unser Glück und möchte gern Anteil haben. Ein Verkäufer mit Charisma wird nicht abgelehnt, man möchte ihn gern bei sich behalten.

Unser Charisma spürt der Kunde bereits beim wohlwollenden Händedruck, dem gewinnenden Lächeln, unserer vollen Aufmerksamkeit und unserer herzlichen Begrüßung. Die Dynamik unseres Auftretens, die Gepflegtheit (nicht Übertriebenheit) unserer Erscheinung sind die Folge professioneller Strategien. Halbherzig gebastelte „Kampagnen" verführen auch einen gestandenen Verkäufer zu Nachlässigkeit.

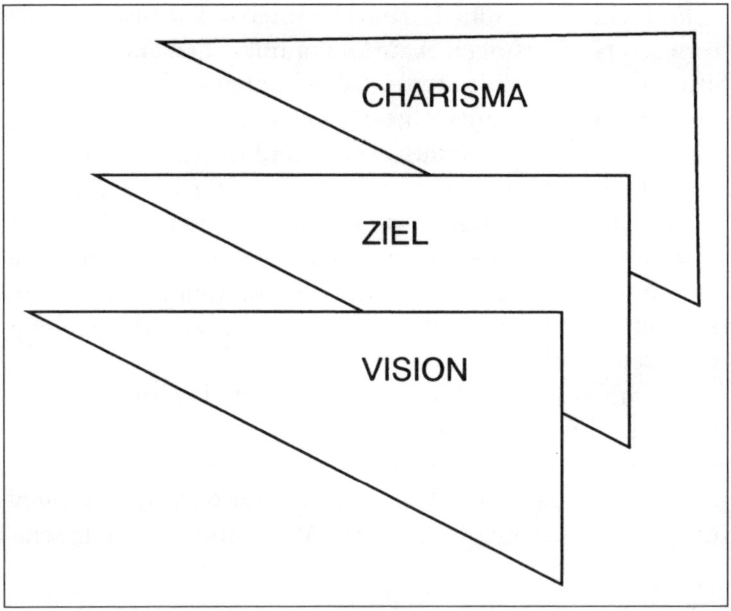

Abb. 4: Ohne Vision kein Ziel, ohne Ziel kein Charisma

Dynamische Planungsprinzipien

Folgende Punkte müssen die Basis unserer Verkaufsplanungen sein:

- das Wissen um die *Methoden der Kundengewinnung*
- unsere *kreative Bereitschaft*, dies in der zeitlichen Abfolge professionell zu koordinieren
- unsere Fähigkeit, das Ganze in einen vertretbaren *Kosten- und Zeitplan* zu bringen
- die Einbeziehung aller verfügbaren Marktdaten (Kundenzahl, Umsatzpotenzial, Wettbewerbsstärke etc.) von Anfang an

Einfache Situationen, zum Beispiel das Aufsetzen des Teewassers, benötigen kaum Planung. Erst komplexere Situationen (z.B. die potenzialgerechte Entwicklung des uns anvertrauten Verkaufsgebietes) verlangen umfangreichere Planungen. Je mehr Einflussgrößen und Unwägbarkeiten die Situation bestimmen, desto notwendiger wird Planung.*

Aber auch die gekonnteste Planung braucht eine gewisse Flexibilität, denn die Bedingungen können sich jederzeit ändern. Wir brauchen jedoch nicht die totale Flexibilität, da völlige Planlosigkeit uns nur noch zu „Feuerwehreinsätzen“ verleitet.

Dynamik in der Planung heißt, den Planungsrealisierungszustand rechtzeitig zu erkennen, die Rahmendaten zu überprüfen und die Maßnahmen situationsgerecht anzupassen. Die folgenden Abschnitte geben wichtige Empfehlungen zur Strategieplanung von Akquisitionskampagnen.

Der Trichtereffekt zur Effizienzsteigerung

Viele Verkäufer arbeiten nach dem Zufallsprinzip. Sie fahren dorthin, wo es ihnen gerade einfällt, besuchen den Kunden, der ihnen gerade über den Weg läuft, kurz, sie lassen sich von spontanen Einfällen leiten.

Bei groß angelegten Neukundengewinnungsaktionen müssen wir sehr viel Systematik mit einfließen lassen, um nicht „versehentlich“ allzu viele Schäden anzurichten.

Schauen Sie sich einmal in Ruhe die folgende Abbildung des Trichtereffektes an:

---

* Siehe dazu auch das Fachbuch von Erich-Norbert Detroy/Peter Schreiber: „Die 199 besten Checklisten und Kontrollpunkte für den Verkaufsleiter“, verlag moderne industrie, Landsberg/Lech, 2. Auflage 1999.

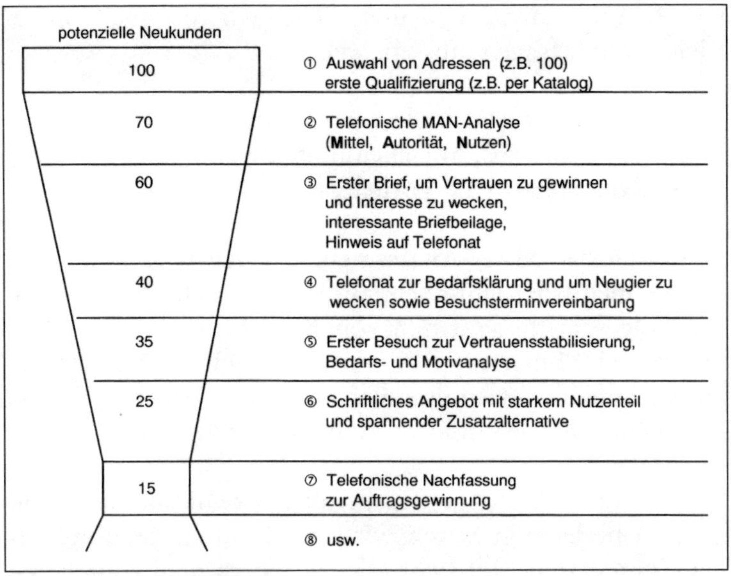

Abb. 5: Trichtereffekt

Sie haben bestimmt erkannt, dass wir vor der ersten Kontaktaufnahme analytisch prüfen, wie unsere Adressengruppe „qualifiziert“ werden kann. Unter Qualifizierung verstehen wir die Auswahl und qualitative Gestaltung einer Gruppe von Adressen, die am ehesten für unsere Absicht geeignet ist. Direktwerbe-Unternehmen und Adressenverlage können uns dabei helfen. Dort sitzen Profis.

Im nächsten Schritt müssen wir getreu der Aschenputtel-Empfehlung „die Guten ins Töpfchen, die Schlechten ins Kröpfchen“ die Spreu vom Weizen trennen. Wir müssen uns zum Entscheidungsträger „hocharbeiten“ – und dazu brauchen wir die MAN-Analyse.*

---

* MAN-Analyse, zum ersten Mal gehört von Ekkehard Zahn, GUM Unternehmensberatung, Hamburg, München, Wien.

Die MAN-Analyse bedeutet, dass wir per Telefon in Kleinarbeit erfragen müssen, wer

- die **M**ittel bzw. das Budget hat,
- die **A**utorität bzw. Entscheidungsgewalt hat,
- den **N**utzen, also die Vorteile, hat.

Erst nach der MAN-Analyse entscheiden wir, ob wir als Erstes einen Brief schreiben, anrufen oder gleich besuchen. Die Folgeschritte sind nun von Branche zu Branche sehr individuell. Man kann nicht – wie das ein Unternehmensberater empfiehlt – grundsätzlich von einer 7-K-Akquisition sprechen, bei der immer sieben Kontakte den Erfolg bringen müssen.

Für eine mehrstufige Bearbeitung spricht allerdings folgende Überlegung: Selten wird ein Produkt gekauft, das man zum ersten Mal sieht oder von dem man zum ersten Mal hört. Der Kunde benötigt eine geraume Zeit, die Idee in sich wirken zu lassen. Dazu braucht er uns. Die Zeitabstände unserer Botschaften sind dabei so zu wählen, dass sich der Kunde immer noch an die vorangegangene Information erinnert.

Bei einer Briefaussendung müssen wir überlegen, mit welchen „Mengen" wir operieren. Belassen wir es dabei, dass wir nur die Interessenten bearbeiten, die per Postkarte oder Fax geantwortet haben, dann müssen wir die Zielgruppe unseres Mailings sehr weit fassen. Ein Rücklauf von mehr als 2 % ist selten.

Entscheiden wir uns aber für Qualität und wollen nicht auf den Rücklauf warten, dann werden wir telefonisch nacharbeiten. Wir müssen die Anzahl der Besuche pro Woche kalkulieren (minus 20 % Flexibilitätszeit) und exakt danach die Zahl der Werbebriefe planen.

Beispiel

Bei fünf Besuchen pro Tag haben bei zehn telefonischen Nachfassungen auf eine Briefaktion 50 % Erfolg. Wir können 20 Telefonate am Tag machen und planen eine Aussendung von 100 Briefen. Das ergibt eine Verkaufsarbeit für eine zehntägige Tour. Hier noch die symbolische Rechnung:

$$\frac{\text{100 Briefe}}{\text{20 Telefonate/Tag}} = \text{5 Tage Telefonarbeit x 10 Termine bei 50 \% Erfolg}$$

$$\frac{\text{50 Termine}}{\text{5 Besucher/Tag}} = \text{10 Tage Verkaufstour}$$

In jeder Branche gibt es andere Bedingungen. Unser abgebildeter Trichter ist erfolgreich im Business-to-Business-Bereich. Aber auch in Branchen, in denen man nicht mit Briefen werben kann oder will, benötigen wir eine klare Strategie. Für Direktverkäufer, die den Kunden ohne Termin besuchen, hat sich folgendes System bewährt, das durch selbst gestellte Fragen die Lösungsansätze aufzeigt:

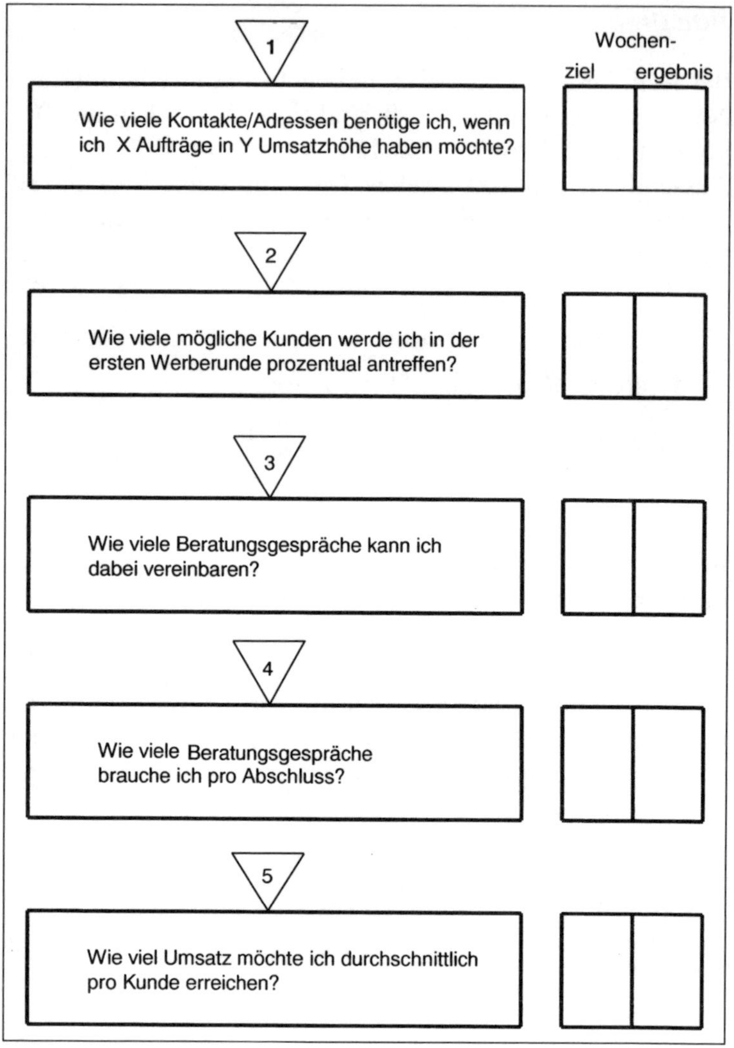

Abb. 6: Akquisitionssystem für Direktverkauf

Der DCI-Doppel-Trichter

Spannend wird der Trichtereffekt erst durch seine Doppelseitigkeit, den DCI*-Effekt. Im oberen Teil werden aus Kontakten Termine, aus Beratungen werden Kunden.

Im unteren Teil verstärkt sich die Situation. Nach dem Wunsch des Erfinders des Schachbretts, der als Geschenk für seinen König auf dem ersten Feld ein, dem zweiten Feld zwei, dem dritten Feld vier, dem vierten Feld acht Körner usw. haben wollte (was bekanntlich im 64. Feld zu einem Berg von Körnern führen würde, mit dem man den ganzen Bodensee füllen könnte), entwickelt sich hieraus der Gedanke: Aus eins mach zwei, aus zwei mach vier ... gemeint sind die Kunden.

Der Verkäufer versucht, mit jedem Kunden mehrere Verträge abzuschließen und von jedem Kunden mehrere Empfehlungen zu erhalten, um diese wieder zu Kunden zu machen, von diesen Kunden wiederum weitere Empfehlungen ... Das System gleicht einem Akquisitions-Perpetuum-mobile.

Man stelle sich nur vor, dass eine Verdoppelung der Kunden alle sechs Monate möglich wäre – in sechs Jahren wären das bereits weit über 1000 Kunden!

Wie schnell können Sie Empfehlungen erhalten? Wie schnell führt ein interessanter Neukontakt zu einem Auftrag?

Es lohnt, sich in diesen Gedanken zu vertiefen und mit der Planung zu beginnen.

---

* Entwickelt von Detroy Consultants International DCI, Beilstein/Württemberg.

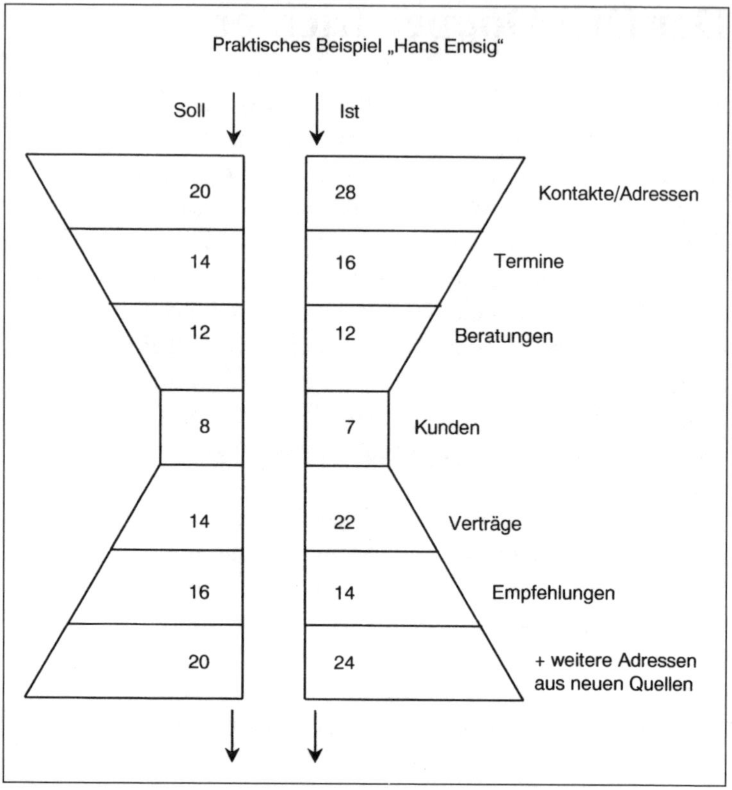

Abb. 7: DCI-Doppel-Trichter zur Akquisitionsstrategie

Benchmarking: Fordern Sie sich heraus!

Benchmarking – dieser Begriff hat Konjunktur. Was früher der Soll-Ist-Vergleich war, ist heute Benchmarking.

Beim Benchmarking orientiert man sich am Leistungsstärksten der Branche. Für den Verkäufer heißt dies, sich immer mit dem Leistungsbesten zu messen. Der wichtigste

Schritt ist, den Leistungsbesten zu fragen, wie er zu seinen besseren Kennzahlen kommt.

Das setzt die Kenntnis der eigenen Kennzahlen voraus. Der DCI-Doppel-Trichter erhält große Bedeutung. Allerdings nur in Verbindung mit einem Soll-Ist-Vergleich. Die Sollzahl hat sich in unserem Beispiel unser Verkäuferkollege selbst vorgegeben, um sich zu motivieren. Wie wir aus Abbildung 7 sehen, hat er diese in fast allen Schritten übertroffen. Er kann stolz sein.

Erfolg ist die beste Motivation. Erfolgreich zu sein heißt, den Erfolg weiter zu steigern.

Haben wir das Ziel nicht erreicht, sollten wir uns folgende Fragen stellen:

- Was haben wir unterlassen?
- Welche Fehler haben wir gemacht?
- Haben wir uns zu viel vorgenommen?
- Wer kann uns helfen, unsere Schwächen zu beseitigen?

Für diesen Fragenkatalog benötigen wir den „besseren“ Kollegen, mit dem wir gemeinsam Benchmarking betreiben können.

Analysieren wir einmal unseren Kollegen „Hans Emsig“, als ob es wir selbst wären. Denn nur wenn wir unsere eigenen Ergebnisse selbst analysieren können, können wir auch Benchmarking, den leistungsmotivierenden Vergleich mit dem Kollegen, betreiben.

Die Analyse

(Zahlen aus Abbildung 7)

1. *Kontakte*
   Er hat eindeutig seine Zielsetzung überschritten, acht Kontakte mehr – das verdient Respekt.

2. *Termine*
   Auch hier war er besser als seine Soll-Vorgabe, jedoch gibt uns das Verhältnis Kontakte – Termine zwischen Soll und Ist zu denken: 20:14 ist verhältnismäßig besser als 28:16.
3. *Beratungen*
   Hier ist der erste gravierende Bruch. Unser Kollege hat genau 12 Beratungen, sein Ziel zwar erreicht, jedoch das Verhältnis Termine – Beratungen wird schlechter. 14:12 ist besser als 16:12.
4. *Kunden*
   Noch ein Einbruch. Seine Abschlussquote ist unter dem Sollmaß 3:2.
5. *Verträge*
   Jetzt glänzt unser Kollege. Pro Kunde macht er durchschnittlich mehr als drei Verträge, während die Sollbedingung knapp unter zwei pro Kunde war.
6. *Empfehlungen*
   Im Ist scheint unser Kollege euphorisch gewesen zu sein, dabei hat er vergessen, nach Empfehlungen zu fragen. Zwar erreicht er mit 8:16 im Soll und 7:14 im Ist das gleiche Verhältnis, nämlich 1:2 – auf einen Kunden kommen also zwei Empfehlungen. Wir ahnen, dass hier Reserven sind.
7. *Weitere Adressen*
   Super, neu akquirieren macht unserem Kollegen Spaß. Besser als die Sollvorgabe.

Die Konsequenzen aus der Analyse

1. Terminvereinbarungsgespräch verbessern!
2. Konsequenter sein, denn aus Terminen sind mehr Beratungen, aus Beratungen mehr Kunden zu machen, Abschlusssicherheit steigern.

3. Beziehungstiefe stabilisieren!
4. Drei Verträge pro Kunde ist eine stolze Leistung, davon können andere nur lernen.

Wenn jetzt unser Kollege seine effektiven Zahlen noch vergleicht mit Kollegen, die in den Soll-Ist-Verhältnissen besser sind, und daraus ein konstruktives Gespräch („Warum bist du besser?“) entwickelt, ist der Lernprozess grenzenlos. Das ist echtes Benchmarking!

Die Stufen zum Erfolg

Der Schweizer Pädagoge Hermann Pestalozzi wusste, dass zum Lernen die Wiederholung gehört (repetitio est mater studiorum).

Was heißt das für unsere tägliche Praxis?

Wir müssen unsere Argumente bei der Neukundenakquisition wiederholen.

Es ist sträflich zu glauben, dass *ein* Kontakt zur Akquisition ausreicht.

Später machte ein deutscher Pädagoge namens Joost von sich reden. Er erforschte, in welchem Rhythmus wiederholt werden muss, und kam auf ein interessantes Ergebnis.

Die Abbildung auf der folgenden Seite signalisiert, dass

1. sich mit jeder weiteren Information ein Wissenszugewinn ergibt und
2. man dann den zeitlichen Abstand zwischen den Kontakten steigern kann.

Konkret: Wir haben nach unserem ersten Kontakt zwei Tage Zeit zur Wiederholung, dann sollten wir vier Tage warten und können schließlich auf acht Tage ausdehnen.

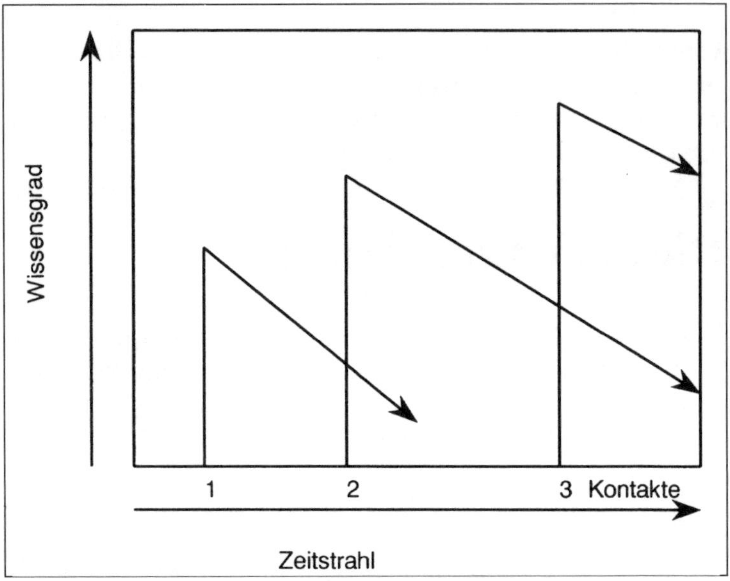

Abb. 8: Joost'sches Lerngesetz

Diese zeitlichen Abstände müssen nicht so konsequent eingehalten werden. Sie unterliegen unserer freien Gestaltung. Informationsnotwendigkeit, -häufigkeit und -dauer sind auch abhängig vom Informationsstand des Kunden, der Marktsituation, der Aggressivität des Wettbewerbs und vielen Unwägbarkeiten.

Ein wirksames Akquisitionssystem besteht aus mehreren in sich geschlossenen und aufbauenden Informationen, die zeitlich versetzt durch verschiedene Medien den Kunden erreichen.

Beispiele für Stufen-Akquisitionsstrategien

Gelegentlich hört man von der so genannten 7-K-Strategie (gemeint sind sieben Kontakte), die als „allein selig machend" gepriesen wird. Natürlich prägt sich ein Begriff wie 7-K-Strategie ein und lässt sich gut „verkaufen". Aber warum sollen wir sieben Kontakte haben, wenn es bei dreien auch schon klappt? Oder wieso sollen wir als Verkäufer frühzeitig aufgeben, wenn wir nach sieben Kontakten den Kunden noch nicht gewonnen haben?

Mit einer 3-K-Strategie schafft es ein Buchclub, Menschen als Mitglieder zu gewinnen, die morgens noch völlig unbedacht zum Einkaufsbummel gingen:

Stufe 1
Ansprache der Menschen in Einkaufszonen, Übergabe eines Gutscheins

Stufe 2
Begrüßung im Buchclub (Buchgeschäft), Übergabe des Geschenks und Argumentation für die Vorteile der Mitgliedschaft in einer Buchgemeinschaft

Stufe 3
Unterschrift des Vertrages, woraus meist eine langjährige Treue zu diesem Buchclub resultiert

In der Automobilbranche herrscht ein gnadenloser Konkurrenzkampf. Händler und deren Verkäufer bekommen so genannte Wettbewerbseroberungsprämien, wenn sie ein Fremdfabrikat beim Verkauf eines Eigenfabrikats in Zahlung nehmen. Dazu entwickeln die Hersteller große Directmailing-Kampagnen, bei denen Tausende von Briefen versandt werden. Man wartet gespannt auf den Response (Rückantwort) und teilt Verkäufern dann die Coupons zu.

Meist erreicht man weniger als 2 % Rücklauf, die Coupons kommen viel zu spät zu den Verkäufern und bleiben dort noch liegen. Ein Dilemma.

Der Kunde ist also bereits völlig „kalt“, wenn man ihn telefonisch neu akquiriert. Und dann wundern wir uns, wenn wir vom Interessenten Antworten bekommen wie „Hat sich erübrigt“ oder „Wollte nur einen Prospekt“, und sind enttäuscht, weil wir überflüssigerweise gearbeitet haben.

Es gibt bessere Strategien, die aber mehr kreativen Einsatz, sportlichen Mut und eine klarere Durchgängigkeit erfordern.

Beispiel I: Sportwagenhändler

Ziel: Wettbewerbsfahrer für die eigene Marke gewinnen

1. *Beschaffung von Adressen*
   von Wettbewerbsfahrzeugbesitzern mit Alter und Typ des Fahrzeuges sowie soziologischen Daten des Fahrers
2. *Kurzer freundlicher Brief*
   mit Hinweis auf kommendes Telefonat: „Wir haben ein paar Fragen ...“
3. *Telefonat*
   Verdichtung der Daten (Beruf, Familienstand, Motive) und Ankündigung eines „Sportfahrer-Kamingesprächs“
4. *Brief „Programm Kamingespräch“*
   Inhalte, Termine (ohne Ort), Teilnahme eines bekannten Rallyefahrers oder Sportfahrerinstrukteurs
5. *Telefonat*
   Gezielte Einladung mit Ort und Teilnahmesicherung (Frage nach Art der Anreise, Parkplatzreservierung, Namensschild)

6. *„Kamingespräch“*
   Überschaubarer Kreis von 12 bis 16 Teilnehmern, Ziel: hoher Info-Wert sowie Spannendes für die Sportfahrerpraxis, Buchgeschenk
7. *Einzelberatung*
   Danach Probefahrt und Verkauf, Sportfahrerlehrgang auf Wunsch

Sie können sich leicht vorstellen, dass bei solch einer Aktion eine Erfolgsquote von nur 2%, wie sie bei Directmailing-Aktionen erreicht wird, völlig indiskutabel ist.

Gute Verkäufer gewinnen innerhalb von zwei Jahren (man muss den Lebenszyklus eines Fahrzeugs einbeziehen) mehr als 50% aller ursprünglich angesprochenen Fremdfabrikatsfahrer für die eigene Marke.

Diese Strategie kennt noch viele Varianten. Man kann beispielsweise mit einer weiteren Aktion Kunden bitten, ihre Freunde zum so genannten Kamingespräch mitzubringen, oder man ersetzt das Kamingespräch durch einen „Tag der offenen Tür“ für einen individuell handverlesenen Kreis von Interessenten. Der Kreativität sind keine Grenzen gesetzt. Wir müssen es nur wollen und tun. Erfolg hat eben drei Buchstaben: *Tun*.

Beispiel II: Versicherungsagentur

Ziel: Gewinnung von Gewerbekunden

1. *Analyse des Marktes*
   Gewerbebetriebe-Analyse (Art, Größe usw.) mithilfe von Marktforschungsdaten

2. *Telefonische MAN-Analyse*
   Wer ist der/die (WO)-MAN der/die die M-ittel, die A-utorität, den N-utzen hat? – Eruierung der Entscheidungsträger
3. *Kurzer freundlicher Brief*
   Vorstellung mit Sympathiecharakter, Wecken der Neugier mit einem extrem kurzen, leicht erfassbaren Fallbeispiel als Anlage
4. *Telefonat zur Einladung*
   zu einem Abendvortrag mit dem Thema: betriebliche Altersversorgung im heutigen Steuerdschungel, Referent: unabhängiger Rechtsanwalt oder Steuerberater
5. *Individuelle Nachbetreuung/Besuch*
   nach vorheriger telefonischer Terminvereinbarung, Bedarfsfragen, Motivfragen, Ankündigung eines schriftlichen Angebots
6. *Telefonat während der Angebotskalkulation*
   zur Steigerung der Spannung, Erreichung eines Vor-Verkaufs (grundsätzliches Ja des Kunden), Beteiligung des Kunden an Angebotsausstattung
7. *Schriftliches Angebot*
   gegliedert in: Ihre Situation, Ihre Lösung, Ihre Vorteile, Alternative einbauen
8. *Telefonat (oder Besuch)*
   zur Angebotsnachfassung und Auftragserlangung

Gewerbekunden sind im Versicherungsgeschäft stark umworben. Meist sind sie in fester Hand und werden von großen Versicherungsmaklern betreut. Es ist gar nicht so einfach, diese umzustellen; die Bedingungen sind äußerst komplex und verlangen ein hohes Know-how speziell im Risk-Management.

Dazu kommt die nicht zu unterschätzende Preisproblematik im Gewerbegeschäft. Große Rabatte spielen manchmal eine Rolle.

Deshalb muss das Gewerbegeschäft in dieser Branche ruhig, konsequent geplant werden, und der Kunde muss über einen überschaubaren Weg allmählich zur eigenen Gesellschaft geführt werden. Mit einem Anruf und einem Besuch ist diese Hürde nicht zu meistern.

Nun noch ein Beispiel für eine 3-K-Strategie, die eine Spedition immer wieder sehr erfolgreich durchführt.

Nach zwei aufeinander abgestimmten Briefen, abgesandt innerhalb von fünf Tagen, kommt kurz darauf ein Anruf des Logistikberaters, um einen Termin für einen Besuch zu vereinbaren.

Beispiel III: Spedition

Ziel: Neukundenwerbung

1. *Brief*
   mit Inhalt in Stichworten: Service bekommt eine neue Dimension, Kunden werden empfindlicher, Zuverlässigkeit ist das Schlagwort des Warenflusses; Anlage: Beispiel des betriebswirtschaftlichen Schadens durch Ablaufmängel in der Warenversorgung.
2. *Brief*
   stichwortartig die Inhalte: Zuverlässigkeit beginnt nicht bei der Anlieferung, sondern bei der Erfassung. Logistik „schlägt“ Transport. Wir helfen. Wie, das sagt Ihnen Otto Star, der Sie gern anruft.
3. *Anruf*
   stichwortartiger Inhalt: Spannung wecken zum Thema „Hohe Flexibilität der Warendistribution bei (stark schwankenden) Frachtaufkommen mit Erkenntnissen neuester physischer Logistik (GSM-gesteuert)“. Wann passt Ihnen ein Gespräch am besten?

Fazit

Die Strategie unserer Neukundengewinnung forciert unsere Aktivitäten und lässt fade Taktiken des Verkaufsgesprächs verblassen. Jede Branche, jeder Markt, jede Verkaufszielsetzung und sogar jede individuelle Verkäufermentalität verlangen nach einer anderen Strategie.

Dieses Kapitel wollte Ihnen Anregungen dazu geben, selbst kreativ zu werden – sei es mit dem DCI-Doppel-Trichter, dem sehr kollegialen Benchmarking oder einer ausgeklügelten Stufenstrategie.

Der mehrstufige Verkauf

Stufe	Instrument	Ziele
1		
2		
3		
4		
5		
6		
7		

Abb. 9: Arbeitsblatt zur Entwicklung einer firmenspezifischen Akquisitionsstrategie

Beurteilung der Verkaufsinstrumente						
Brief – Prospekt – Telefon – Besuch – Veranstaltung						
geeignete/Punkte	bestens					nicht
	10	8	6	4	2	0
Kontaktaufnahme						
Vertrauen schaffen						
Neugier wecken						
Bedarf analysieren						
An Motive appellieren						
Beratung/Überzeugung						
Widerstände ausräumen						
Abschluss						
Kaufsicherung						
Plus-Verkauf						
Empfehlungen holen						

Abb. 10: Arbeitsblatt zur individuellen Beurteilung verschiedener Akquisitionsmethoden

Anregung zu Abbildung 9: Nehmen Sie für jedes Instrument eine andere Farbe, und ziehen Sie Ihre Polaritätslinien.

Strategie der Neukundengewinnung Zehn Goldene Gedanken
1. Unbedachte Spontanakquisition hinterlässt zu viel Flurschaden am Markt. 2. (Große) Visionen sind glänzende Nährstoffe kraftvoller Akquisitionsmissionen. 3. Durch dynamisch-flexible Planung bleibt man hellwach im Kundeneroberungsprozess. 4. Schlagfertiges Taktieren im Gespräch wirkt „leer" ohne nutzenorientierte Strategie. 5. Nur klare Ziele sind und wirken für den Kunden verbindlich. 6. Durch die Qualifizierung des Adressmaterials vermeiden wir überflüssige Kontakte. 7. Mit dem DCI-Doppel-Trichter fahren wir sofort auf die Empfehlungsschiene. 8. Einstufige Aktionen sind meist ihr Geld nicht wert. 9. Gemeinsam – durch koordinierte Werbung – erreicht man mehr. 10. Profis messen sich an den Kennzahlen der Besten und lernen dazu. PS: Strategie dominiert Taktik.

6 Kontaktmedien der Kundengewinnung

Bevor ein Verkäufer akquiriert, sollte er sich darüber im Klaren sein, welche Medien, welche Methoden, welche Instrumente ihm zur Verfügung stehen. Nicht immer sind Besuch oder Telefon das richtige Mittel der Kundenansprache.

Gelegentlich müssen wir auch Fax und E-Mail einsetzen. Profis halten Vorträge vor Kundengruppen. Die „ganz Schlauen" gründen Kundenclubs und präsentieren sich auf Veranstaltungen. Und es sind nicht immer die Bequemen, die sich auf die Antwort-Coupons der Anzeigen konzentrieren.

Praxiserprobte Akquisitionsmethoden

Folgende praxiserprobten Akquisitionsmethoden gehören zu unserem Repertoire:

- Brief/Direktmarketing
- Telefon
- Besuch
- Kalt-Besuch
- Internet
- Messe/Ausstellung
- Vortrag
- Seminar
- Event/Veranstaltung

- Kundenclub
- Fax und E-Mail
- Anzeigen
- TV, Rundfunk, Kino, Plakate
- Empfehlung
- Multiplikatoren

Die den Verkäufern am nächsten stehenden Medien wie Brief, Telefon, Erstbesuch (Besuch, Kalt-Besuch) sowie Empfehlungs- und Multiplikationswerbung werden ausführlich dargestellt.

In die Akquisitionsarbeit, die vornehmlich von Marketingspezialisten, Verkaufsförderern oder Werbeagenturen geleistet wird – also Messen, Ausstellungen, Vorträge, Seminare, Events/Veranstaltungen, Kundenclubs, Internet-Auftritte, Anzeigen, Spots in TV, Rundfunk und Kino sowie Plakate –, erhalten Sie dagegen einen Überblick in der gebotenen Kürze.

Methode	Vorteile	Nachteile	Chancen
Brief/ Direktwerbung	in Massen preisgünstig, bequem – nur warten, ohne Reisezeiten	oft hoher Streuverlust, Massenaussendungen kaum nachbearbeitbar, verzögerte Reaktion, hohe Wegwerfquote	wenn, dann Qualität vor Quantität, Werbung immer mehrstufig aufbauen, Reaktionsauslöser texten

Telefon	preisgünstig, je Kontakt direkte Reaktion des Kunden möglich, viele Kontakte pro Tag	keine optische Dimension, Telefonklingeln bedeutet Störfaktor, Anruf leicht abzuwimmeln	Raumatmosphäre überträgt sich, modernste Technik als Basis, verständlicher Gesprächsstil, roten Faden fürs Gespräch parat haben
Besuch	direkteste Beeinflussungsmöglichkeit, visueller Kontakt, längste Beeinflussung, Demonstration möglich	hohe Kosten pro Kontakt, wenig Kontakte pro Tag, Langsamkeit	psychologische Gesetze beherrschen, Kunden-Ego in den Mittelpunkt des Gesprächs rücken, Gespräch muss „dramaturgisch“ überlegt und konzipiert sein

Kalt-Besuch	perfektes Akquisitionstraining, Lückenfüller, gute optische Gebietserfassung	evtl. Selbstabwertung, vergebliche Reisen, viele Ablehnungen zu verkraften	perfektes Verkäufer-Outfit, keine demonstrative Selbstsicherheit, keine devoten Erklärungen
Internet	ständige Präsenz, gute Image-demonstration, Nutzer in fast allen Branchen zunehmend	nur gut, wenn perfekt und immer up to date, oft zu viele Informationen, noch zu viele surfende Freaks	schneller Bildaufbau, lebendige Ausstrahlung, Dialog leicht möglich, Nähe zum Kunden zeigen
Messe/ Ausstellung	viele Kontakte möglich, Interessegrad der Besucher groß, Vertrauen bei Nachbearbeitung vorhanden	Messestress, Über-Information der Besucher, Lärmbelästigung	klares Gesprächskonzept, Hauptaugenmerk auf Kurz-Info mit anschließender Terminvereinbarung, schneller Dankesbrief

Vortrag	viele Zuhörer, Effekt des Schulterschlusses der Teilnehmer, hervorragende optische Präsentationsmöglichkeit	Disziplinlosigkeit, hohe No-Show-Rate bei kostenlosem Vortrag, zu große Zuhörergruppen kaum nachbearbeitbar	perfekte Organisation, gute Zuhörerbetreuung, auf teure Verköstigung verzichten, gutes Handout notwendig
Seminar	viel Zeit zur Beeinflussung, guter Beziehungszugewinn, perfekt orientierte Kunden	evtl. teuer, Gefahr durch schwache Referate, Aufwand zur Teilnahmesicherung	Gebühr verlangen, gute Teilnehmerbetreuung, nachvollziehbare Seminarunterlagen
Event/ Veranstaltung	gute Show bringt Image, attraktiv, Langzeiterinnerung, Loyalität der Teilnehmer	Gefahr des Neids, Show wird zur Hauptsache, hoher Vorbereitungsaufwand, teuer	keine Show um der Show willen, muss zum Inhalt passen, Gebühr verlangen, allen Entscheidungsträgern zugänglich machen

Kundenclub	hohe Kundenidentifikation, enger Zusammenhalt, Loyalität auch bei Krisen, gute Kundenpotenzialausschöpfung	ständige Betreuung notwendig, kein Selbstläufer, Zuschuss notwendig	Kundenbeirat wählen, ständig neues Programm, Mitgliedsbeitrag, nach Niveau gestaffelte Aktivitäten, Partner mit einbeziehen
Fax und E-Mail	schnell, kurz, knapp, gezielt, hohe Reaktionschance	rechtlich verboten (zumindest bedenklich), wird vom Kunden als Störung empfunden	gute, flüssige, kurze, flotte Texte, gut bei bekannten Interessenten zur Erinnerung und Aufforderung
Anzeigen	bei Gütern des täglichen Bedarfs sehr gut, bequem, nur ganze Anzeigenserie macht Sinn	schnelle Vergänglichkeit, sehr hoher Streuverlust, teuer, leichtfertiges Entscheiden, weil Budget erfüllt werden kann	muntere, freche Gestaltung, Kultfigur, Slogan, mutig von grauer Masse abheben, schnellste Reaktion bei Couponrücklauf

TV, Kino, Rundfunk, Plakate	gut für Endverbraucher, unterschwellige Beeinflussung	teuer, hoher Streuverlust, Kaufauslöser (fast) nur bei Dauerwerbung	wiederkehrendes Element in vielen Schaltungen, frech, witzig bis ulkig
Empfehlung	preiswertestes Medium, Vertrauensvorschuss, große Erfolgschancen, geringe Anbahnungsverluste	Nachahmungseffekt nicht immer erreichbar, sehr hohe Erwartungen	gezielt um Weiterempfehlung bitten, das Danke nicht vergessen, Empfehlenden einbeziehen
Multiplikatoren	Mitverkäufer, Vervielfachung eigener Verkaufskapazität	rasches Abflachen der Multiplikationsmotivation, Gefahr, dass man sich zu sehr auf den Multiplikator verlässt	Multiplikatoren gut trainieren, mit optimalen Hilfsmitteln unterstützen, engen Kontakt zu ihnen halten, viel Anerkennung geben

Abb. 11: Analyse der einzelnen Instrumente zur Neukundengewinnung

7 Briefe, die verkaufen

Wir freuen uns über den Brief eines Bekannten oder Freundes. Doch was füllt unseren Briefkasten? Kontoauszüge, Postwurfsendungen, Rechnungen, Werbebriefe von Massenaussendungen ... nur: Der Brief eines netten Menschen fehlt.

Unserem Kunden geht es ebenso. Auch er hat einen Berg von Werbepost, Prospekten, Katalogen zu bewältigen. Wie wohltuend wäre es da, von einem Verkäufer einen handschriftlichen Zweizeiler zu bekommen.

Als Verkäufer müssen wir natürlich selten Briefe schreiben, doch wir müssen viel davon verstehen. Wir können viel darüber lernen, weil viel Werbepsychologie in gute Briefe einfließt, Werbepsychologie, die wir für die Verkaufspsychologie genauso gut gebrauchen können.

Ganz davon zu schweigen, dass wir eines Tages Verkaufsleiter oder Marketingleiter werden, und da ist das Schreiben von Werbebriefen unumgänglich. Also rüsten wir uns.

Soll ein Verkäufer Briefe schreiben?

„Ein Brief gehört zu einem Verkäufer wie ein Fisch zu einem Fahrrad!“, äußerte mal ein Kollege, weil er es strikt ablehnte, seinen Kunden Briefe zu schreiben. Er gehe lieber gleich hin, und zur Not gebe es ja immer noch das Telefon.

Es gibt jedoch viele Gründe, seinen Kunden einen Brief zu schreiben:

- Wir treffen ihn nicht an, wollen aber ein Zeichen geben.

- Das Angebot „lechzt“ nach einem kleinen handschriftlichen Dankeschön des Verkäufers.
- Ein Prospekt per Post mit ein paar handschriftlichen Bemerkungen wirkt persönlicher.
- Dasselbe gilt für eine Einladung (z. B. Tag der offenen Tür oder Geschäftsessen).
- Ein „Danke!“ für den Empfang gibt gute Gefühle.
- Die schriftliche Vorstellung vor dem Anrufen weckt Vertrauen.
- Selbst eine Visitenkarte hat Platz für einen Mini-Brief.

Briefe müssen – um zu wirken – „hand-made by the salesman“ sein. Der Kunde muss unsere *Handschrift* wiedererkennen, nur so wird das beabsichtigte Vertrauen von Anfang an bestätigt. Briefe bestechen in der Kürze und Würze. Mehr als sieben Zeilen liest der Kunde sowieso nicht.

Was spricht für einen handschriftlichen Verkäuferbrief? Die Geschwindigkeit, die wir dadurch erreichen, ist nicht zu unterschätzen, die Persönlichkeit, die wir vermitteln, wird der Kunde schätzen.

Ein Werbebrief – insbesondere bei Directmailing-Aktionen – ist nur scheinbar ein günstiges Werbemittel. Briefe sind teurer, als wir gemeinhin annehmen. Auch wenn sie in Brüssel zur Post gebracht werden:

Ein individuell diktierter Brief kostet leicht über 100 Euro (Diktierzeit, PC-Schreibzeit, Korrekturzeit, Papier, Beilage, Porto etc.). Eine Massenaussendung ist preisgünstiger, die Ursprungskosten pro Brief werden erheblich gesenkt. Doch auch das günstigste Mailing ist kaum unter 2 Euro pro Brief zu realisieren.

Anmerkung: Je mehr „Masse“ wir versenden, desto geringer ist die Erfolgschance, der Rücklauf. Schwieriger ist auch die Nachbearbeitung, und alle sind frustriert.

Briefe sollen das Gespräch ersetzen. Wenn Briefe neue Kunden akquirieren sollen, müssen diese beim Kunden Reaktionen (Response) auslösen. Erst durch den zurückgesandten Coupon besteht eine Chance, mit dem Kunden in einen Dialog zu treten.

Direktwerber sind immer wieder stolz, wenn sie von Rückläufen von 2 oder 3 % sprechen können. Massenaussendungen bleiben dagegen meist unter 1 %.

Anmerkung: Erstaunlicherweise hört man nie, dass bei einem 2-prozentigen Response 98 % aller Kunden „Nein" gesagt haben.

Je nach Auswahl der Adressen, deren Qualifizierung, der Gestaltung der Briefe (Package), der Zielgruppe und der Verbindlichkeit des Angebotes sind die Rücklaufquoten sehr unterschiedlich. Verspricht man, dass jeder Hundertste einen Porsche geschenkt bekommt, schnellt die Rücklaufquote nach oben. Doch solche Angebote sind irrelevant.

Generell kann man nicht sagen, dass eine Quote von 2 oder 3 % sehr gut, mittelmäßig oder schlecht ist. Es kommt auf viele Faktoren an. Rücklaufquoten müssen exakt gemessen werden, um die nächste Kampagne qualitativ hochwertiger zu gestalten.

Interessanter ist, was wir aus den Rückläufern „zaubern".

Oft beklagen Verkaufsförderer zu Recht, dass die Verkäufer sich mit der Bearbeitung der Coupons zu viel Zeit lassen. Die Verkäufer entgegnen dann, dass sie die Coupons erst sehr spät bekamen und dass alle Anfragenden doch nur Prospektsammler seien. Dieses Verhalten trägt wenig zum besseren Gelingen zukünftiger Aktionen bei.

Wie also schreibt man gute Werbebriefe, wie formuliert man sie, welches sind Verstärker und welches Stacheldrahtworte, was wirkt langweilig und was erregt Aufmerksamkeit?

Vakuumwirkung erzeugen

Wer kurz, kreativ, unkompliziert, strukturiert und spannend kommuniziert, hat alle Chancen. In der Fülle der Informationsflut müssen wir auch bei der schriftlichen Kommunikation so auffallen, dass unsere Botschaft vom Kunden mehrfach in die Hand genommen und anderen gezeigt wird.

A, A, A = Anders Als Andere sein – dies ist jedem Verkäufer bekannt. Nur mit A, A, A erreichen wir A, A = Außergewöhnliche Aufmerksamkeit und stehen damit dem sechsten A, dem Auftrag näher.

Wir leben mit einer Informationsflut bei gleichzeitiger Wissensarmut. Die Kunden werden bei dem, was sie lesen sollen, regelrecht überfordert. Ein Werbebrief, der als solcher gleich erkannt wird, landet oft schon deswegen ungeöffnet im Papierkorb.

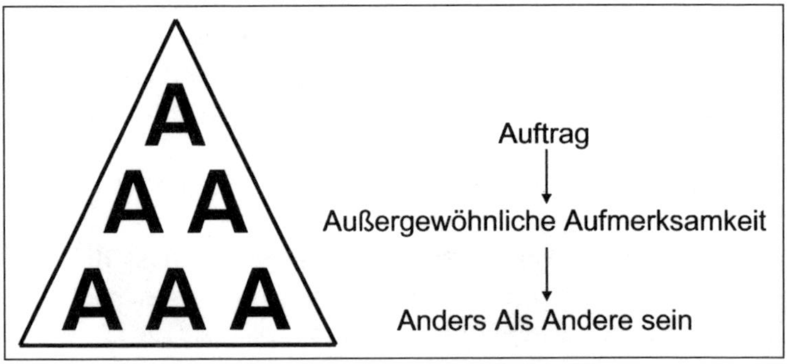

Abb. 12: Die 6-A-Regel

Ein guter Werbebrief wird gelesen und öffnet dem Absender den Markt.

Auffallen, aber nicht um jeden Preis

Hier geht es nicht um das Auffallen um jeden Preis, sondern um unsere positive Wirkung auf andere.

Checkliste: Was können wir anders und ideenreicher machen als andere?		
1	Papier	➢ Öko-Papier? ➢ DIN-C6-Info-Zettel? ➢ Glatt mit hell unterlegter kreativer Idee? ➢ ➢
2	Stift	➢ Füllfederhalter? ➢ Oder grüne Farbe? ➢ Computerschrift mit Kursivschrift? ➢ ➢
3	Gruß/Anrede	➢ Guten Tag? ➢ Schönen Tag? ➢ Sehr geehrter ...? ➢ Lieber ...? ➢ ➢
4	Inhalt/ Aussage	➢ In Schlagworten? ➢ Kurze Sätze? ➢ Eine Fragestellung oder Provokation? ➢ ➢

5	Brieflänge/ Aufteilung	➢ Maximal zehn Zeilen? ➢ Nur linke Seite beschreiben? ➢ Sprechwolken? ➢ ➢
6	Bilder	➢ Blick durch Schlüsselloch? ➢ Bauzaun mit Lücke? ➢ Großes Fragezeichen? ➢ ➢
7	Beilage	➢ Vergoldeter Schlüssel? ➢ Streichholz „Fangen Sie Feuer“? ➢ Runder Würfel? ➢ ➢
8	Umschlag	➢ Adresse handschriftlich? ➢ Sonderbriefmarke? ➢ Farbige Gestaltung? ➢ ➢

Dies sind einige Anregungen. Es ist überall noch Platz für Ihre Ideen. Machen Sie sich einfach Gedanken, sammeln Sie Beispiele, die frech, witzig, originell, einmalig oder einfach „gut“ sind.

Reaktionen auslösen

Untersuchungen haben ergeben, dass der Empfänger einer schriftlichen Botschaft mehrere gedankliche Phasen durchläuft, bevor er sich zur Reaktion (Kauf oder Anruf) entschließt.

Denkbar sind bei der klassischen Direktwerbung folgende fünf Phasen:

Phase 1
Werbung? Papierkorb!(Lehnt Werbung ab)

Phase 2
Was ist das? Zunächst Neugier!(Spricht ihn nicht an, also Ablage „P“ = Papierkorb)

Phase 3
Liest – könnte mal interessant sein: Ablage!(Kommt wieder im Bedarfsfall)

Phase 4
Interesse vorhanden: im Sichtfeld zur Seite legen!(Nimmt Werbung bald wieder zur Hand)

Phase 5
Reaktion „Kauf“ oder „Anruf“ oder ...(Reaktionsschwelle positiv überschritten)

Auch bei brieflicher Werbung müssen Produkte und Angebote auf die Zielgruppe zugeschnitten sein – das ist die Basis für Interesse. Je höher die Lust ist, mehr zu erfahren, desto größer ist der Kaufanreiz.

Die KISS-Regel

Der renommierte Direktwerbe-Berater und -Trainer Professor Siegfried Vögele* hat eine interessante Entdeckung

* Siegfried Vögele: „Dialogmethode: Das Verkaufsgespräch per Brief und Antwortkarte“, verlag moderne industrie, Landsberg/Lech, 10. Auflage 1997.

gemacht. Unzählige Empfänger von Werbebriefen wurden beim Lesen per Augenkamera kontrolliert. Dabei wurde festgestellt, dass die Wegwerfquote in den ersten 20 Sekunden am höchsten ist. Also müssen wir die ersten 20 Sekunden überstehen. Unser Brief muss attraktiv, kurz und vielsagend sein. Dabei hilft uns die KISS-Methode.

K	Keep	Halte
I	it	es
S	short and	kurz und
S	simple	einfach

Mit dieser KISS-Formel ist fast alles gesagt. Wir müssen kein literarisches Deutsch beherrschen und keine langen Briefe schreiben. *Kurz und klar* muss unsere Devise sein. Und das liegt uns Verkäufern.

Der erste Eindruck muss stimmen

Die alte Formel „Für den ersten Eindruck gibt es keine zweite Chance!“ gilt auch für den Brief. Auch der beste Brief, entsprechend formuliert, kann einen schlechten ersten Eindruck nicht kompensieren. Der erste Eindruck prägt.

Ein beigegrauer Umschlag wirkt oft leicht schmutzig und vermittelt kaum das Sorgfaltsempfinden des Absenders. Das blütenfarbige Weiß dagegen signalisiert dem Empfänger, dass er vom Absender Reinheit, Klarheit und Korrektheit erwarten kann.

Der Briefumschlag vermittelt dem Empfänger einen ersten Eindruck. Unsere Post wirkt bereits im geschlossenen Zustand.

Deswegen dürfen auch Briefbeilagen niemals in einem zu weichen, leicht zu knickenden Umschlag geschickt werden. Das Porto, das wir dabei sparen, wird teuer.

Leseverhalten nutzen

Wir wollen hier nicht zum Profi für Werbetexte werden. Wir konzentrieren uns auf die Chancen, die wir im Verkauf haben.

Ein Beispiel ist das Angebot. Die meisten Angebote werden ohne Begleitbrief abgesandt und wirken somit fade, technokratisch und wenig warmherzig. Weltweit ist aber bewiesen, dass die Erfolgsquote eines Angebots ohne Begleitbrief rapide sinkt.

Die Untersuchung von Siegfried Vögele hat gezeigt:

1. Kein Brief wird so gelesen, wie er geschrieben wird, also Wort für Wort.
2. Das Auge springt zunächst von Absatz zu Absatz, überspringt ganze Zeilen und verschafft sich nur einen Gesamteindruck.
3. Das Einzige, was am Anfang Wort für Wort gelesen wird, ist der Nachsatz, das PS.
4. Der Augenverlauf der meisten Leser beschreibt die Form eines großen S. So verschafft man sich zuerst einen Überblick und entschließt sich eventuell, den Brief zu lesen.

Die Abbildung 13 auf Seite 109 verdeutlicht dies. Was können wir daraus ableiten?

Analysieren wir die Leseverlaufkurve. Die in Klammern stehenden Zahlen verweisen auf die entsprechende Stelle des abgebildeten Briefes.

1. *Absender*
   Der Leser fragt als Erstes: Wer hat mir geschrieben? Jetzt schon wird ein erster Eindruck gefestigt und geklärt, ob wir akzeptiert sind. Firmensignet und Papierqualität müssen stimmen.
2. *Empfänger*
   Ist das Auge beim Anschriftenfeld angelangt, fragt sich der Leser: Wie kommt man auf mich, kennt er mich, wird mein Name richtig geschrieben, wie nah ist mir der Schreiber? Eine Untersuchung der amerikanischen Fachzeitschrift „Direct Marketing“ in den 70er Jahren veröffentlichte ein Forschungsergebnis der Universität Wisconsin: Sekretärinnen von Managern wurden gefragt, nach welchen Kriterien sie die Eingangspost für den Chef sortieren:
   79 % sagten: Die Anschrift muss stimmen, Post mit falschem Namen kommt nicht zum Chef.
   37 % betonten: Die persönliche Anrede, der Vorname vermitteln Bekanntheit.
   78 % erklärten: Mein Chef hat einen Titel und legt Wert darauf.
   93 % legten Wert auf die Stellung (z.B. Direktor) im Unternehmen.
   78 % erwähnten, dass die Gestaltung wichtig ist.
   Die Konsequenz für uns heißt: exakte Adresse mit Vor- und Nachnamen, Titel und Stellung.

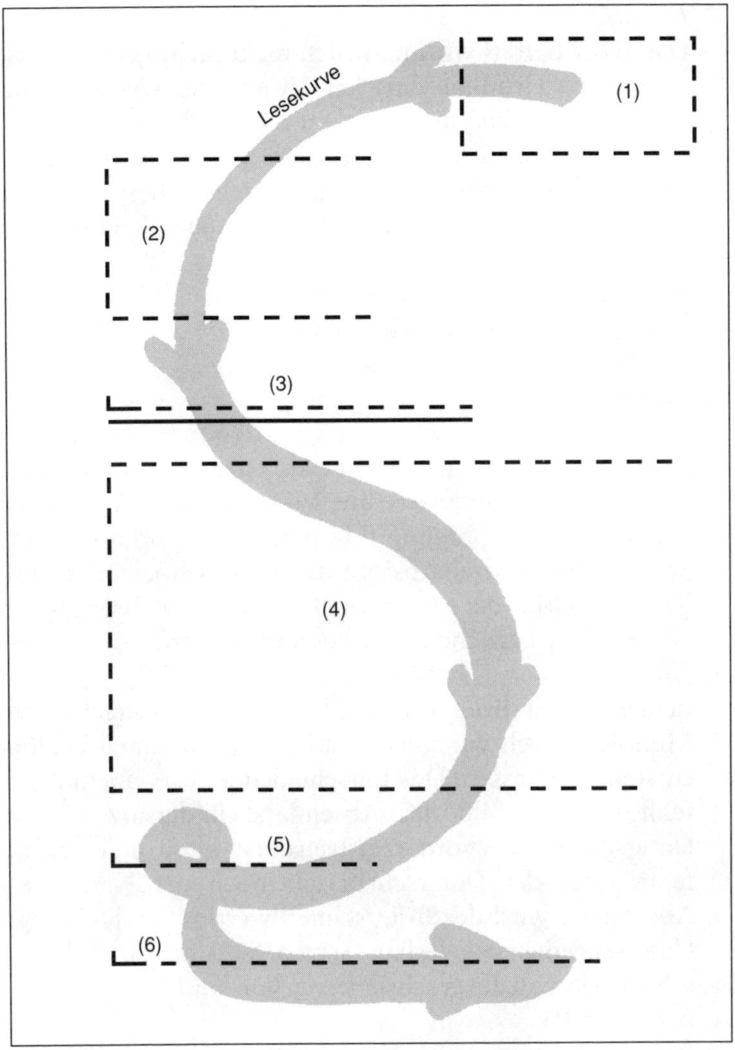

Abb. 13: Leseverlaufkurve

3. *Betreff*

   Das Wort Betreff wird natürlich nicht mehr geschrieben. Aber ohne Headline darf kein Brief sein. Gestalten Sie aber die Headline nicht, indem Sie Ihr Produkt erwähnen, dann sagen Sie ja nur, dass Sie etwas verkaufen wollen. Dies weiß der Kunde ohnehin. Besser ist es, neugierig zu machen, wie z. B. durch folgende Formulierungen:

   - Die Steuern räumen alles ab ...
   - Täglich eine Stunde Zeit sparen ...
   - Energie besser nutzen ...

4. *Inhalt*

   Hier kommt es im Wesentlichen auf Kürze und Würze an. Unterstreichungen (besser als fette Schrift) stoppen das Auge für mindestens eine Viertelsekunde. Das führt zur besseren Einprägung. Ein guter Werbebrief umfasst zwei, maximal drei Absätze mit jeweils höchstens fünf Zeilen. Wirkt der Text „voll“, wird der Brief nicht gelesen. Wir brauchen aber Lesemotivation.

5. *Unterschrift*

   Leider ist der Brief kein Dialog, sondern zunächst ein Monolog, doch wir müssen alles tun, um einen Dialog entstehen zu lassen. Das Entscheidende, was einem Brief fehlt, ist das Bild des Absenders. Bildersatz ist die Unterschrift. Sie wird registriert. Ist diese unleserlich, fehlt unter der Unterschrift gar noch der Name des Absenders, wird der Brief schnell wertlos. Empfehlung: Unterschreiben Sie lesbar, Setzen Sie unter die Unterschrift den voll ausgeschriebenen Vor- und Nachnamen.

6. *Nachsatz/PS*

   Für Werbebriefe gilt: Verzichte nie auf ein PS. Ein Postskriptum wird als Erstes gelesen. Was sollte im Nachsatz stehen?

   - Wiederholung des größten Vorteils,

- die Aufforderung, etwas zu tun,
- die Vorfreude auf das Kennenlernen.

Todsünden vermeiden

Jede Führungskraft – und unsere Kunden sind in der Regel Führungskräfte – muss täglich eine Flut von Informationen verarbeiten. Das Telefon klingelt ständig, die Mobilbox signalisiert „Rückruf gewünscht“, ein Fax nach dem anderen flattert auf den Tisch, ganz zu schweigen von den vielen E-Mails, die eine rasche Bearbeitung erfordern. Und dann kommt noch die Post, die Flut von Werbebriefen wird ganz am Schluss, wenn unser Kunde schon völlig genervt ist, endlich bearbeitet. Wir müssen uns Gedanken machen, wie unsere Post von besonderem Interesse für den Leser wird.

Besonders negativ wirken sich folgende Faktoren aus:

- *Kaufmannsdeutsch*
  Einer schreibt vom anderen ab.
- *Komplizierte Schachtelsätze*
  Umständliches Deutsch wird beim Lesen kaum verstanden.
- *Zahlenkombinationen*
  Manchmal wird dem Kunden zugemutet, sich verschieden lange Zahlenkombinationen zu merken und sie auch zu verwenden, z.B. Angebots-, Artikel-, Projekt-, Abteilungsnummern usw. Es wird Zeit, dem Kunden entgegenzukommen, ihm zu helfen und ihm nicht zu vermitteln, dass er nur eine Nummer ist.
- *Gerichtsstand*
  Muss der im Briefkopf zu finden sein, nach dem Motto: „Wir haben den besten Anwalt!“?

- *Inkognito*
  Warum sind die meisten Unterschriften nicht lesbar, die Sachbearbeiter durch Buchstaben-Zahlen-Kombinationen (z.B. V-P) versachlicht? Warum zwingt man Kunden eine nicht vorhandene Anonymität auf?
- *Papierkorbbriefe*
  Die Summe dieser Merkmale sind das Ergebnis.

Auftragsmotivierender Begleitbrief zum Angebot

Betrachten wir einmal den auf Seite 114 wiedergegebenen Begleitbrief zu einem Angebot:

Muster-Papierkorbbrief

(1) Warum mit „2/D“ so anonym und nicht „Marianne Müller“? Und das „Betreff“ entfällt.
(2) Warum fehlt der Gruß? Mit einem freundlichen „Guten Tag, sehr geehrter ...“ geht es gleich viel besser.
(3) Besser ist, die Freude darüber auszudrücken, dass man zu einem Angebot aufgefordert wurde.
(4) „Dortselbst“? Besser: „... die uns der Leiter unserer Niederlassung in Kassel, Siegfried Koch, überreichte.“
(5) Wie kann man Einzelheiten aus den Unterlagen entnehmen? Besser: „Unsere Vorschläge zeigen Ihnen Ihre Vorteile auf.“
(6) Auch das Wort „ersehen“ ist umgangssprachlich veraltet. Besser: „Die Maße stehen in den Zeichnungen.“
(7) Von einer „sehr kräftigen und sauberen Konstruktion“ zu schreiben ist überflüssig, banal und leer. Präzisieren wir doch: „Die Konstruktion ist so stabil, dass sie die ISO-Norm um 10% überschreitet.“

(8) „Hoffen und harren tun nur die Narren“, sagte ein bekannter Rhetoriktrainer. Vielleicht hofft der Schreiber noch immer. Schreiben wir doch besser: „Wir sind sicher, dass dieses Angebot Ihren Erwartungen entspricht.“

(9) „Man ist jederzeit zur Rücksprache bereit“ ist unterwürfig. Dass man noch weitere Vorschläge ausarbeiten möchte, zeigt die Unsicherheit des Schreibers. Kundenaktivierend ist die Formulierung: „Gern besprechen wir gemeinsam mit Ihnen, wie sich Ihr Projekt gewinnbringend für Sie realisieren lässt.“

(10) „Für den Fall der geschätzten Auftragserteilung ...“ signalisiert, dass die Auftragserteilung geschätzt wäre, nicht aber der Kunde, dass man auch gar nicht damit rechne. Und „... sichern wir im Voraus eine gute und gewissenhafte Abwicklung zu!“ ist selbstverständlich. Besser: „Wir freuen uns auf Ihren Auftrag, weil wir sicher sind, dass gerade dieser Lösungsvorschlag für Sie am rentabelsten ist.“

(11) „Es sollte uns freuen“ schlägt dem Fass den Boden aus. Das grenzt an Ironie. Es muss heißen: „Es wird uns freuen!“

(12) „Hochachtungsvoll“ ist total veraltet, besser ist „Mit freundlichen Grüßen aus ...“ mit einer auch lesbaren Unterschrift.

(1) Ihr Zeichen Ihre Nachricht vom Unser Zeichen 2/D [redacted] den 25. 4.[redacted]

Betrifft: Bauvorhaben [redacted]
[redacted]anlagen

(2) Sehr geehrte Herren,

(3) dankend bestätigen wir den Erhalt Ihrer sehr geschätzten Anfrageunterlagen, die
(4) uns über unseren Niederlassungsleiter Kassel, dortselbst Herrn [redacted], vorgelegt
werden.

Auf Grund Ihrer uns gemachten Angaben und vorgetragenen Ausführungswünsche über-
reichen wir Ihnen inder Anlage unsere Angebotsunterlagen Nr. [redacted] bis [redacted]
(5) Wir bitten die Einzelheiten unserer heutigen Vorschläge aus diesen Unterlagen
zu entnehmen. Maßliche Details wollen Sie bitte aus beigefügten Zeichnungen
(6) [redacted] für die seilbetriebenen [redacted]anlagen und [redacted] für die
seil-hydraulischen Anlagen ersehen.

Die Gesamtausführung der angebotenen Aufzugsanlagen erfolgt in einer sehr kräf-
(7) tigen undsauberen Konstruktion, die bei sachgemäßer Nutzung und fachgerechter
Pflege eine sichere und störungsfreie Betriebsweise gewährleistet. Die konstruk-
tive Ausbildung der Anlagen entspricht in allen Teilen den zum Zeitpunkt der
Angebotsabgabe gültigen Ausführungsrichtlinien der gesetzlichen Aufzugsbestim-

(8) Gerne hoffen wir, daß unsere heutige AngebotsunterlageIhren Wünschen und Er-
wartungen entspricht. Sollten hierzu noch Unklarheiten bestehen oder weitere
Auskünfte benötigt werden, so bitten wir um Ihre Rückfrage. Zur Ausarbeitung
weiterer Vorschläge sind wir gerne bereit, wie auch unser dort zuständiger
(9) Niederlassungsleiter unserer Niederlassung Kassel, Herr [redacted], zu einer jeder-
zeitigen persönlichen Rücksprache zwecks Entgegennahme weiterer Wünsche Ihrer-
seits bzw. zur Erläuterung unserer Angebotsunterlage zur Verfügung steht.
Für den Fall Ihrer sehr geschätzten Auftragserteilung sichern wir Ihnen im vor-
(10) aus eine gute und gewissenhafte Abwicklung zu.

(11) Es sollte uns freuen, Ihren sehr geschätzten Auftrag zu erhalten.

Gerne weiter von Ihnen hörend, empfehlen wir uns Ihnen

hochachtungsvoll

(12) [redacted]

Abb. 14: Muster-Papierkorbbrief

Briefe, die den Verkauf ankurbeln

Im vorigen Abschnitt haben wir nicht jedes Wort, jede Zeile analysiert. Es wäre noch viel mehr zu sagen. Lesen Sie diesen Brief ruhig mehrfach. Wenn er sich als das negativste Beispiel einprägt, das Sie je gelesen haben, dann hat das Lesen seinen Zweck erfüllt.

In kurzen Statements folgen nun die wichtigsten Merkmale eines verkaufsaktivierenden Briefes:

1. *Strahlen Sie Sicherheit aus!*
   Der Brief muss im Stil ruhig wirken. Klare Sätze wirken sicher.
2. *Schreiben Sie so, wie Sie sprechen!*
   So wirken Sie menschlich und sind leicht verständlich, Wohlwollen lässt sich übertragen.
3. *Formulieren Sie kurze Sätze!*
   Die Verständlichkeit nimmt zu, die Lesefreudigkeit steigt. Pro Satz nur eine Aussage.
4. *Texten Sie verständlich!*
   Unser Fachchinesisch (engobierte Dachziegel, Fungibilität des Objektes, Zwölf-Eloxal-Beschichtung etc.) sollte in verständliche Worte gekleidet werden. Wenn schon, dann den Fachausdruck in Klammern.
5. *Schreiben Sie aktivierender!*
   Ihr Brief soll eine Reaktion auslösen. Also muss im Brief bereits eine Aktion abgelaufen sein, die man fortsetzen möchte.
6. *Sprechen Sie den Besitztrieb an!*
   Auch der Besitztrieb löst eine Reaktion aus, den Kauf. Bitten Sie den Kunden, etwas zu tun, z.B. anzurufen, das Antwortfax zurückzuschicken oder schnell mal etwas zu prüfen.

7. *Vergessen Sie nicht das Prestige des Kunden!*
   Jeder ist für Ruhm und Ehre empfänglich, mit anderen Worten für Prestige. Geben Sie dem Kunden diese Auszeichnungen wie: „Sie gehören zu den wenigen ...“ oder „Bevor wir dieses Angebot noch anderen machen, wollen wir Ihnen ...“ Auch mitten im Text müssen „aufwertende“ Worte stehen wie „gerade Sie, Sie selbst, für Sie allein, persönlich, Menschen Ihrer Stellung“.
8. *„Flott und munter“ liest sich gut!*
   Ein lahmer und schwerfälliger Briefstil schläfert ein, der muntere weckt auf und regt an, sich mit uns auseinander zu setzen. Zum Beispiel: „Der 10. Juni könnte wieder ein schmerzensreicher Tag für Sie werden. Die Einkommensteuervorauszahlung ist fällig, ein unliebsamer Scheck ist zu unterzeichnen. Das tut weh. Interessiert es Sie, wie man den Scheckbetrag kürzen kann? Dann ...“
9. *Fordern Sie zur Reaktion auf!*
   Ein frommer Wunsch wie „Wir würden uns freuen von Ihnen zu hören“ lähmt jegliche Handlungsbereitschaft. Schreiben Sie besser: „Schicken Sie noch heute ...“, „Rufen Sie an ...“
10. *Behalten Sie die Initiative!*
   Ein Brief muss in einen Dialog münden. Zur Not greifen Sie selbst zum Hörer, werden Sie selbst aktiv. Mit einem Satz können Sie das sehr positiv einleiten: „Wenn Sie uns nicht zuvorkommen, werde ich Sie gern am ... anrufen, um ...“

Beispiele für gute Werbebriefe

Im Verkauf haben wir viele Möglichkeiten, einen Brief zu schreiben. Hier einige Beispiele.

Beispiel 1: Eine Investitionsgüterfirma versucht, Kunden zu reaktivieren.

> Ihre Aufzugsanlage in Stuttgart
>
> Guten Tag,
> sehr geehrter Herr Doktor Müller,
>
> vor 3 Jahren hatten Sie sich für den Einbau eines bewährten PFEIFFER-Aufzugs entschieden. Sie waren damit zufrieden, deswegen haben wir auch nichts mehr von Ihnen gehört.
>
> Damit Sie über den technischen Zustand Ihrer Anlage informiert sind, hat PFEIFFER eine FUNKTIONS- und SICHERHEITSANALYSE (FSA) entwickelt.
>
> Wie Ihnen bekannt ist, spart eine gut funktionierende Aufzugsanlage Kosten, Zeit und Ärger.
>
> Viele PFEIFFER-Kunden konnten sich bereits von der FSA überzeugen, sie sind begeistert.
>
> Nutzen Sie unsere Erfahrung.
>
> Gern rufen wir Sie in den nächsten Tagen an.
>
> Wir freuen uns auf das Gespräch.
>
> Mit freundlichen Grüßen
>
> PFEIFFER KG
>
> Hans Maier

Beispiel 2: Eine Gabelstablerfirma schreibt nach dem Besuch des Kunden auf der Messe.

Stapeln zum halben Preis mit BÄRENKRAFT

Sehr geehrter Herr Zobel,

für Ihr Interesse an unseren Staplern bedanken wir uns.

Bei Ihrem Besuch auf der BAMA nannten Sie folgende Anforderungen:

- Das Gerät soll einfach und leicht zu bedienen sein,
- ein maximales Eigengewicht von 500 kg und
- eine Hubkraft von 800 kg haben.

Für diesen Einsatzfall ist unser

Elektro-Stapler BÄRENKRAFT, Type 800

in idealer Weise geeignet.

Das Gerät hat einschließlich Batterie ein Eigengewicht von 450 kg und eine Hubkraft von 900 kg. Somit bleibt es immer positiv über der von Ihnen gesetzten Norm.

Was sind die Vorteile dieses Gerätes?

Ein wesentliches Merkmal ist die tief angesetzte Sicherheitsdeichsel, die Sie und Ihr Personal vor Schäden bewahrt.

Gemeinsam mit dem Antriebsteil ist sie Garant dafür, dass das Gerät sehr wendig und leicht zu lenken ist.

Gern führen wir Ihnen dieses Gerät vor.

Wann passt Ihnen ein Vorführtermin? Ich rufe Sie deswegen in den nächsten Tagen an.

Sie werden Spaß haben mit unserem Stapler BÄRENKRAFT!

Mit den besten Grüßen

Volker Haertel

Beispiel 3: Zur Neueröffnung der Filiale einer Personaldienstleistungsfirma erhielten alle potenziellen Kunden zwei Briefe im Zeitabstand von einer Woche.

> Guten Tag,
>
> sehr geehrte/r ...,
>
> der 1. März könnte für Sie ein hochinteressanter Tag werden. Dann wird es für Sie eine ganze Reihe neuer Möglichkeiten geben, **Personalengpässe** problemlos zu bewältigen.
>
> Merken Sie sich das Datum gut: 1. März 2005.
>
> Wir melden uns.
>
> Mit freundlichen Grüßen
>
> SIEBENSCHÖN KG
>
> Eva Zweigle

Guten Tag,

sehr geehrte/r ...,

es ist so weit.

Heute eröffnen wir unsere Niederlassung in Heilbronn. Wir sehen unsere Aufgabe darin, Ihnen mit Rat und Tat bei der Beseitigung von **Personalengpässen** zu helfen.

Dazu gibt es viele Möglichkeiten:

- Aus- und Weiterbildung Ihres Personals
- Kurzfristiger Einsatz von externem Personal
- Personalrekrutierung

Welche Möglichkeit für Sie die beste ist, untersuchen wir gern bei einem persönlichen Gespräch.

Gern rufen wir an, um einen Termin mit Ihnen zu vereinbaren.

Wir freuen uns auf ein Kennenlernen.

Eva Zweigle
SIEBENSCHÖN KG

Beispiel 4: Ein Verkäufer, der auf seiner Tour einen Kunden nicht erreichte, schrieb auf die Rückseite seiner Visitenkarte einen kurzen Text.

> Lieber Herr Weisshaar,
>
> heute fand ich etwas, das Sie interessieren könnte! Anbei die Kopie eines Artikels der heutigen *Welt* über neue Chancen in Ihrem Markt.
>
> Beste Grüße
>
> Ihr
>
> Volker Bell
>
> Anlage

Ein aufmerksamer Verkäufer findet immer etwas für seinen Kunden und schickt es ihm mit ein paar Zeilen.

Die gute Idee: Schreiben Sie jeden Montagmorgen einem lieben/guten Kunden einen Dankesbrief. Sie werden überrascht sein über die vielen positiven Reaktionen!

Schriftliches fürs Herz Zehn Goldene Regeln für Briefe aus Verkäufers Hand
1. *Falle auf mit der 6-A-Regel:* Außergewöhnlich, Attraktiv, Ambitioniert, Ansprechend, Atypisch, Avisierend! 2. *Sei anders als andere:* kurz, klar, konzentriert! 3. Fasse dich kurz (KISS): Lange Briefe werden nicht gelesen! 4. *Nutze die „bewiesene" Lesekurve:* Wer? Ich? Was? Wie? Wo? Wann? 5. *Vermeide Todsünden:* „Frisch und froh" anstatt „Es war schon immer so!" 6. *Löse Reaktionen aus:* Fordere auf zum Rückruf, zur Antwort per Fax, E-Mail etc.! 7. *Sei Mensch, zeige es:* auch mal mit einer handschriftlichen Mitteilung – die Überraschung ist groß! 8. *Kein Angebot ohne Herzblut:* Nur durch „warme" Begleitworte zeigen wir Interesse am Auftrag! 9. *Bleibe im Dialog:* Fasse telefonisch nach, aber zeitnah! 10. *Freu dich an melodischen Texten:* Sammle erhaltene schöne Briefe, lerne daraus!

8 Akquisition per Telefon

Noch vor kaum 150 Jahren war die einzige Chance, sich über große Entfernungen bemerkbar zu machen, die Post oder der Kurier.

Und als Philip Reis das Telefon erfand, das der Amerikaner Graham Bell im Jahre 1870 zur Marktreife brachte, dachte niemand an den einmal eintretenden Boom, der durch die satellitengestützte Kommunikation möglich wurde. Wer hat heute kein Mobilfunktelefon? Wer ist nicht über viele Nummern erreichbar?

Dem Telefon wird nach wie vor die höchste Stellung von allen Kommunikationsinstrumenten eingeräumt. Es ist schnell, preisgünstig, und der Dialog ist zeitnah. Fax- und E-Mail-Kommunikation vermögen diese Geschwindigkeit nicht zu erreichen. Mit einer Antwort können wir auch nicht immer rechnen.

In den USA genießt das Telefon traditionell noch eine viel höhere Bedeutung. Die Entfernungen, die dort zu überwinden sind, sind groß. Dazu kommt die Problematik der vier Zeitzonen.

Ohne Telefon geht es nicht

Die Taktik eines Kollegen: „Nein, ich fahre lieber gleich zum Kunden. Bei einer telefonischen Anmeldung könnte ich ja abgewimmelt werden. Bin ich aber erst beim möglichen Kunden, kann der mich schon aus Höflichkeit nicht mehr abweisen!“ Ist diese Taktik richtig?

Es gibt Gründe für den Kalt-Besuch – davon mehr in Kapitel 9. Hier geht es um die telefonische Akquisition, das Terminvereinbarungsgespräch am Telefon.

Das Telefon ist das schnellste Instrument. Wir bekommen sofort eine Antwort und können getrost weiter arbeiten.

Zudem sparen wir Kosten, denn Telefonieren ist preiswerter als Reisen. Auch die Chance, an einem Tag möglichst viele Kontakte wahrzunehmen, ist am Telefon wesentlich besser, und wir brauchen keine Rücksicht auf Verkehrsverhältnisse zu nehmen.

Die Beliebtheit des Telefons nimmt in Deutschland zu, die Ablehnungshaltung des Kunden ab. Auch er schätzt die Schnelligkeit und die geringe Arbeit, die mit dem Telefonieren verbunden sind. Denn Briefe schreiben kostet Zeit, Geld und verlangt Geduld.

Zusatzvorteil: Ein am Telefon nicht gewährter Besuchstermin rettet uns vor einer noch viel teureren Fehlfahrt.

Fazit: Das Telefon ist

- schneller,
- kostengünstiger,
- flexibler!

Angstfaktoren am Telefon überwinden

Von Geburt an sind wir als Mensch auf unsere fünf Sinne angewiesen: sehen, hören, fühlen, riechen und schmecken.

Am Telefon fehlt der zuerst genannte und wichtigste Sinn: Wir haben keinerlei Möglichkeiten, optisch in Erscheinung zu treten, visuell zu kontrollieren. Diese Mangelerscheinung reduziert unsere Sicherheit, macht uns unser

Denken schwer, löst eine ganze Reihe von Angstfaktoren aus.

Viele Verkäufer haben daher Angst vor dem ersten Kontakt am Telefon, weil sie leicht abgewimmelt werden können. Der unsichtbare Kunde scheint etwas Unheimliches, eine Gefahr zu sein.

Angstfaktor 1: Hemmungen, das klingelnde Telefon abzunehmen

Es klingelt. Wer ist dran? Hören wir eine Schreckensnachricht oder von unserem Sechser im Lotto?

Kleine Kinder kennen diese Angst nicht, sie sind neugierig, reißen sich darum, als Erste beim Telefon zu sein.

Entwickeln wir doch wieder Neugier und Spaß. Und genau dies sind auch die Schlüsselworte, mit denen wir einen Kunden am Telefon faszinieren können:

- Machen wir ihn neugierig durch spannende Fragen.
- Versetzen wir ihn in gute Laune durch gute Stimmung.

Angstfaktor 2: Hemmungen, einen Unbekannten anzurufen

Seine Adresse ist uns aus dem Telefonbuch bekannt. Oder vom Adressverlag. Wie wird sich der Angerufene verhalten? Ist er mürrisch? Fragt er sofort nach dem „Woher“ seiner Adresse?

Die Lösung: Stellen wir uns einfach einen glücklichen Kunden vor! Fragen wir uns vor dem Anruf, was wir ihm bieten können, was ihm Freude macht.

Angstfaktor 3: Telefonieren ist teuer

„Fasse dich kurz!“, stand früher in vielen Telefonzellen. Es waren einfach zu wenige Leitungen vorhanden. Heute haben wir durch Glasfasertechnologie unendlich viele „Leitungen“ zur Verfügung. Das „Fasse dich kurz!“ bekommt eine andere Bedeutung.

Telefonieren kostet immer noch Geld, ist aber nicht mehr das zentrale Thema einer Arbeitsplatzabrechnung.

Eine ausgewogene Zeitökonomie beim Telefonieren ist wichtig, weil ein Gespräch nicht freundlicher wird, wenn es länger wird. Je länger wir mit dem Kunden telefonieren, umso eher wird er uns abwimmeln.

Angstfaktor 4: Störung durch das Klingeln des Telefons

Der Kunde ist im Arbeitsfluss, es klingelt. Unterbrechung. Logisch, dass jetzt die Störung perfekt wird, wenn man auf diese noch hinweist:

- „Entschuldigen Sie, dass ich störe.“
- „Ich wollte Sie nur kurz stören.“
- „Störe ich?“

Die Störung darf erst gar nicht wahrgenommen werden. Ein fröhlicher Gruß, ein aufwertendes Erkundigen nach der Richtigkeit des Gesprächspartners und ein sympathisches Äußern unseres Anliegens ... was kann dann noch schief gehen!

Angstfaktor 5: Die fehlende optische Dimension

Wir können am Telefon nichts zeigen und damit nichts sehen. Für viele Menschen ist etwas Unsichtbares etwas Unheimliches. Der Persönlichkeitsverlust muss dann ausschließlich mit Sprache (Wortwahl) und Stimme kompensiert werden. Sprechen wir einfach melodischer und dynamischer, gut gelaunter und zuversichtlicher. Und das Telefonat gelingt.

Angstfaktor 6: Die rechtliche Unsicherheit

Telefonverkauf ist in Deutschland unter bestimmten Voraussetzungen verboten: Solange zu Privatleuten keinerlei geschäftliche Kontakte bestehen, darf nicht telefoniert werden. Tun wir es doch, dann können wir nach § 1 UWG* auf „Unterlassung und/oder Schadenersatz“ verklagt werden.

Unterlassung heißt schlicht „bleiben lassen“, Schadenersatz muss nachgewiesen werden, behelfsweise werden gelegentlich Geldbußen verhängt. Also Vorsicht, der Kontakt muss bei Privatleuten vorher da sein. Bei Gewerbetreibenden hingegen gibt es keinerlei Einschränkungen, Telefonakquisition ist erlaubt.

Vorteile des Telefons nutzen

Das Telefon hat mehr Vorteile als Nachteile. Wenn wir sie kennen, können wir sie nutzen.

* UWG, Gesetz gegen den Unlauteren Wettbewerb

Vorteil 1: Die Zahl der täglich möglichen Kontakte

Ein Mitarbeiter im Außendienst schafft pro Tag sechs bis sieben Besuche.*

Gehen wir davon aus, dass ein „durchschnittliches" Telefonat mit Kunden inklusive der Vorbereitung sechs Minuten dauert, dann schaffen wir pro Stunde zehn Kontakte. Kurze Pause, und wiederum zehn Kontakte. Bei vier konzentrierten Telefonstunden (mehr sind bei reinem Telefonverkauf pro Tag nicht zu empfehlen) kommen wir auf 40 Gespräche. Hochgerechnet auf den Tag sind das 80 Kontakte. 80 Kontakte schafft niemand per Besuch (Ausnahme vielleicht Direktverkäufer an der Tür).

Diese Zahlenbeispiele gelten nur für telefonische Terminvereinbarung, nicht für telefonische Beratung.

Vorteil 2: Die Kosten des Telefonierens

Bei der Briefwerbung haben wir festgestellt, dass diese meist zu preisgünstig eingestuft wird. Denn wenn wir 100 Briefe à 5 Euro und einen Rücklauf von 2 % haben, dann ist jede Antwort (100 x 5) ÷ 2 = 250 Euro wert. Wenn davon wiederum nur die Hälfte zu einer erfolgreichen Akquisition führt, dann kostet der potenzielle neue Kunde bereits 500 Euro.

Telefongebühren sind bei vielen Firmen ein heikles Thema. Fragen zu Spesenabrechnungen kennt fast jeder

---

* Die mögliche Zahl der Besuche pro Tag ist branchenabhängig. Gelbe-Seiten-Vertreter schaffen 30 bis 40 Besuche, Markenartikelreisende kommen auf 15 Besuche, Verkaufsingenieure auf 4 bis 8 Besuche, Projektingenieure oft nur auf einen Besuch pro Woche.

Verkäufer. Ist dies ein Grund, warum oft gar nicht angerufen und gleich besucht wird?

Ein Besuch (auch ein vergeblicher!) durch einen Verkäufer kostet zwischen 100 und 500 Euro (abgesehen von den Kosten mancher Investitionsgüterverkäufer, die um die halbe Welt reisen). Dagegen schlägt ein Dreiminutentelefongespräch quer durch Deutschland (je nach Tarifgruppe natürlich unterschiedlich) mit maximal 3 Euro zu Buche. Wenn man jetzt noch die anteiligen Kosten des Verkäufers für den Besuch (Einkommen und direkt zurechenbare Vertriebskosten) addiert, kommen wir sicherlich maximal auf 10 Euro pro Anruf.

Ein Beratungstelefonat dürfte im Schnitt 10 Euro kosten. Halten wir die 100 Euro für einen durchschnittlichen Besuch dagegen, schneidet das Telefon in Bezug auf die Kosten deutlich besser ab.

Wir müssen hier mit „Daumengrößen" arbeiten.

Für einen Kostenvergleich müssen wir neben Einkommen und Sozialabgaben die Spesen sowie PKW- und Telefonkosten hinzurechnen.

Vorteil 3: Schnelligkeit und Wendigkeit

Einen Kunden zu besuchen erfordert immer An- und Abreisezeiten. Wir müssen eine Strecke fahren und werden versuchen, interessante Kundenbesuche auf einer Strecke zu koordinieren. Dabei besuchen wir nicht immer die interessantesten, potenziellen Kunden – wir müssen Eingeständnisse an Fahrstrecke und Entfernung machen.

Per Telefon können wir kreuz und quer, von Nord nach Süd und von Ost nach West die Distanzen überwinden.

Kaum ist der Gedanke anzurufen da, haben wir schon gewählt und sind schon verbunden. Schneller geht's nicht!

Vorteil 4: Die Servicedemonstration

Pünktlichkeit und Verlässlichkeit sind Attribute, die jeder Kunde erwartet. Versprechen wir etwas vor Ort, was erst „zu Hause“ geregelt werden muss, können wir am Telefon schnell die Antwort geben. Damit demonstrieren wir unsere Zuverlässigkeit. Und wer zuverlässig ist, hat das Vertrauen auf seiner Seite.

Vorteil 5: Die gute Beeinflussungsmöglichkeit und sofortige Reaktion

Im Vergleich zu Brief, Fax und E-Mail können wir am Telefon direkt auf die Kunden einwirken und erhalten eine sofortige Antwort.

Es gilt nur, unsere Fähigkeit auszubauen, andere Menschen für uns zu gewinnen. Darum geht's auf Seite 133ff..

Vorteil 6: Die exzellente Vorbereitungsmöglichkeit

Während wir uns vorbereiten, ist der Kunde uns gegenüber völlig neutral. Wir sind also bestens vorbereitet!

Rufen Sie bitte nie an, ohne sich vorher Gedanken über Zielsetzung, Inhalt und Argumente Ihres Gesprächs gemacht zu haben. Schreiben Sie Ihre Ideen in Stichworten auf. Der Stichwortzettel sollte selbstverständlich sein, denn er hat enorme Vorteile. Sie werden

- zielstrebiger,
- vollständiger,
- ruhiger,
- sicherer,
- kürzer,

- schlagfertiger,
- konzentrierter,
- initiativer,
- verständlicher,
- überzeugender.

Ein Stichwortzettel beinhaltet mindestens

1. das Ziel des Gesprächs,
2. die Ideen/Argumente,
3. eventuelle Widerstände,
4. das Ergebnis.

Gesprächsvorbereitung

Kunde ____________ **Datum** ____________

Tel-Nr. ____________

Ziel ____________

Ideen/Argumente ____________

Evtl. Widerstände ____________

Ergebnis ____________

Abb. 15: Stichwortzettel zur Vorbereitung

Todsünden vermeiden

Bei zufriedenen Kunden einen Besuchstermin zu bekommen ist kein Kunststück. Jedoch bei einem völlig unbekannten potenziellen Kunden anzurufen und unser Anliegen so interessant zu machen, dass dieser einen Termin mit uns vereinbart, erfordert den Profi.

Der Hausierer an der Tür ist für viele ein Problem. Ihn wieder abzuweisen, wenn man die Tür schon geöffnet hat, ist schwierig.

Dagegen ist es leicht, ein Telefonat mit einem Verkäufer abzuwimmeln. Es gibt genug Vorwände wie „keine Zeit" oder „kein Interesse".

Wer bei der telefonischen Terminvereinbarung nicht exzellent vorbereitet ist, befindet sich auf der Verliererstraße.

Zuerst müssen die „Todsünden" vermieden werden:

1. undeutliche Sprachqualität,
2. fehlende Vorbereitung,
3. lasche Argumentation,
4. Unterlagen nicht zur Hand,
5. undeutliche, abwertende Vorstellung,
6. Kundenabwertung (Ignoranz),
7. umständlicher Satzbau,
8. verlegene Unterwürfigkeit,
9. fehlende Schlagfertigkeit auf Einwände,
10. fehlende Zielstrebigkeit.

Wenn der Kunde unseren Namen nicht versteht, wie soll er uns als wichtigen Menschen empfinden?

Wenn er selbst spürt, dass er nur ein kleines Element im Rahmen eines großen Werbekonzepts ist, wie soll er uns Aufmerksamkeit schenken?

Wenn er durch den Hinweis, man sei sowieso in seiner Nähe, spürt, dass er nur Lückenfüller ist, wie soll er voller Freude dem Gespräch entgegensehen?

Wenn er einen unterwürfigen und unwichtigen Verkäufer erlebt, warum soll er seine Prioritätenliste verändern?

Die 12 Goldenen Schritte erfolgreicher telefonischer Terminvereinbarung

Goldene Schritte sind Orientierungen für den Weg zum Erfolg. Goldene Schritte müssen wiederholt werden. Auch die Zehn Gebote der Bibel werden ständig wiederholt, nur so können wir sie auf Dauer befolgen. Die Goldenen Schritte im Überblick:

1. Positive innere Einstellung
2. Exzellente Vorbereitung
3. Konkrete Zielsetzung
4. Strahlende Telefonvisitenkarte
5. Selbst- und kundenaufwertende Vorstellung
6. Wohlwollende Gesprächsatmosphäre
7. Entscheidungsträger finden
8. Kundenorientierte Gesprächsbegründung
9. Interessieren statt informieren
10. Empfehlende Terminvorschlagstechnik
11. Typische Termineinwände meistern
12. Autoritätsfördernde Terminsicherungstechnik

Meine Empfehlung: Lesen Sie diesen Teil des Buches besonders intensiv. Schreiben Sie Ihr eigenes Terminvereinbarungsgespräch als Musterdialog auf. Nur so geben Sie jetzt den Startschuss zu Ihrer persönlichen Terminvereinbarungsprofessionalität.

1. Goldener Schritt: Positive innere Einstellung

Verkäufer, die vor dem Telefonieren Angst haben, können keinen Terminvereinbarungserfolg haben. Wer mit sich selbst hadert, hadert mit dem Erfolg.

Kunden werden von manchen Verkäufern gern als „Bösewichte" dargestellt, die immer nur eines wollen: den Verkäufer auspressen. Wer so denkt, wird dadurch „bestraft", dass genau dieses Denken eintritt. Psychologen sprechen von der Selffulfilling Prophecy. Profis unter den Verkäufern dagegen

- entwickeln Vorfreude auf den Anruf,
- sehen in Gedanken den glücklichen Kunden,
- fühlen sich als Wunscherfüller,
- erinnern sich an die vielen Terminerfolge,
- versetzen sich in gute Laune,
- pfeifen ein Lied.

Gut gelaunt kann das Werk gelingen. Unsere Laune schwingt. Sie lässt den Kunden mitschwingen.

2. Goldener Schritt: Exzellente Vorbereitung

Die telefonische Terminvereinbarung ist ein kurzes Gespräch. Es ist einfach in seiner Struktur, der Ablauf also meist ähnlich: Begrüßung – Vorstellung – Argumente – Terminvorschlag – Dank und Freude.

Deswegen eignet sich die Terminvereinbarung besser zum Trainieren als jedes andere Element unseres Verkaufsgesprächs.

Folgende Punkte werden vorab geklärt:

- Wen wollen wir anrufen?
- Wie melden wir uns?
- Wie werten wir den Kunden auf?
- Wie begründen wir unseren Anruf?
- Wie wecken wir Neugierde?
- Was sind die Argumente?
- Wie schlagen wir den Termin vor?
- Wie beantworten wir die Einwände?
- Wie schließen wir das Gespräch ab?
- Was ist zum Besuch noch vorzubereiten?

Und das alles machen Sie mit einer Checkliste.

Ferner müssen Sie die Termine natürlich so koordinieren, dass Ihre Reiseroute optimal ist.

Am Anfang terminieren wir unsere wichtigsten Termine regional so, dass später weitere Interessenten räumlich dazukommen können.

3. Goldener Schritt: Konkrete Zielsetzung

Das Ziel einer Terminvereinbarung ist der Termin. Manche argumentieren so umfangreich, dass ein Termin allmählich überflüssig wird. Das ist sicherlich auch eine Möglichkeit des Verkaufens. Wollen wir den Termin, dann empfiehlt es sich, ein Schild sichtbar vor unseren Augen aufzubauen mit den Worten:

Abb. 16: Den Termin im Visier

Während des Gesprächs erinnert uns dieses Schild ständig daran,

- den Terminvorschlag möglichst bald zu machen und
- den Terminvorschlag konsequent zu verfolgen.

Nur wer sein Ziel visuell darstellt, steigert seine Erfolge. Vage Ziele lassen schnell Unlust aufkommen.

4. Goldener Schritt: Strahlende Visitenkarte

Beim Kunden überreichen wir unsere Visitenkarte. Sie ist Legitimation und Ausdruck unserer Leistungsfähigkeit zugleich. Die Karte sollte durch Form, Gestaltung und Positionierung des Inhabers signalisieren, wer und was man ist.

Die telefonische Visitenkarte wird dem Kunden durch unsere Stimme, Sprachkultur und Zwischenmenschlichkeit überreicht. Er bekommt einen Eindruck über unser Wesen. Er wird zumindest unbewusst darauf schließen.

So vermitteln wir eine strahlende Telefonvisitenkarte:

- Motivieren Sie sich durch das bewusste Schaffen einer angenehmen Arbeitsatmosphäre (Schreibtisch, Blumen, Bilder etc).
- Bringen Sie sich in positive Stimmung.
- Betreiben Sie aktive Stimmungspflege (durch Erfolgslaune, Zuversicht, fröhlichen Umgang mit Kollegen etc).
- Seien Sie äußerst konzentriert (Körper aufrecht, Einleitung und Ausklang auswendig, Stichwortmanuskript etc.).
- Lächeln Sie, denn Lächeln kann man hören.
- Freuen Sie sich des Lebens, hören Sie gute Melodien etc.
- Grüßen Sie dynamisch und begeisternd (Ihre Stimme macht Stimmung).

5. Goldener Schritt: Selbst- und kundenaufwertende Vorstellung

Man macht keine wichtigen Verabredungen mit unwichtigen Leuten. Nur wenn wir wichtig sind, wird der Kunde wichtig.

Wie oft haben wir selbst am Ende eines Telefonats unseren Gesprächspartner noch einmal gefragt: „Wie war doch noch mal gleich Ihr Name?“ Oder wir wurden es selbst gefragt. Peinlich.

Selbstwert schafft auch Wert bei anderen. Eine perfekte Vorstellung besteht aus Vor- und Nachnamen sowie angenehmen Hinweisen darauf, dass jetzt dieser Name kommt.

Beispiel: „Guten Morgen, hier spricht Erni, Eugen Erni von Detroy Consultants International in Beilstein.“

Übrigens: „Hier spricht Sowieso“ ist besser als „Mein Name ist Sowieso“.

Ersteres zeigt mehr Persönlichkeit, Letzteres meint, dass es da jemanden gäbe, dem man halt einen Namen gegeben hat.

Varianten gibt es genug. Wichtig ist, dass einem die Variante selbst gut gefällt und dass sie melodisch klingt.

Sätze wie „Hier spricht Klein, klein wie groß“ oder „Sie sprechen mit Helmut Sommer, Sommer wie Winter bringe ich Ihnen den Sommer ins Haus“ sind möglich, müssen aber positive Assoziationen wecken.

6. Goldener Schritt: Wohlwollende Gesprächsatmosphäre

Telefonmarketing ging schon oft ins Auge, hinterließ verbrannte Erde. In manchen Branchen werden interessante potenzielle Kunden mit Telefonaten geradezu bombardiert. Hochgradig trainierte Telefonverkäufer bringen die Kunden durch ihre zwingend logische Argumentation in Verlegenheit.

Wen wundert es, dass ein unbekannter Anrufer oft nur mürrisch bedient wird?

Das klingelnde Telefon kann ein Störfaktor sein. Wenn wir dann unser Anliegen noch undeutlich äußern, selbst unmotiviert argumentieren, ist das Gespräch schnell zu Ende.

Kunden vergessen den Ärger über die Störung schnell, wenn sie einen gut gelaunten Menschen erleben. Grüßen wir also freundlich, stellen wir uns selbst aufwertend vor, und sprechen wir sehr früh seinen Namen aus, denn am liebsten hört man noch immer seinen eigenen Namen. Ein kleines „... mit Herrn Norbert Weisshaar selbst?“ lässt ihn in genüssliches Wohlwollen verfallen, hebt ihn aus der Masse heraus.

Die Aufwertung des Kunden darf man durch allzu suggestive Formulierungen nicht übertreiben. Zu dick aufgetragen wäre bereits: „Sie, Herr Direktor Müller, als fortschrittlicher Einkaufsleiter kennen doch sicherlich ..." In vollem Bewusstsein registriert der (heute) aufgeklärte Mensch, dass ihm da etwas unterstellt werden soll. Das ist zu viel des Guten und das AUS für das Gespräch.

7. Goldener Schritt: Entscheidungsträger finden

Es ist nicht immer einfach, den richtigen Entscheidungsträger zu finden, ihn ans Telefon zu bekommen und mit ihm dann auch gezielt und konstruktiv vorwärts zu kommen.

Es empfiehlt sich, anfänglich immer Zuständigkeitsfragen zu stellen wie zum Beispiel: „Herr Kunde, sind Sie selbst zuständig für Klimaanlagen ...?" Entweder er sagt Ja oder er vermittelt weiter.

Sobald wir aber den richtigen Gesprächspartner am Apparat haben, sollte ein froh gelauntes und selbstsicheres „Schön, Herr Kunde, dass ich Sie jetzt selbst sprechen kann" aus unserem Munde kommen.

Solche Worte tun gut, erfreuen und werten den Gesprächspartner noch auf.

8. Goldener Schritt: Kundenorientierte Gesprächsbegründung

In uns selbst begründete Anlässe (wie zum Beispiel eine neue Entwicklung unseres Hauses) zu nennen ist verständlich, interessiert den Kunden aber nur, wenn er einen Vorteil daraus erhält. Diesen kann er meistens nicht sofort erkennen, sein Unterbewusstsein mobilisiert seine Abwehrhaltung.

Auch ein plumpes „Ich rufe an, um einen Termin zu vereinbaren“ führt nur zu der Frage des Kunden: „Worum handelt es sich?“ Wenn jetzt noch ein „Das ist schwierig zu erklären“ anschließt, dann meint der Kunde sicherlich, dass es dann auch „schwierig zu verstehen sei“.

Besser ist in jedem Fall, einen Gesprächsaufhänger zu nehmen, der für den Kunden einen direkten Nutzen bringt. Zum Beispiel: „Herr Kunde, weil Lärmbelästigung in der Produktion den Krankenstand steigen lässt, möchte ich Ihnen gern etwas zeigen, wie hier Abhilfe geschaffen werden kann.“

Klar, hier wurde ein möglicher Kundennutzen angedeutet. Im Satz spürt der Kunde auch gleich, dass der Verkäufer sich mit ihm beschäftigt hat, bevor er anrief, also vorbereitet war. Deswegen müssen wir uns vor jedem Anruf fragen, welchen möglichen Nutzen der Kunde erwarten könnte.

Hier einige Beispiele:

- Geschäftseinrichtungen → verkaufsaktivierende Gestaltung
- Versicherungen → Kostenvorteile durch kritische Vergleiche
- Technische Bürsten → weniger Verschmutzungen
- Baumaschinen → gefahrenfreie Bedienung
- Druckluftwerkzeuge → geringerer Energiebedarf
- Transportbänder → längere Laufzeit

9. Goldener Schritt: Interessieren statt informieren

Wir müssen klar unterscheiden: Wollen wir lediglich den Termin oder wollen wir gleich verkaufen? Im zweiten Fall müssen wir hochkarätig informieren, motivieren und begeistern und zum Abschluss kommen.

Wollen wir aber den Termin, dann ist mit Informationen sorgfältig umzugehen. Verraten wir zu viel, wird der Besuch überflüssig. Die Zielsetzung heißt: Am Telefon muss der Kunde neugierig werden. Neugier ist der Hunger der Seele und lässt den Termin wahrscheinlicher werden. Sie haben fünf Möglichkeiten:

1. Nicht ein Produkt ABC anbieten, sondern „etwas“
2. Nur die Möglichkeit (nicht die Sicherheit) eines Vorteils andeuten
3. Eine gemeinsame Untersuchung vorschlagen
4. Von einem System der Lösung sprechen
5. Etwas zeigen wollen

Wie könnte sich das anhören? Wir bleiben beim folgenden Gesprächsbeispiel bewusst in der gleichen Gliederung, also 1. bis 5., um zu verdeutlichen, was diese fünf Möglichkeiten uns bieten.

1. „Wir haben etwas entwickelt ...
2. ... was für Ihre Produktionssteuerung interessant sein dürfte ...
3. Lassen Sie uns gemeinsam untersuchen, wo Ihre spezifischen Vorteile liegen!“

Fragt der Kunde nun, um was es sich handelt, dann setzen wir fort:

4. „Es handelt sich um ein System logistischer Ablaufsteuerung ...
5. ... und dazu möchte ich Ihnen gern etwas zeigen, was für Sie wertsteigernd sein könnte.“

10. Goldener Schritt: Empfehlende Terminvorschlagstechnik

Formulierungen wie „Ich komme ganz, wie es Ihnen passt" oder „Ich richte mich ganz und gar nach Ihnen" signalisieren, dass wir unterwürfig sind, devot um einen Termin betteln, wenig zu sagen haben und uns schließlich entsprechend schwach für den Kunden einsetzen werden.

Besser: Machen Sie den Vorschlag selbst! Das ist der erste Grundsatz.

Der zu vereinbarende Termin ist die logische Konsequenz aus dem Gespräch. Deswegen schließt sich an unsere Argumentation der Terminvorschlag an.

Allgemein bekannt ist die Terminalternative. Alternativen sind zwar ein „alter Hut", doch deswegen kein Grund, darauf zu verzichten. Alternativen zeigen, dass wir vorbereitet sind, und erleichtern dem Kunden die Entscheidung.

Es darf nur keine auswendig gelernte oder abgelesene Alternative sein, wie zum Beispiel: „Herr Kunde, wann passt es Ihnen besser, Montag 14.10 Uhr oder Mittwoch im Laufe des Nachmittags?"

Lesen wir diesen Vorschlag ruhig zwei- oder dreimal in Ruhe und wir werden spüren, dass die gewollte Dynamik einem Training entspringt. Kunden sind aufgeklärt und merken dies schnell. Besser ist es, einen Termin ruhig aus unserem Kalender spontan entspringen zu lassen.

Die Methoden der Profis: Den erstgenannten Termin der Alternative definieren wir sehr präzise, um dem Kunden indirekt unsere Zuverlässigkeit zu vermitteln. Der zweitgenannte Termin ist globaler, um dem Kunden mehr Freiheit zu geben. Er kann sich entscheiden. Beispiel: „Herr Kunde, wann passt es Ihnen grundsätzlich besser, eher vormittags oder eher nachmittags?"

Daraufhin warten wir ab, wie der Kunde wählt. Egal, was er wählt, wir sagen: „Wunderbar, passt mir auch ausgezeichnet, ich habe da noch eine Möglichkeit am Dienstag gleich um 14.00 Uhr oder aber am Donnerstag etwas später, so gegen 15.00 Uhr.“ (Oder eben entsprechend früher, falls sich der Kunde für vormittags entscheidet.)

Durch diese Art der Terminalternative darf der Kunde Grundsatzentscheidungen treffen. Das wertet ihn auf.

Fassen wir zusammen:

1. Den Terminvorschlag machen wir selbst in ruhiger Tonlage.
2. Der Termin entsteht „spontan“ aus unserem Kalender, beiläufig spürt der Kunde, dass wir viel beschäftigt sind.
3. Wir wählen die Doppelstrategie: zuerst eine globale Alternative, die Grundsatzentscheidungen ermöglicht.
4. Danach kommt die Alternative mit den beiden präzisen Terminen.
5. Nach der Wahl durch den Kunden bestätigen wir den Termin und sichern ihm zu, pünktlich zu sein.

11. Goldener Schritt: Freude an Termineinwänden

Manche Verkäufer haben Angst vor Widerständen. Würden sie doch nur realisieren, dass man gar keine Verkäufer bräuchte, wenn es keine Einwände seitens der Kunden gäbe. Also gehen Sie motiviert an die Beantwortung von Einwänden heran.

Ein- und Vorwände in der Terminvereinbarungphase haben die Angst des Kunden vor Neuem oder Unlust zur Umstellung als Ursache. Nehmen wir dem Kunden einfach die Angst, indem wir aus den Einwänden die Notwendigkeit des Termins formulieren.

Was sind die typischen Einwände, mit denen wir rechnen müssen?

1. Kein Bedarf!
2. Kein Interesse!
3. Habe keine Zeit!
4. Schicken Sie mal Unterlagen!
5. Bin mit Ihrem Wettbewerber zufrieden!
6. Machen Sie mal ein Angebot!
7. Sie sind zu früh dran!
8. Ich rufe wieder an!
9. Habe schlechte Erfahrungen mit Ihnen gemacht!
10. Sie sind zu spät dran!

Für die richtige Antwort muss man Profi sein: Denn hier geht es um Perfektion, hier geht es darum, die Einwände so zu beantworten, dass der Termin notwendig wird.

Sind Sie gespannt darauf?

Dann lesen Sie den nächsten Abschnitt über die erfolgreiche Einwandbehandlung in der Terminvereinbarung.

12. Goldener Schritt: Autoritätsfördernde Terminsicherungstechnik

In manchen Branchen werden Termine nicht so ernst genommen. Zum Beispiel im Handwerk ist ein schneller Besuch auf der Baustelle oft unvermeidlich. Und dann gibt es noch eine Spezies von Kunden, die dem „Übel“ entwischen, indem sie sich verleugnen lassen.

Eine Fehlfahrt. Tragisch genug, doch Termine sollten gesichert werden, schon um nicht zu lange warten zu müssen.

1. *Pünktlichkeit*
   Sagen Sie dem Kunden, dass Sie sich den Termin auf Punkt x Uhr eingetragen hätten und pünktlich sein werden.
2. *Erklärung der Fahrstrecke*
   Fragen Sie den Kunden: Sie seien vorher in Ort A, ob er glaube, dass x Minuten mit dem PKW ausreichen, um zu ihm zu kommen.
3. *Skizze schicken lassen*
   Erbitten Sie eine kleine Anreiseskizze per Telefon oder per Fax. Damit kommt der Kunde Ihnen bereits entgegen, hilft Ihnen. Ein Kunde der Ihnen einmal geholfen hat, wird weiterhin helfen.
4. *Privileg erbitten*
   Fragen Sie ihn um einen prädestinierten Parkplatz, er wird Ihnen helfen. Sobald Sie ein Privileg haben, sind Sie automatisch bevorzugt.
5. *Termin-Erinnerung*
   In manchen Branchen ist es vorteilhaft, einen Tag vorher telefonisch an den Termin zu erinnern. Damit diese Erinnerung nicht schulmeisterlich wirkt, sollte man in diesem Telefonat eine Frage stellen, den Kunden einen Wunsch äußern lassen.
6. *Präzision*
   Natürlich sind Sie beim ersten Besuch pünktlich. Sollte es dennoch nicht gelingen, dann informieren Sie auf jeden Fall eine halbe Stunde vorher den Kunden telefonisch.

Einwände? Termine!

Viele Verkäufer empfinden Einwände immer noch als Ablehnung. Sie scheitern, weil sie resignieren. Dabei sind es die Einwände, die erst den Dialog entstehen lassen.

Ohne Einwände keine Verkäufer!

Einwände sind die Basis unserer Existenz. Es muss unser Ziel sein, Einwände so zu beantworten, dass der Kunde zu Aha-Erlebnissen kommt und gern einen Termin mit uns vereinbart. Denken Sie immer daran:

Gerade weil der Kunde einen Einwand hat, ist ein Gesprächstermin notwendig!

Warum?

- Weil er keine Zeit hat, bringt ihm das Gespräch mit uns Zeitersparnis.
- Weil er Unterlagen möchte, ist ein vertiefendes Gespräch notwendig.
- Weil er heute keinen Bedarf hat, ist morgen bei entstehendem Bedarf die Kenntnis über den richtigen Lieferanten notwendig.

Eine einfache, aber frappierende Grundlogik also. Auf einen Einwand sollten wir immer

1. verständnisvoll reagieren,
2. daraus die Notwendigkeit zum Gespräch ableiten und
3. dann nach dem richtigen Termin fragen.

Drei Worte müssen wir uns merken:

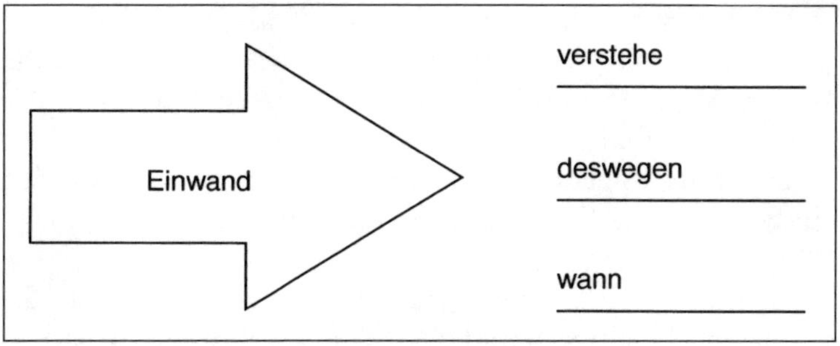

Abb. 17: Einwand-Antwort-Rhythmus

Beispiel

Kunde: „Schicken Sie mal Unterlagen!"

Verkäufer: „Herr Kunde, gern, ich verstehe, Prospekte sind sehr wichtig, deswegen schicke ich diese vorab, dann können Sie bei unserem Gespräch gezielt Fragen stellen. Wann passt Ihnen unser Gespräch grundsätzlich besser, noch in diesem Monat oder lieber gleich Anfang Mai?"

Dieses Beispiel war nun relativ einfach. Wenn wir den Grundrhythmus „verstehe – deswegen – wann" als Mechanismus „verinnerlicht" haben, gelingt es uns, fast jeden Einwand so zu beantworten, dass wir einen Termin vereinbaren können.

Dabei sind die Worte „verstehe – deswegen – wann" nur Leitworte. Je nach Situation setzen wir andere Worte ein, um Harmonie und Interesse für den Kunden nicht nur zu zeigen. Es geht um die Logik des Vorgehens, die Konstruktion unserer Antwort.

In den fast 30 Jahren meiner Trainerzeit habe ich gemeinsam mit vielen Verkäuferkollegen systematisch die besten Antworten auf die zehn häufigsten Einwände der Terminvereinbarung zusammengetragen.

Die nun folgenden Beispiele orientieren sich an den Einwänden, die Sie bereits im 11. Goldenen Schritt (Seite 143) gefunden haben.

Achtung: Diese Antworten sind Musterbeispiele. Sie bedürfen alle der gedanklichen, logisch richtigen Übertragung auf Ihre Praxis. Außerdem müssen die Formulierungen zu Ihrem Wortschatz passen. Schreiben Sie am besten gleich unter die Musterantwort Ihre persönliche Antwort.

1. Einwand: Kein Bedarf!

Ein besonders schwieriger Einwand. Die Ursache für diese Äußerung kann sein, dass der Kunde keine Lust hat, sich mit uns auseinander zu setzen. Vielleicht hat er auch keinen Bedarf. Doch die wichtigste Aufgabe für uns Verkäufer ist: Bedarf wecken!

„Herr Kunde, ich verstehe Sie. Darum geht es heute auch noch nicht. Aber dann, wenn Bedarf entsteht, wollen Sie als Einkäufer sofort die beste Quelle kennen. Wann würde es Ihnen besser passen, am ... oder am ...?"

Meine Antwort: ______________________________

2. Einwand: Kein Interesse!

Dieser Einwand ist ähnlich wie „Kein Bedarf". Vielleicht hat der Kunde etwas anderes zu tun, oder er hat keine Lust, sich mit uns auseinander zu setzen. Oder hat er schlechte Erfahrung gemacht oder, oder, oder. Interesse kann er ja noch nicht haben, da er uns noch nicht kennt. Viele Aborigines in Australien tragen heute noch keine Uhr. Es fehlt ihnen einfach das Interesse dazu, sie leben zeitlos.

Was du nicht kennst, das interessiert dich nicht. Oder mit Goethe: „Nur was du weißt, siehst du!“

Dieser Gedanke ist die Grundlage unserer Antwort.

„Ich verstehe, Herr Kunde, doch wie würden Sie reagieren, wenn ich Ihnen ein System zeigen könnte, bei dem Sie 10% Energie sparen könnten? Wann wäre Ihnen dazu ein Gespräch am interessantesten, lieber am ... oder am ...?“

Überlegen wir vorher immer, welches Kundenmotiv wir befriedigen könnten. „Zeitgewinn“, „Ärger sparen“, „Personalengpässe überwinden“ ... sprechen wir es also an.

Meine Antwort: ______________________________

3. Einwand: Habe keine Zeit!

Zeit hat jeder Mensch: täglich 24 Stunden. Meint er, keine Zeit für uns zu haben, hat er andere Prioritäten. Wir müssen unser Anliegen zur höchsten Priorität werden lassen.

„Herr Kunde, ich verstehe, dass Sie wenig Zeit haben und Ihre Zeit nur für Aktivitäten höchster Priorität einsetzen. Bei unserem System geht es um ... (z.B. Steigerung der Produktivität) und das kann für Sie sehr interessant sein. Wann treffen wir uns? Besser am ... oder am ...?“

Natürlich können wir aus dem Zeiteinwand auch einen Bumerang machen im Sinne von: „Wir brauchen auch nur wenig Zeit. Lassen Sie uns deswegen gleich gemeinsam untersuchen, wie Sie mit unserem Produkt Zeit sparen können.“

Meine Antwort: ______________________________

4. Einwand: Schicken Sie mal Unterlagen!

Dieser Einwand ist ein klassischer Abwimmel-Einwand. Mit der Antwort „... die würde ich gern persönlich vorbeibringen“ vermitteln wir nur unsere Getroffenheit und zeigen, dass wir eine schlechte Absicht durch ihn vermuten.

Erfolgreiche Verkäufer antworten: „Herr Kunde, gern, denn Prospekte sind wichtig für unser Gespräch. Ich schicke sie vorab und kreuze das Wichtigste gleich an. Dann haben Sie es leichter, in unserem Gespräch gezielt Fragen zu stellen. Wann passt es Ihnen grundsätzlich besser, am ... oder am ...?“

Wie man einen Prospekt so kennzeichnet, dass er höchste Aufmerksamkeit erzielt, lesen Sie am Schluss dieses Kapitels.

Meine Antwort: ______________________________

5. Einwand: Bin mit Ihrem Wettbewerber zufrieden!

Zufriedenheit heute heißt nicht Zufriedenheit morgen. Der beste Zeitpunkt, im heutigen Verdrängungsmarkt zu akquirieren, ist die Unzufriedenheit des Kunden mit seinem gegenwärtigen Lieferanten. Darauf muss unsere Argumentation ausgerichtet sein.

„Herr Kunde, ich verstehe, es geht auch nicht um eine schnelle Veränderung. Doch eines Tages kann für Sie der kritische Vergleich interessant sein, und deswegen rufe ich an. Denn dann kennen Sie sich in unserer Branche bestens aus und können noch vorteilhafter entscheiden. Was meinen Sie, wann setzen wir uns zusammen, lieber am ... oder am ...?“

Meine Antwort: ______________________________

6. Einwand: Machen Sie mal ein Angebot!

Ein Angebot kann doch nur geschickt werden, wenn wir den tatsächlichen Bedarf des Kunden analysiert haben und, wenn möglich, auch die Motive kennen.

Deswegen antworten wir am besten: „Herr Kunde, das ist auch meine Absicht. Damit das Angebot punktgenau auf Ihren Bedarf passt, möchte ich kurz mit Ihnen erörtern, welche speziellen Anforderungen Sie haben. Wann passt Ihnen das Gespräch am besten, am ... oder am ...?"

Wichtig ist, dass wir durch unsere Antwort unsere Kompetenz zeigen. Deswegen immer wieder sofort den erneuten Terminvorschlag. Niemals sagen, dass man sich ja nur vorstellen wolle.

Meine Antwort: ________________________________

7. Einwand: Sie sind zu früh dran!

Dieser Einwand kommt in der Investitionsgüter- oder in der Baubranche häufiger vor. Ein Bauvorhaben soll noch abgewartet werden, um sich dann gegebenenfalls wieder zu melden. Dass dann der Kunde gerade an uns denkt, muss zumindest infrage gestellt werden.

Deswegen antworten wir: „Herr Kunde, stimmt, wir sind sehr früh dran. Das hat einen großen Vorteil, jetzt können wir noch in Ruhe die wichtigsten Grundlagen für Ihre Entscheidung vorbereiten. Wann passt es Ihnen besser, am ... oder am ...?"

Keinesfalls darf die Schwerfälligkeit der eigenen Organisation – man müsse hausintern ja noch viel vorbereiten – als Argument genommen werden. Immer daran denken: kundenorientierte Argumente!

Meine Antwort: ________________________________

8. Einwand: Ich rufe wieder an!

Wer sich darauf einlässt, kann meist lange warten. Behalten wir die Initiative.

„Herr Kunde, das freut mich. Ich bin in der Regel viel unterwegs, aber vormittags zwischen 8.00 und 9.00 Uhr erreichen Sie mich am besten. Darf ich Ihnen auf jeden Fall heute schon etwas Interessantes zuschicken?"

Auf dieses Argument wird kein Kunde eine abschlägige Antwort geben. Da Sie etwas zugeschickt haben, können Sie acht bis zehn Tage später unbesorgt wieder anrufen und sich darauf beziehen.

Natürlich können Sie dem Kunden auch sagen, dass man heute den Termin nur mit Bleistift festhalten wolle, und wenn es aus irgendwelchen Gründen von beiden Seiten her nicht klappen sollte, genügt ein einfacher Anruf.

Meine Antwort: ______________________________

9. Einwand: Habe schlechte Erfahrungen mit Ihnen gemacht!

Schade, aber das beste Unternehmen macht einmal Fehler. Haben wir den Fehler abgestellt, dann haben wir etwas daraus gelernt und sollten dem Kunden dankbar sein. Vielleicht weiß er es noch nicht, dass wir den Fehler abgestellt haben, deswegen ist es umso wichtiger, ihn anzurufen.

Die Antwort könnte lauten:

„Herr Kunde, ich weiß, das ist sehr bedauerlich, zumal bei Ihnen. Würden Sie wieder kaufen, wenn wir Ihnen garantieren könnten, dass der Fehler von damals abgestellt ist?"

Kunde wird vage zustimmen.

„Das freut mich, Herr Kunde, deswegen möchte ich Sie persönlich bitten, mir die Chance für ein konstruktiven

Neuaufbau zu geben, natürlich zu Ihrem besonderen Vorteil. Wann passt Ihnen ein Termin am besten, lieber am ... oder am ...?"

Meint der Kunde, dass er schlechte Erfahrungen mit Kollegen aus unserer Branche gemacht hat, dann zeigen wir unser Bedauern. Wir weisen auf die schwarzen Schafe hin, die es leider in jeder Branche gibt, und bitten ihn um ein Gespräch. Bei diesem kann er kritisch vergleichen und beurteilen, wie gut unsere Produkte sind.

Meine Antwort: ______________________________

10. Einwand: Sie sind zu spät dran!

Der Zug ist abgefahren, andere waren schneller. Vielleicht gibt es noch etwas zu retten, wenn der Kunde noch nicht unterschrieben hat. Auf jeden Fall geht es aber darum, die Tür für die Zukunft offen zu halten.

„Herr Kunde, schade, beim Verkaufen ist es eben wie beim Sport, man kann nicht immer gewinnen. Das bedeutet aber nicht, dass wir Sie für die Zukunft ganz verloren haben. Oder?"

Kunde wird voller Überzeugung verneinen.

„Das freut mich, Herr Kunde, lassen Sie uns deswegen einen Termin vereinbaren, um für das nächste Projekt bereits gewinnbringende Ideen für Sie zu entwickeln. Wann wäre es Ihnen angenehm, besser am ... oder am ...?"

Die meisten Verkäufer machen um einen Kunden, dessen Auftrag sie nach langen Mühen nicht bekommen haben, einen großen Bogen. Sie ignorieren ihn. Das ist falsch. Vielleicht waren wir nahe daran, es hat nur, um im sportlichen Jargon zu sprechen, die berühmte Nasenspitze gefehlt. Also: immer Kontakt halten.

Meine Antwort: ______________________________

Einwände am Telefon – Fünf Schlussgedanken
1. Nimm's nicht persönlich: Einwände können nicht persönlich gemeint sein, meist kennt uns der Kunde ja noch gar nicht. 2. Hilf dem Kunden: Einwände sind Hilferufe und Bitten um Aufklärung; weil er das Problem hat, müssen wir mit ihm reden. 3. Beherrsche den Antwort-Grundrhythmus: Zeige Verständnis, biete die Lösung an und frage nach dem Zeitpunkt. Verstehe – deswegen – wann? 4. Erstelle Deinen Einwand-Antwort-Katalog: Sammle deine spezifischen Kundeneinwände, formuliere gute Antworten schriftlich, wende sie an und verbessere sie ständig. Werde Profi. 5. Ende immer in Harmonie: Vermeide allzu schlagfertige Antworten. Wenn die Situation heute nicht reif ist, ist sie es morgen. Halte freundschaftlichen Kontakt. PS: Einwände sind Geschenke des Kunden für den Profiverkäufer.

Prospekt erwünscht?

Wir wissen, dass die Masse der Prospekte im Papierkorb landet. Der Kunde lebt in einer wahren Informationsflut. Schade um den langen Brief, den wir diktierten, schreiben ließen und beilegten und den der Kunde sowieso nur flüchtig liest (wenn überhaupt).

Erfahrungen zeigen, dass man aus der Masse herausragen muss. Auffallen ist alles, deswegen hier drei Empfehlungen. Grundsätzlich schicken wir erbetene Prospekte und Unterlagen ohne Brief, und unser Prospekt wird gekennzeichnet durch drei Elemente. Er ist

1. zu personifizieren,
2. zu individualisieren,
3. zu aktivieren

Was verstehen wir darunter?

1. Personifizieren

Auf einen geeigneten Platz des Prospekts (Titelseite) schreiben Sie in Sonntagsschrift den Vor- und Zunamen des Kunden.

So wird dieser Prospekt personifiziert, der Besitzanspruch des Kunden mobilisiert, der Wunsch, den Prospekt in die Hand zu nehmen und zu lesen, wesentlich gesteigert.

Der Prospekt ist *der des Kunden.*

2. Individualisieren

Erwecken Sie den Prospekt zum Leben. Druckerschwärze auf weißem Papier wirkt oft steril und neutral.

Sobald Sie individuelle Anmerkungen für den Kunden in den Prospekt schreiben, sei es mit normaler Tinte oder Markierungsstift, wird der Prospekt zum Leben erweckt und attraktiver.

Geeignet für solche Zusatzvermerke sind echte Vorteile, die dem Kunden zum Glück verhelfen.

3. Aktivieren

Wir kennen die leicht angeheftete Antwortkarte, die zur Reaktion auffordern soll. Klassischen Prospekten fehlt oft diese Antwortkarte, weswegen wir durch Zusatzvermerke zu Handlungen wie Rückruf auffordern: „Sie erreichen mich am besten unter Telefon ...“

Ein Prospekt, der so ergänzt und gestaltet wird, vermittelt dem Kunden den Eindruck, dass wir uns bereits mit ihm beschäftigen, und dies noch bevor wir ihn besuchen. Der Kunde spürt: Da will ihm jemand helfen. So gewinnt er Vertrauen und Interesse zugleich. Ein Verkäufer, der sich individuell einsetzt, macht sich zudem interessant.

Ein anschließender Termin ist die Folge.

Mit Abbildung 18 wollen wir eine kleine Kostprobe geben, wie eine solche Prospektgestaltung aussehen könnte.

Terminvereinbarung in der Praxis

Eine gute Terminvereinbarung dauert nur zwei bis drei Minuten, sie kann leicht in ihrer logischen Folge aufgeschlüsselt werden und ist so sehr leicht lern- und trainierbar.

Werden wir vom Kunden am Telefon abgewiesen, sei es, dass er keine Zeit hat oder mit seinem Lieferanten zufrieden ist, ist dies nur ein Vorteil. Wir „ersparen“ uns nämlich einen überflüssigen Besuch.

Allerdings: im Fall der Ablehnung halten wir weiter Kontakt. Heute *„Nein“* kann morgen zum *„Ja“* werden.

Das Ganze ist mehr als die Summe seiner Teile. Die Elemente der Terminvereinbarungstechnik wurden bereits vorgestellt.

Es folgen einige Beispiele aus der alltäglichen Praxis wie z. B. ein Anruf

1. bei einem wettbewerbstreuen Kunden,
2. bei einem Kunden, der mit uns schlechte Erfahrungen gemacht hat,
3. auf erhaltene Antwortkarten nach einer Briefaktion,
4. bei einer Sekretärin, die nach dem Grund des Anrufs fragt,

Abb. 18: Persönlich gestalteter Prospekt

5. nach einem Messebesuch,
6. bei Weiterdelegation nach unten,
7. auf Empfehlung.

Die Dialoge sind so gestaltet, dass Sie genügend Kreativitätsspielraum haben. Notieren Sie Ihre eigenen Gedanken zu Ihrem Dialog gleich auf der entsprechenden Seite.

Praxisfall 1: Anruf bei einem wettbewerbstreuen Kunden

Ein Rolltreppenverkäufer der Firma „Liftco“ versucht, beim städtischen Bauamt ins Gespräch zu kommen. Dort war man bisher auf die Konkurrenzmarke „Hinauf & Co.“ konzentriert.

Der aktuelle Anlass ist ein geplantes U-Bahn-Projekt, bei dem insgesamt 36 Fahrtreppen eingebaut werden. Der zuständige Planungsbeauftragte ist unbekannt.

Telefonzentrale:	„Städtisches Bauamt, Sie wünschen?“
Verkäufer:	„Guten Tag, hier spricht Elan, Fritz Elan. Ich habe eine Bitte. Sie können mir bestimmt weiterhelfen. Sagen Sie, wer ist im Bauamt zuständig für die Planung von Fahrtreppen und Aufzügen?“
Telefonzentrale:	„Das ist Herr Schnitzler.“
Verkäufer:	„Danke schön, Herr Schnitzler ist wohl der Leiter der ...“

Telefon-
zentrale: „... vom Amt für Tiefbau."

Verkäufer: „Danke schön, Sie haben mir sehr geholfen."

Reicht unserem Kollegen Fritz Elan diese Auskunft nicht aus, kann er selbstverständlich noch nach Vorname, Titel, Stellung, exakter Abteilungsbezeichnung, Telefondurchwahl etc. fragen. So kommt die Post sicherlich an.

Unser Kollege kann sich auch weiterverbinden lassen. Oder er konzentriert sich zuerst, um dann noch einmal zu telefonieren.

Fortsetzung:

Kunde: „Schnitzler."

Verkäufer: „Guten Tag Herr Schnitzler, hier spricht Elan, von der Fahrtreppen-Firma Liftco, Fritz Elan."

Kunde: „Ah, von Liftco, dass Sie sich einmal melden ..." (leicht vorwurfsvoll)

Verkäufer: „Ja, Herr Schnitzler, wir kennen uns nicht persönlich, was ich sehr schade finde. Mir ist bekannt, dass Sie für die Planung aller Fahrtreppen in der Stadt verantwortlich sind. Das stimmt doch, oder?"

Kunde: „Stimmt, wie kann ich Ihnen helfen?"

Verkäufer: „Herr Schnitzler in einiger Zeit wird das U-Bahn-Projekt im Süden akut ..."

Kunde: „ Ja, das hat aber noch viel Zeit!"

Verkäufer:	„Stimmt, deswegen rufe ich heute schon an, weil ich Ihnen gern etwas zeigen möchte, was Ihnen Ihre Planung erleichtern dürfte."
Kunde:	„Was ist das denn?"
Verkäufer:	„Es handelt sich um ein System, das auch bei härtesten Einsatzbedingungen, sogar bei versuchtem Vandalismus, eine besondere Zuverlässigkeit garantiert."
Kunde:	„Das ist interessant."
Verkäufer:	„Genau, deshalb sollten wir uns mal zusammensetzen. Wollen wir das noch diese Woche, sagen wir am Freitag, tun, oder hat es Zeit bis nächste Woche?"
Kunde:	„Diese Woche wird zu knapp, sagen wir kommenden Mittwoch?"
Verkäufer:	„Mittwoch gern. Gleich vormittags, 8.00 Uhr?"
Kunde:	„Ja, passt."
Verkäufer:	„Prima, also dann bis Mittwoch 8.00 Uhr. Ich freue mich auf unser Gespräch."
Kunde:	„Ich auch, tschüss."

Aufgrund der starken Argumentation des neuen Vorteils kam der Kunde auf seinen Einwand der Wettbewerbszufriedenheit überhaupt nicht mehr zu sprechen.

Fortsetzung: Im ersten Fall hatte es Elan noch leicht. Er konnte ein gutes Argument einbauen. Was aber, wenn der Kunde den Wettbewerb und noch einen Einwand ins Spiel bringt?

Verkäufer:	„... und gerade diese Vorteile sichern Ihnen eine besonders hohe Stabilität ..."
Kunde:	„Kenne ich schon, sagen alle. Wir haben aber beste Erfahrungen mit Hinauf & Co. Da kann man sich auf den Service verlassen."
Verkäufer:	„Herr Schnitzler, Sie kennen sich im Fahrtreppensektor gut aus. Deswegen schlage ich vor, dass wir uns zusammensetzen, um gemeinsam kritisch zu prüfen, wo mögliche Vorteile des Liftco-Systems sind. Es gibt da zum Beispiel auch noch den sicherheitsfördernden Vorteil des absolut synchronen Laufs von Treppe und Handlauf. Würde Ihnen Donnerstag spätnachmittags gut passen? Oder lieber ...?"
Kunde:	„Wissen Sie, was mir besser passt?"
Verkäufer:	„Was, wenn ich fragen darf?"
Kunde:	„Schicken Sie erst einmal Unterlagen, dann kann ich selbst prüfen. Ich melde mich dann."
Verkäufer:	„Sie haben Recht, Herr Schnitzler, Unterlagen sind sehr wichtig, die bringe ich gleich mit, dann können wir in kürzerer Zeit die Vorteile für Sie klar darstellen. Welchen Terminvorschlag haben Sie?"
Kunde:	„Nun, offen gestanden, Sie machen es mir schwer, weiterhin ablehnend zu sein. Können Sie am ... kommen?"

Wir beenden das Gespräch, es war schwierig genug. Haben Sie gespürt, wie die Dominanz unseres Kollegen Fritz Elan zunahm? Es ist schon mutig zu sagen, dass man die Unterlagen gleich mitbringen wird. Ein Telefongespräch erfordert immer ein bisschen Feingefühl für die Situation.

Praxisfall 2: Anruf bei einem Kunden, der mit uns schlechte Erfahrungen gemacht hat

Es handelt sich um eine französische Herrenmodenfirma, die bislang auf dem deutschen Markt schwach vertreten war und sich durch unzuverlässige Auslieferungen einen schlechten Ruf gemacht hatte. Der Handel quittiert solches Verhalten bekanntlich mit Kaufabwehr. Die Firma Pierre und ihr Verkäufer Anton Brenner starten einen erneuten Versuch. Dabei ist nicht damit zu rechnen, mit offenen Armen empfangen zu werden.

Kunde:	„Jet Set Shop Birker, guten Tag."
Verkäufer:	„Ja, guten Tag, Anton Brenner, spreche ich mit Herrn Birker selbst?"
Kunde:	„Ja, bin ich."
Verkäufer:	„Herr Birker, hier spricht Brenner, Anton Brenner aus Stuttgart. Vielleicht kennen Sie mich noch von meiner früheren Tätigkeit beim Einkaufsverband Südtex."
Kunde:	„Kann sein, fällt mir gerade nicht ein, tut mir leid."

Verkäufer: „Herr Birker, weil ich beurteilen kann, wie wichtig für einen Textilhändler gerade bei modischer Freizeitkleidung zuverlässige Belieferung ist, habe ich ein System entwickelt, das ich Ihnen im Zusammenhang mit einer Kollektionsvorlage der Firma Pierre gern zeigen möchte. Wäre es Ihnen Mittwochnachmittag möglich, da ist es ja meist etwas ruhiger ..."

Kunde: „Langsam, langsam, Pierre hieß die Firma?"

Verkäufer: „Ja, es ist Pierre, wir wollen auch nicht lange drum herumreden; Pierre hatte seine Anfangsschwierigkeiten. Doch Pierre ist immer noch bekannt für seine mutigen Modetrends, die zusätzliche Kunden in Ihr Geschäft bringen."

Kunde: „Ja, Modetrends, die haben die im Griff, aber die Auslieferung, nein! Nein, nicht mit mir. Letztes Mal bekam ich nur 20 % der bestellten Ware und dann noch in falschen Farben. Nein und noch mal nein!"

Verkäufer: „Herr Birker, ich verstehe Ihre Verärgerung. Ginge mir genauso. Lassen Sie uns einmal gemeinsam untersuchen, warum es diese Pannen nicht mehr geben kann, wie Sie vom frischen Trend der Firma profitieren können. Einverstanden?"

Kunde: „Ja, aber diskutieren tu ich nicht."

Verkäufer: „Nein, erst möchte ich Sie von der Zuverlässigkeit überzeugen. Mittwoch, 15.00 Uhr, geht das O.K.?“

Kunde: „O.K. 15.00 Uhr, am Mittwoch dann.“

Verkäufer: „Schön, Herr Birker, ich freue mich auf Mittwoch. Ich bin pünktlich um 15.00 Uhr da. Auf Wiederhören.“

Kunde: „Auf Wiederhören.“

Dieses Gespräch war nicht ganz einfach. Nun, wir wollen nicht nur „handzahme“ Kunden präsentieren. Wenn Sie den Text sorgfältig lesen, erkennen Sie darin eine ganze Reihe psychologischer Kniffe.

Praxisfall 3: Anruf auf erhaltene Antwortkarten nach einer Briefaktion

Bei den so genannten Gutverdienern wurde brieflich geworben. Die erhaltenen Antwortkarten müssen in Termine umgewandelt werden.

Verkäufer: „Hier ist Hans Mall aus Esslingen. Spreche ich mit Herrn Kurt Müller?“

Kunde: „Ja.“

Verkäufer: „Herr Müller, Sie baten uns um Informationen über unser Projekt in Essen. Schönen Dank. Als Unternehmer haben Sie ja bekanntlich wenig Zeit, sich um solche Dinge zu kümmern.“

Kunde : „Stimmt.“

Verkäufer:	„Deswegen rufe ich an, damit ich Ihnen bei einem interessanten Gespräch die wesentlichen Vorteile dieses Steuersparmodells zeigen kann."
Kunde:	„Nicht nötig, schicken Sie einen Prospekt!"
Verkäufer:	„Ja, gern, den schicke ich vorab. Dann können Sie sich informieren und gezielt Fragen stellen. Würde es Ihnen grundsätzlich tagsüber oder eher abends besser passen?"
Kunde:	„Lieber abends."
Verkäufer:	„Gern. Am kommenden Donnerstag habe ich eine erste Möglichkeit, dann erst wieder Mittwoch darauf. Was passt Ihnen besser?"
Kunde:	„Donnerstag, aber erst nach der Tagesschau, also 20.20 Uhr."
Verkäufer:	„Passt prima Donnerstag, 20.20 Uhr. Noch eine Bitte, wo lässt es sich bei Ihnen am besten parken?"
Kunde:	„Wissen Sie was, fahren Sie in die Tiefgarage St. Georg, stellen Sie sich auf Platz 1, mein Wagen ist gerade zur Inspektion."
Verkäufer:	„Danke, das ist nett von Ihnen, Herr Müller. Ich freue mich auf das Gespräch und bin pünktlich 20.20 Uhr am Donnerstag bei Ihnen."

Der Kunde war nicht gerade freundlich, sondern eher ablehnend und verschlossen. Deshalb war es besonders wichtig, sich ein Privileg zu erarbeiten: den Vorzug des verbesserten Parkens. So bevorzugt zu sein verschafft ein besseres Entree, höhere Aufmerksamkeit und Respekt.

Praxisfall 4: Anruf bei einer Sekretärin, die nach dem Grund des Anrufs fragt

Topsekretärinnen haben Terminverantwortung für den Arbeitstag der Manager. Schade, dass viele Verkäufer dies noch immer nicht akzeptieren können. Lehnen Sie die Sekretärin ab („Fräulein, ich will doch lieber Herrn sowieso persönlich sprechen!“), wird sie alle Möglichkeiten nutzen, um Sie vor ihrem Chef in ein schlechtes Licht zu setzen. Besser ist, Sekretärinnen zu Verbündeten zu machen.

Sekretärin:	„Sebald, Sekretariat Unternehmensleitung.“
Verkäufer:	„Guten Tag, Frau Sebald, hier spricht Fink, Fink von der Normalia Gesellschaft in Mainz. Kann ich bitte Herrn Direktor Specht sprechen?“
Sekretärin:	„Um was handelt es sich?“
Verkäufer:	„Es geht um die Rückgewinnung der Energie ihrer Schornsteinabgase.“
Sekretärin:	„Tut mir leid, Herr Specht ist nicht da. Kann ich etwas ausrichten?“
Verkäufer:	„Frau Sebald, Sie kennen den Terminkalender von Herrn Specht sicherlich gut ...“
Sekretärin:	„Stimmt.“

Verkäufer: „Frau Sebald, ich brauche Ihre Unterstützung. Ich habe für Herrn Direktor Specht eine wichtige Information zum Thema Energierückgewinnung. Wann ist ein geeigneter Zeitpunkt, um mit ihm für zwanzig Minuten in Ruhe einige Ideen durchzusprechen?"

Sekretärin: „Nun, am besten kurz nach der Mittagszeit. Können Sie zum Beispiel gleich kommenden Montag, sagen wir um 13.00 Uhr?"

Verkäufer: „Passt gut, Montag 13.00 Uhr. Sagen Sie Herrn Specht meinen Gruß. Ich werde vorab eine Informationsmappe zuschicken, und ich bin Ihnen dankbar, wenn Sie ihm diese mit ein paar netten Worten überreichen könnten."

Sekretärin: „Werde ich gern tun. Auf Wiederhören!"

Verkäufer: „Auf Wiederhören, Frau Sebald, und schönen Dank."

Spüren Sie, wie unser Verkäuferkollege hier die Sekretärin aufgewertet hat, sie zu seiner Bundesgenossin gemacht hat? Sekretärinnen sind wichtig für uns. Verhalten wir uns entsprechend.

Praxisfall 5: Anruf nach einem Messebesuch

Auf einer Sanitärmesse besuchte uns Kunde Fritz und gab uns seine Visitenkarte. Auf der Rückseite notierten wir das Stichwort „Leise Ventilatoren".

Kunde:	„Klempnerei Fritz und Fratz."
Verkäufer:	„Guten Morgen, hier ist Silentair, kann ich bitte mit Herrn Fritz senior verbunden werden?"
Kunde:	„Bin ich."
Verkäufer:	„Ah, Herr Fritz, schön, hier spricht Klingenberg. Sie waren auf der Sanitärmesse auf unserem Stand, der Silentair."
Kunde:	„Ja, richtig."
Verkäufer:	„Sie sprachen mit meinem Kollegen Schuster und fragten nach leisen Ventilatoren."
Kunde:	„Ja, genau."
Verkäufer:	„Schön, dazu wollte ich Ihnen gern etwas zeigen, was für Sie als Sanitärfachmann darüber hinaus zusätzliche echte Montageersparnis bringen kann. Wann sind Sie am besten anzutreffen, morgens, bevor es auf der Baustelle brummt, oder eher gegen späten Nachmittag?"
Kunde:	„Kommen Sie eher nachmittags, am Mittwoch habe ich sowieso meinen Bürotag. "
Verkäufer:	„Einverstanden, Mittwoch. Ist Ihnen 14.00 Uhr recht?"
Kunde:	„Ich bin da."
Verkäufer:	„Prima, ich werde am Mittwoch pünktlich um 14.00 Uhr da sein! Ich freue mich aufs Kennenlernen."
Kunde:	„Ganz meinerseits. Wiederhören."
Verkäufer:	„Wiederhören."

Handwerker sind oft wortkarg. Auch müssen wir uns über abrupte Sätze nicht ärgern. Und weil Handwerker es auch mit Terminen oft nicht so genau nehmen, muss man seinen Termin mehrfach wiederholen und dann doch auf den Punkt bringen.

Praxisfall 6: Anruf bei Weiterdelegation nach unten

Ziel: Erst zu Schmitt, dann zu Schmittchen!

Bei unserem Fall geht es um die Verlagerung der Wartungs- und Instandsetzungsarbeiten auf einen externen Spezialistentrupp (Outsourcing).

Zentrale:	„Maschinenfabrik Chemie AG."
Verkäufer:	„Bitte verbinden Sie mich mit Ihrem Technischen Vorstand, Herrn Schindler."
Kunde:	„Schindler."
Verkäufer:	„Guten Tag, Herr Schindler. Hier spricht Metzger, Peter Metzger vom Inwa-Service. Herr Schindler, Sie haben bestimmt unseren Beratungsbrief über das Thema Outsourcing von Wartungs- und Instandsetzungsarbeiten erhalten?"
Kunde:	„Ja, aber gelesen habe ich ihn nicht. Es kommt so viel Mist hier an."
Verkäufer:	„Deswegen rufe ich an, denn Zeit ist Geld. Herr Schindler, als Technischer Vorstand sind Sie daran interessiert, höchste technische Leistung bei gleichzeitiger Kostenreduktion zu erhalten. Stimmt das?"
Kunde:	„Ja, um was geht's?"

Verkäufer:	„Die Inwa hat ein interessantes System, mit dem Wartungs- und Instandsetzungsarbeiten Ihres Maschinenparks auf hochinteressante Weise gerade diese beiden Effekte erzielen.“
Kunde:	„Das ist eine gute Idee, aber dafür ist mein Betriebsleiter, Herr Wanner zuständig. Bereich BE.“
Verkäufer:	„Danke für diese Information. Herr Schindler, darf ich mich bei Herrn Wanner auf Sie beziehen? Oder können Sie mich gleich direkt mit ihm verbinden?“
Kunde:	„Ich kann Sie gleich verbinden. Wenn Sie mich auf dem Laufenden halten, bin ich Ihnen sehr dankbar.“
Verkäufer:	„Das werde ich gern tun. Vielen Dank für die Hilfe, Herr Schindler.“
Kunde:	(verbindet)

Jetzt kann sich Kollege Metzger ruhig auf Schindler beziehen. Wanner wird dies positiv registrieren. Freundlichkeit ist Trumpf. Gerade auch in den oberen Etagen.

Praxisfall 7: Anruf auf Empfehlung

Empfehlungsadressen sind besonders wertvoll, dementsprechend sorgfältig müssen wir mit ihnen umgehen. Möglicherweise können wir das gute Verhältnis, das der Empfehlende zu seinem Empfohlenen hat, atmosphärisch in das Gespräch mit einbeziehen.

Kunde: „Möller, guten Abend."

Verkäufer: „Guten Abend, Herr Möller, hier spricht Schulze, Konrad Schulze, ich rufe Sie an, weil wir einen gemeinsamen guten Bekannten haben ..."

Kunde: „Wen denn?"

Verkäufer: „Kennen Sie Herrn Maier, Peter Maier in Plochingen?"

Kunde: „Ja, den kenne ich gut. Wir spielen einmal wöchentlich Faustball."

Verkäufer: „Schön, Herr Möller, gestern Abend saß ich bei ihm, um ihn über seine gesamte Versorgungslage zu beraten. Und da kam ihm spontan über die Lippen, dass das doch auch Sie, Herr Möller, interessieren müsste."

Kunde: „Ah, Sie sind Versicherungsvertreter."

Verkäufer: „Genau, ich bin Generalagent der MERCANTIA, und mein Ziel ist, meinen Kunden zu helfen bei allen wirtschaftlichen Fragen rund um Familie und Beruf. Mein Vorschlag wäre ..."

Jetzt fassen wir uns kurz, denn über Terminvorschläge haben Sie schon genügend gelesen.

Empfehlung: Sammeln Sie selbst noch mehr Praxisbeispiele, sei es aus „eigener Produktion" oder aus dem Mithören anderer erfolgreicher Kollegen.

9 Der Erstbesuch

Besuchswerbung

Erst seit gut 100 Jahren* spielt das Telefon eine Rolle im Geschäftsverkehr. Davor gab es nur den Besuch. Man ging zu Fuß zum Kunden oder ritt hin, die Vornehmen ließen sich mit der Sänfte tragen oder mit der Kutsche fahren. Der Besuch eines Geschäftsmannes war etwas Besonderes, weil er selten war. In dieser gemächlicheren Zeit hatte man für den Besucher Zeit. Jeder Besucher war ein geschätzter Gast. Man bemühte sich als Gastgeber, seiner Rolle gerecht zu werden.

Dies hat sich gründlich geändert. Oft bekommen nur noch Besucher mit Termin ein Gespräch, andere werden „abgewimmelt".

Es zahlt sich aus, einen Termin zu haben. War dieser noch aufwertend gestaltet, schenkt man uns besondere Aufmerksamkeit, eventuell sogar die Gastfreundschaft früherer Zeiten.

Trotz aller moderner Kommunikationsmittel wie E-Mail, Fax und Internet wird der Besuch seine Bedeutung behalten. Er wurde schon zu oft totgesagt. Nachweislich auch vom Direktor der Leipziger Mustermesse im Jahre 1900, der meinte, dass das Telefon Messen und Besuche ersetzen würde.

Besuche werden jedoch immer kritischer. Die Kosten steigen explosiv, bedingt durch

---

* Das Telefon wurde 1861 von Philip Reis, einem deutschen Volksschullehrer, erfunden und elf Jahre später von Graham Bell zur Marktreife gebracht.

- engere Besuchstermine (Zeitvorgaben durch den Kunden und Gleitzeit),
- schwierigere Verkehrsverhältnisse (Staus, längere Wege zu den Kunden).

Eine kritische Prüfung unserer Besuchsmethodik ist also ratsam.

Die Zeiten des unverbindlichen Hereinschauens, des zwanglosen Vorbeikommens, sind vorbei!

Kann es sein, dass es auch bei Ihnen noch Bezeichnungen wie

- Kontaktgespräch,
- Routinebesuch,
- Höflichkeitsbesuch

gibt?

Der Besuch des Kunden hat große Vorteile. Man kann

- sich gegenseitig sehen und visuell gleich die Reaktion erleben,
- Material wie Prospekte oder Muster optimal präsentieren,
- den Kunden grundsätzlich besser beeinflussen.

Den „geborenen“ Verkäufer gibt es nur noch in den Märchen der 70er Jahre. Sich selbst zu verkaufen, sich positiv in Szene zu setzen und bleibende, positive Eindrücke zu hinterlassen kann jeder lernen. Menschen für sich zu gewinnen darf nicht dem Zufall überlassen werden, frei nach dem Motto: „Die Chemie stimmt oder stimmt nicht!“

Wer sich auf die „Chemie“ allein verlässt, wird auf Dauer nicht in die Spitzengruppe der Verkäufer vorrücken.

Sich selbst inszenieren, die Zeit beim Kundengespräch richtig einteilen, zum richtigen Zeitpunkt die besten Argumente bringen, den Kunden beeindrucken, Vertrauen gewinnen, die Bedürfnisse des Kunden erkennen und befriedigen: Das sind Aufgaben, die wir beherrschen können.

In diesem Kapitel geht es darum, positiv empfangen zu werden, positiv in Erinnerung zu bleiben, stets wieder gern gesehen zu werden.

Herausforderung Kontaktaufnahme

Der erste Kundenbesuch kann viele Ziele haben:

- Ein *Gelbe-Seiten-Vertreter* will sofort verkaufen.
- Ein *Automobilverkäufer* möchte den Zeitpunkt des Neukaufs erfahren.
- Ein *Türenverkäufer* versucht, einen Beratungstermin zu erreichen.
- Ein *Agentur-Kontakter* hat den Wunsch, sich als besseren Partner darzustellen.
- Ein *Bauleiter* möchte zur nächsten Ausschreibung aufgefordert werden.
- Ein *Verkaufsingenieur* analysiert den Kundenbedarf.
- Ein *Wintergartenverkäufer* möchte einen Planungsauftrag bekommen.

Die Vielfalt kennt keine Grenzen. Wichtig ist nur, dass wir unser konkretes Ziel kennen. Sonst ist jedes Ergebnis das richtige.

In vielen Branchen kann nicht beim ersten Besuch verkauft werden. Bei Investitionsgütern muss zuvor gründlich analysiert, die Machtgrundlagen müssen erkundet und ein Coach muss aufgebaut werden.

Erst ein klares Ziel lässt uns Methoden, Strategien und Taktiken entwickeln.

Strategie des Projektgeschäfts

Projektberater, Verkaufsingenieure und Verkäufer komplizierter Dienstleistungen benötigen viele Kontakte und ausreichend Zeit, um zum Erstauftrag zu kommen.

Abbildung 19 auf der folgenden Seite zeigt stufenweise den oft mühsamen Aufbau.

Wir können uns leicht vorstellen, dass auf diesem Weg manches „verloren“ geht. Der Kunde vergisst, wir vergessen. Gesprächspartner werden ausgetauscht, versetzt oder pensioniert. Neue Angebotsgrundlagen kommen dazu. Entscheidungen werden vertagt.

Wer nicht sensibel den Finger am Puls des Geschehens hat, zieht immer den Kürzeren.

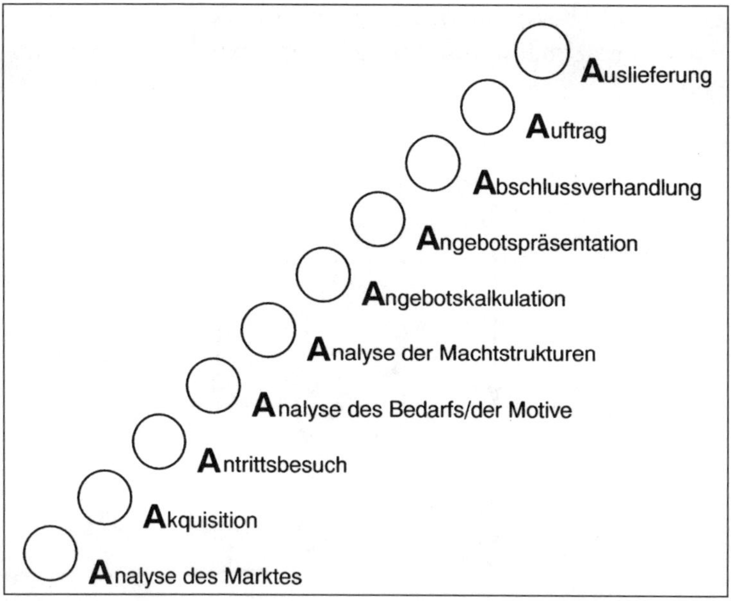

Abb. 19: Die 10 A strategischen Verkaufens

Drei Gedanken helfen uns, diesen Prozess sicherer durchzustehen. Es sind dies die Gesetze der

1. Konsistenz,
2. Konsequenz,
3. Reziprozität.

Lassen Sie uns den Kontaktprozess zur Verdeutlichung in drei Stufen verkürzen, in die „3 A".

1. Gesetz der Konsistenz

Unsere Kundenbearbeitung muss eine gewisse Berechenbarkeit und Kontinuität (nicht gleichzusetzen mit Gleichgültigkeit!) bekommen. Nur wenn der Kunde spürt, dass wir uns regelmäßig um ihn kümmern, wird er uns vertrauen.

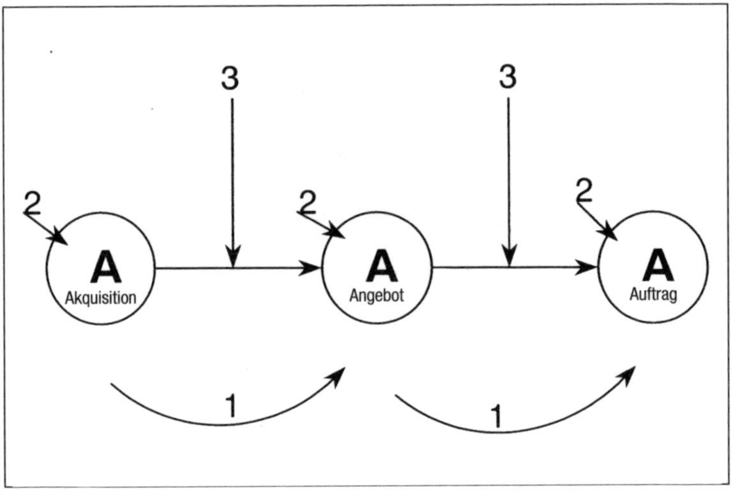

Abb. 20: Gesetze der Konsistenz, Konsequenz und Reziprozität

2. Gesetz der Konsequenz

Taten, nicht Worte zählen. Bei jeder Maßnahme versprechen wir etwas, kündigen etwas an und halten es auch ein. So spürt der Kunde ständig, dass wir zuverlässig sind. Ein Mann, eine Frau – ein Wort!

3. Gesetz der Reziprozität

Reziprozität ist die Umkehrung, die Wechselseitigkeit. Also sind wir nicht nur Helfende, sondern lassen uns auch vom Kunden gezielt helfen: Parkplatzhilfe, Analyseunterstützung, Referenzbesuch, Vorentscheidung zu Vorangeboten usw.

So wird der Kunde allmählich zum Mitverkäufer, denn er wirkt aktiv an dem, was er eines Tages kauft, mit.

Die drei entscheidenden Kontrollfragen, die wir uns ständig stellen müssen, sind also:

1. Sind wir berechenbar?
2. Sind wir zuverlässig?
3. Lassen wir uns helfen?

Gut vorbereitet – halb gewonnen

Vorbereitung ist (fast) alles! Ein erfahrener Schweizer Trainer sagte immer: „Vorbereitung ist 90 % des Erfolges."

Vorbereitung

- gibt Sicherheit, weil wir unseren „roten Faden" haben;
- schafft Vertrauen, weil wir uns auskennen;
- macht effektiver, weil wir auf das Wesentliche kommen;
- lässt nichts vergessen, weil wir die Stichworte notiert haben;
- macht schlagfertiger, weil wir präziser argumentieren;
- spart Zeit, weil wir schneller zum Gesprächsziel kommen;
- spart Geld, weil wir überflüssige Besuche vermeiden.

Vorzubereiten ist sehr viel:

- Wer ist der Kunde?
- Auf was legt diese Firma wert?
- Wer liefert ihm heute?
- Was ist für das Gespräch vorzubereiten?
- Was muss ich mitnehmen?
- Was sind unsere/meine Stärken und Schwächen?

Die folgende Checkliste hilft Ihnen, die Besuche besser vorzubereiten.

Checkliste zur Vorbereitung eines Erstbesuchs			
Kunde/Firma	vor- handen	be- sorgen	An- lage
Vor-Analyse ➢ Branche ➢ Produkte ➢ Bedeutung in der Branche ➢ Größe (Umsatz/Mitarbeiter) ➢ Wahrscheinlicher Bedarf Produkte Mengen Preis ➢ Wettbewerber			
Entscheidungsablauf beim Kunden ➢ Gesprächspartner/Organigramm ➢ formelle und informelle Strukturen ➢ seitherige Beziehungen/ Coachs ➢ Schriftverkehr ➢ Reklamationen?			

Gesprächsvorbereitung ➢ Ziel ➢ Smalltalk-Ideen ➢ Gesprächsbeginn ➢ Hauptargumente, Reihenfolge ➢ Wahrscheinliche Gegenargumente ➢ Verhandlungserwartung ➢ Gesprächsstrategie und -taktik			
Mitzunehmen ➢ Kundenakte ➢ Kundenberichte/-prospekte ➢ Marktberichte/-analysen ➢ Persönliches Geschenk? ➢ Prospekte ➢ Muster, Modelle, Bilder ➢ Pressezitate/PR-Material ➢ Berechnungen/Testergebnisse			
Unsere Wettbewerber beim Kunden ➢ Umsatz ➢ Produkte ➢ Wettbewerbsverkäufer ➢ Gesprächspartner beim Kunden ➢ Vorteile des Wettbewerbers ➢ Schwächen des Wettbewerbers			
Unsere Stärken und Schwächen ➢ ➢ ➢ ➢			

Von jedem potenziellen Kunden werden Sie hören, dass bei ihm alles ganz anders sei. Deswegen müssen wir uns sehr gut vorbereiten.

Um Informationen über das zu besuchende Unternehmen zu erhalten, verfügen wir über viele Quellen:

- Industrie- und Handelskammern,
- ABC der deutschen Wirtschaft,
- Branchenverzeichnis,
- Messeverzeichnis etc.

Nutzen wir aber auch die Chance der Querinformation über bereits bekannte Kontakte. Beziehungen schaden bekanntlich nur dem, der sie nicht hat.

Wir können auch die Werbe-, PR- oder Verkaufsabteilung des Kunden anrufen, um Informationsmaterial zu bekommen.

Indem wir Parallelen zu bestehenden Kunden suchen, kommen wir auf interessante Ansätze der Vorgehensweise. Es ist eine faszinierende Aufgabe, mit deren Antworten die „Machtstrukturen" unseres potenziellen Neukunden allmählich zu ergründen.

Beispiel: Spätestens beim Empfang im Hause des Kunden sagen wir der Sekretärin, dem Assistenten oder dem Stellvertreter in einem angenehmen Smalltalk „Danke" für die Gastfreundschaft. In Ruhe können wir Fragen stellen über die Mentalität des Unternehmens, der Mitarbeiter, ja sogar über unseren Gesprächspartner.

Wenn Sie bewusst etwas zu früh kommen, haben Sie noch mehr Zeit, um kleinere Erkundigungen zu machen.

Dimensionen der Beeinflussung beherrschen

Täglich erleben wir es im Fernsehen: Wir werden in Träume versetzt, in Träume vom schönen, vom besseren, vom reicheren Leben.

Wir wiegen mit im Abenteuer der Freiheit, wir aalen uns im Glück an der Sonne unter Palmen, wir freuen uns auf den Millionengewinn.

Alles nur Illusion? Keinesfalls, diese Träume bewegen uns, die Initiative zu ergreifen und endlich ein Auto zu kaufen, sich zu versichern oder ein Los zu erstehen.

So jedenfalls das Verhalten von Otto Normalbürger.

Aber in der Wirtschaft? Als Betriebswirtschaftler lernt man im Studium, dass in der Wirtschaft nur rationale, also vernunftorientierte Entscheidungen getroffen werden. Wirtschaften heißt haushalten. Eine Wirtschaftlichkeitsberechnung basiert auf rationalen Größen. Doch was taugt die höchste Gewinnerwartung, die wir dem Kunden bringen, wenn dieser kein Interesse dafür hat?

Die Praxis lehrt, dass die rein rationale Entscheidung im Wirtschaftsleben die Ausnahme ist. Nach einer freundschaftlichen Begegnung mit der entsprechenden Interessenbekundung beginnt emotional der Versuch, die getroffene Entscheidung rational zu begründen.

Wir sprechen von der „Rationalisierung“. Emotionale Gefühle werden in Rationalität umgewandelt. Ein Pfeifenraucher wird kaum sagen, dass er aus reinem Prestige raucht, vielmehr zählt für ihn die Ruhe und Gemütlichkeit. Und der Wirtschaftskapitän, der im dreißigstöckigen Verwaltungsgebäude ganz oben residiert und auch demonstrieren will, dass er doch der Größte ist, wird die Planung als vernunftorientiert darstellen.

Das Fachwissen, die Ratio, dient dazu, Gefühle und Emotionen vernunftorientiert zu bestätigen.

Wie läuft eine konkrete Beeinflussung ab? Bei jedem Kontakt mit einem Menschen entsteht zunächst ein „erster Eindruck“ der Sympathie (oder Antipathie). Dieses Gefühl wirkt sich prägend auf die Akzeptanz des Fachwissens aus. Der Verstand sagt Ja oder Nein. Sind Gefühl und Verstand gewonnen, dann möchte man gern alles in Taten umsetzen, wozu ein Wille erforderlich ist.

Hat man endlich die Entscheidung getroffen, fühlt man sich durch die Vernunft bestätigt, und die Sympathie ist begründet.

Kurz noch einmal der Zusammenhang der Reihenfolge:

Gefühl → Verstand → Wille

Die Abbildungen 21 bis 24 auf den folgenden Seiten, bei denen wie in einem Film aus vier Bildern eine Gesamtlösung entsteht, zeigen uns die Abhängigkeit von „Gefühl → Verstand → Wille“ noch deutlicher.

Erste Dimension der Beeinflussung: das Gefühl

Schauen wir uns Abbildung 21 an. Der Kreis stellt den Kunden als „Ganzes“ dar, den wir gewinnen wollen. Auf ihn wirken die verschiedenen Faktoren, die wir in Form von stilisierten Pfeilen angedeutet haben. Erster Pfeil: das Gefühl.

Die Tür geht auf, der Verkäufer tritt ein. Was passiert? Der Kunde hat sofort einen ersten Eindruck, den er visuell wahrnimmt. Aufgrund unserer Kleidung, unseres Lächelns, unseres Auftretens, kurz unserer Erscheinung, wird er pfeilschnell auf Vertrauenswürdigkeit schließen.

Unsere Pünktlichkeit empfindet er als persönliche Wertschätzung, sie signalisiert ihm Zuverlässigkeit.

Die entscheidende Frage für uns muss also lauten: Wie gewinnen wir Sympathie und Vertrauen?

Sympathie kann man sich sehr leicht durch übertriebene Selbstdarstellung, den Versuch, zwanghaft sympathisch zu wirken, verscherzen. Wichtig ist das Tempo, in dem es uns gelingt, der Situation Sympathie abzugewinnen, den Kunden „so wie er ist" sympathisch zu finden. Wir können ihn nicht ändern. Das hat mit Unterwürfigkeit nichts zu tun, sondern nur mit der Fähigkeit, Andersartigkeit zu mögen, Einmaligkeit zu schätzen und zu wollen.

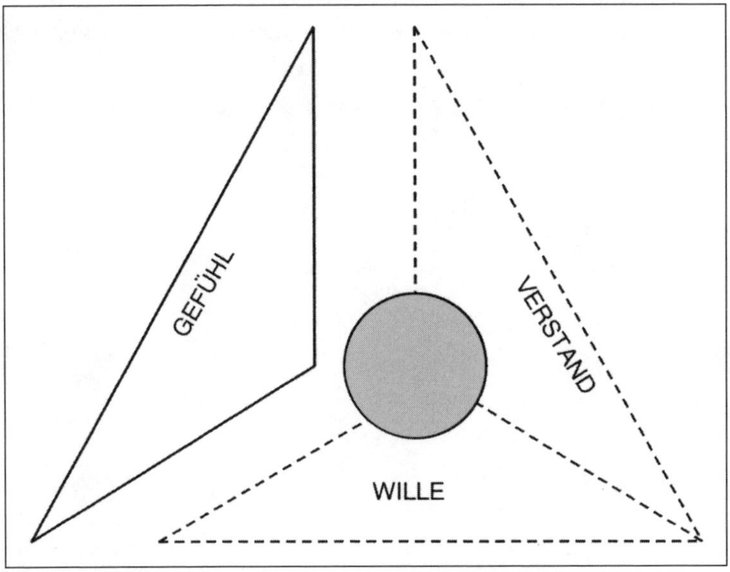

Abb. 21: Phase 1: Gefühl, emotionale Ebene

Zweite Dimension der Beeinflussung: der Verstand

Aus reiner „Gefühlsduselei" entscheidet man nicht. Jedenfalls nicht im kommerziellen Bereich. Niemand ist aber auch so vermessen zu behaupten, dass nur das Gefühl entscheide. Aber ein positives Gefühl zu haben erleichtert vieles, beschleunigt die Bereitschaft des Kunden, unser Fachwissen anzunehmen.

Zur Gewinnung der Ratio des Kunden benötigen wir ein hervorragendes *Fachwissen*. Mit diesem so gut zu argumentieren, in der Sprache des Kunden zu sprechen, dass daraus für ihn *Anwendungswissen* wird – das ist die Kunst, die wir erlernen, trainieren und anwenden können.

Wir alle wissen: Es gibt Lehrer und Professoren, die – trotz erstaunlichem Wissen – ihr Fachwissen nicht vermitteln können. Sie sprechen an uns vorbei.

Das darf uns nicht passieren!

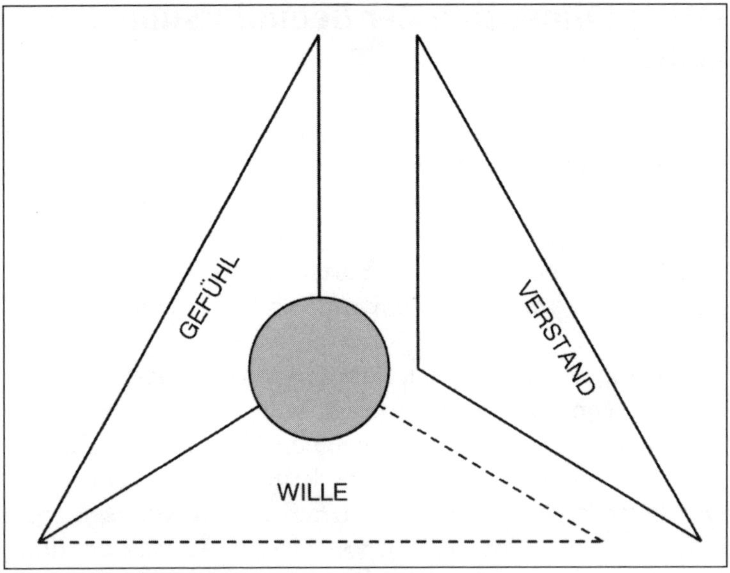

Abb. 22: Phase 2: Verstand, rationale Ebene

Gute Verkäufer sind auch gute *Pädagogen*. Ihr Verkaufsgespräch ist ein Erlebnis. Hier gibt es für den Kunden nicht nur etwas zu hören, sondern auch Faszinierendes zu sehen, zu fühlen, zu begreifen. Sie aktivieren den Kunden und wiederholen auf angenehme Art und Weise ihre Argumente. Ein freundliches „Klingt das logisch?“ oder „Ist das überzeugend?“ schließt sich an die einzelnen Argumente an. Damit sind die Profis bereits im vom Kunden gewollten Übergang zum nächsten beeinflussenden Faktor: dem Willen.

Dritte Dimension der Beeinflussung: der Wille

Der Übergang vom Verstand zum Willen ist für viele Verkäufer wie eine „rote Linie“. Sie haben Angst vor dem „Nein“. So verhält sich auch der Verliebte, der Angst vor dem Korb hat.

Selbst ein Nein hat eine Fortsetzung. Dann, wenn ein freundliches „Was muss ich tun, um Sie zu begeistern?“ folgt.

Wir müssen realisieren, dass ein Verkaufsgespräch, das anfangs von Sympathie geprägt war, den Kunden sogar inhaltlich überzeugt hat, eher einen fahlen Beigeschmack für den Kunden bekommt, wenn kein Ergebnis sichtbar ist. Das beste Ergebnis ist der Auftrag. Im Investionsgütergeschäft, wo wir längere Prozesse bis zur Auftragserteilung haben, ist ein Ergebnis mindestens ein Zwischenergebnis: zum Beispiel eine Betriebsbesichtigung oder eine Konstruktionsskizze.

Erst durch ein Gesprächsergebnis, durch den Konsens mit dem Kunden wird Sympathie bestätigt.

Jeder Mensch grübelt, wägt ab, fragt sich, ob man es bleiben lassen soll, verwirft oder vergisst. Das hat mit fehlender Willensstärke allein nichts zu tun. Der Kunde braucht einen starken Verkäufer, der ihm hilft, die Entscheidungen zu treffen.

Dazu müssen wir vor allem folgende Vorschlagstechniken beherrschen:

- *Ja-Rhythmus*
  Man versucht, den Kunden durch mehrere Fragen in eine Zustimmungsphase zu begleiten.

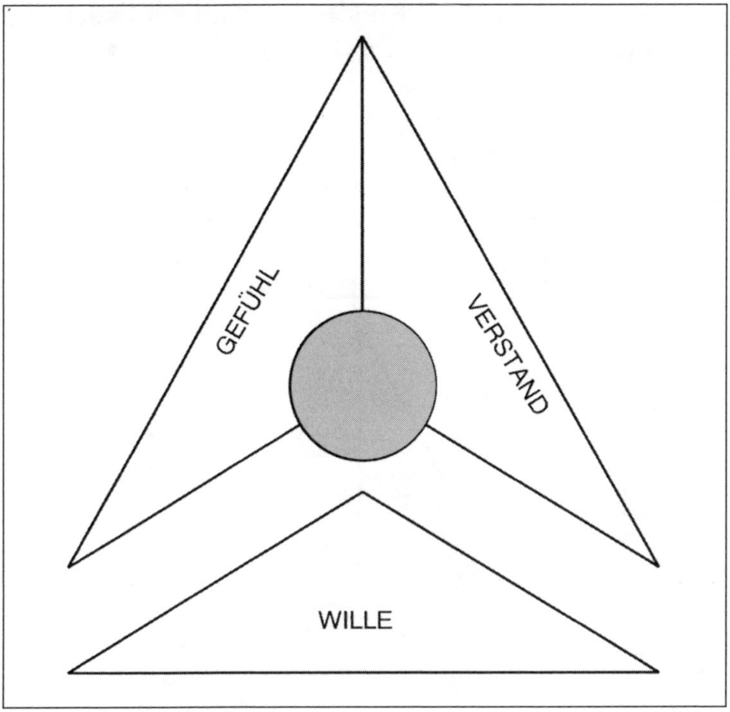

Abb. 23: Phase 3: Wille, Konsensebene

- *Reziprozität*
  Man versucht, mit dem Kunden eine gemeinsame Zug-um-Zug-Lösung zu finden.
- *Alternativ-Techniken*
  Man versucht, durch die Auswahlempfehlung zweier Lösungen (entweder/oder) dem Kunden die Entscheidung zu erleichtern.

Wir lernen nur von sympathischen Lehrern! Ein Lehrer, der die Klasse nicht liebt, macht es den Schülern (fast) unmöglich, gut mitzuarbeiten und auch gute Noten zu schreiben.

Verkäufer sollten ihre Kunden sympathisch finden, damit diese bereit sind, der fachlichen Argumentation höchste Konzentration zu schenken. Wenn dann der Kunde gern kauft, ist dies die Bestätigung seiner Sympathie. Der Regelkreis ist geschlossen.

Um mit der heiligen Katharina von Siena zu sprechen: Nicht das Beginnen, sondern das Vollenden wird belohnt.

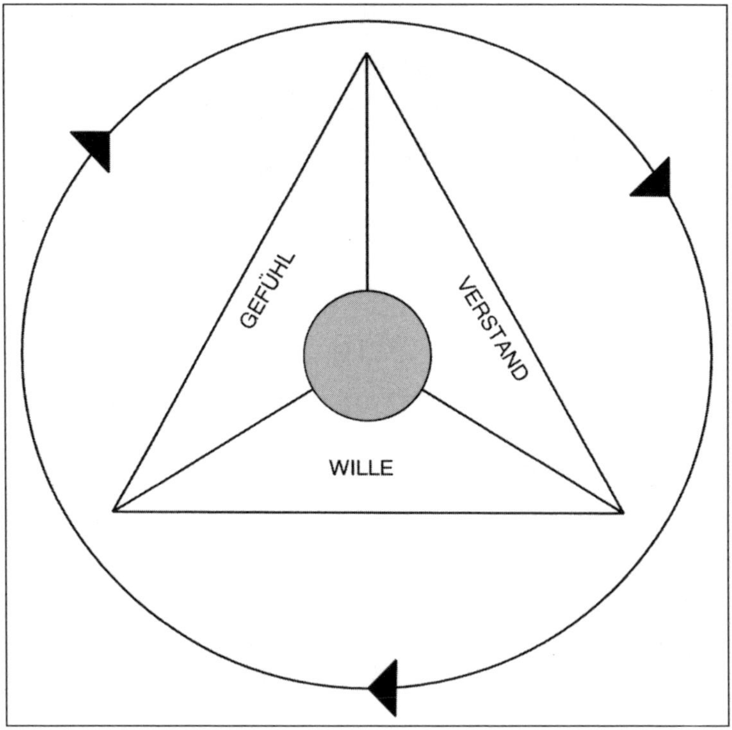

Abb. 24: Regelkreis: Gefühl → Verstand → Wille

Checkliste: Regelkreis der Beeinflussung	
So meistern Sie den Beeinflussungsprozess!	
Element	**Vorteil**
Gefühl	
1. Pünktlich sein 2. Höflich sein 3. Begeistert sein 4. Gut gelaunt sein 5. Sympathie zeigen 6. Aktiv zuhören 7. Wir-Gefühle	➢ Wertschätzung ➢ Gute Kinderstube zeigen ➢ Begeisterung steckt an ➢ Das Echo kommt zurück ➢ Minderung der Widerspruchslust ➢ Aufwertung des Kunden ➢ Dein Problem ist mein Problem
Verstand	
1. Fragen stellen 2. Kunde einbeziehen 3. Kein Fachjargon 4. Kunde im Mittelpunkt 5. Didaktische Perfektion 6. Kundenorientierte Argumente 7. Aufwertend präsentieren	➢ Motive erfahren ➢ Gemeinsamkeit fördern ➢ Verständlich sein ➢ Er fühlt sich wohl ➢ Bestes Verständnis ➢ Ihn überzeugen ➢ Beeindrucken

Wille	
1. Präzise Zielsetzung	➢ Hartnäckigkeit steigern
2. Initiative zeigen	➢ Führung übernehmen
3. Argumentation steigern	➢ Höhepunkte setzen
4. Kunde aktivieren	➢ Kauf erleben lassen
5. Zustimmungsfrage stellen	➢ Zustimmung erhalten
6. Vorschlagstechniken	➢ Kundenzuversicht
7. Freude zeigen	➢ Argumentationskontrolle

Die gelungene Dramaturgie des Auftritts

Ein tragischer Erziehungsfehler – nämlich die Überzeugung „Eigenlob stinkt" – bringt mit sich, dass viele Verkäufer nur bescheidene graue Mäuse sind. Sie verstehen nichts von der Kunst der Dramaturgie der Selbstinszenierung, um auf sich aufmerksam zu machen.

„Bescheidenheit ist eine Zier, doch besser geht es ohne ihr", kalauern dagegen selbstbewusste Verkäufer. Sie strahlen Selbstsicherheit aus, lassen sich bewundern.

Keine Frage, es gibt Grenzen. Schnell wird Selbstsicherheit als Arroganz empfunden. Wenn jetzt ein Verkäufer noch glaubt, er hätte es nicht mehr „nötig", spricht man von den drei großen As, dem Sprungbrett zum sicheren Absturz:

Arroganz
Allüren
Arrivismus

„Wer glaubt, was zu sein, hat aufgehört, etwas zu werden“ (Sokrates) darf nicht unser Leitspruch sein. Eingebildetheit zahlt sich nicht aus.

Allerdings wissen auch Kunden: „Wie du kommst gegangen, so wirst du empfangen!“

Unsere Erscheinung und unser Auftreten wirken auf den Kunden. Wir dürfen nichts dem Zufall überlassen.

Es gibt sieben „Essentials“ für eine perfekte Selbstinszenierung:

1. *Habe ein positives Weltbild!*
   Wer jammert, wandert mit dem Kunden gemeinsam durch das Tal des Jammers. Die Welt ist zu schön, um sie nicht anzunehmen. Liebe deine große und deine kleine Welt so, wie sie ist (über weite Strecken kannst du sie ja doch nicht verändern).
2. *Sei ein „weiser“ Egoist!*
   Der Egoist ist einer, der alles für sich haben möchte. Der weise Egoist hat in seinem innersten Herzen verankert: Hilf den anderen, dann wird dir geholfen. Sei also immer darauf bedacht, anderen zu helfen, durch Begeisterung, durch Unterstützung, durch Liebe, durch Anerkennung, durch Weiterentwicklung. Das Gute kommt zurück. Wer andern zum Erfolg verhilft, wird selbst erfolgreich.
3. *Sei in guter Laune!*
   Wer morgens nur darauf bedacht ist, negative Nachrichten zu hören, wird sie hören. Wer sich morgens negativ auflädt, wird sich den ganzen Tag über negativ abladen. Er geht mit seiner SFP – seiner Selffulfilling Prophecy – spazieren. Unsere Stimmung schwingt, sie überträgt sich. Tägliche frühmorgendliche Stimmungspflege ist ein wichtiges Lebenselexier. Freu dich, dass dich dein Wecker weckt, dass du gesund bist, und, und, und. Stimmung macht Stimmung.

4. *Pflege deine Erscheinung!*
Unsportlichkeit verkauft sich schlecht. Ein abgegriffener Koffer, eine vergilbte Repräsentationsunterlage und ein verräucherter Anzug verfehlten ihre Wirkung nicht: Ablehnung. Prüfe regelmäßig die Frische, Gepflegtheit und Aufgeräumtheit aller deiner dich umhüllenden Elemente. Die Krawatte muss sitzen, der Koffer muss sauber sein, der PKW gepflegt ... Auch für Frauen gibt es Empfehlungen für die Geschäftswelt.*
5. *Verschaffe deinem Auftritt Wirkung!*
Leisetreter haben keine Chance, Duckmäuser erst recht nicht, und mit Angsthasen will man nichts zu tun haben. „Tritt keck auf, mach's Maul auf, hör bald auf" – diese rhetorische Empfehlung von Martin Luther sollten wir uns zu Herzen nehmen. Ein dynamischer Schritt, aufrechte, gespannte Haltung, strahlende, fröhliche Offenbarung, auf solche Menschen verlässt sich der Kunde.
6. *Pflege deine Persönlichkeit!*
Immer wieder hören wir in Gesprächen Sätze wie „Mein Name tut nichts zur Sache" oder „Meine Wenigkeit" oder „Mich fragt ja keiner". Kein Zeichen von Selbstbewusstsein! Werfen Sie den billigen Werbekalender in die nächste Ecke, und kaufen Sie sich einen wertvollen Lederkalender, eine wertvolle Schreibmappe, einen wertvollen Lederkoffer, und lassen Sie auf alles in schönen Lettern ihren Vor- und Zunamen prägen. Kunden wollen Persönlichkeiten von Format, wollen Gesprächspartner, die wichtig sind.
7. *Stärke dein Selbstbewusstsein!*
Wer immer jammert „Leider habe ich nicht studiert" oder „Hätte ich nur früher ...", wird auf Dauer nur Mitleidsbezeugungen bekommen. Aus Mitleid macht man kleine Geschäfte, die großen macht man aus Stolz.

---

* Lesen Sie dazu von John T. Molloy: „Dress for success", London 1988.

Sei auf dich Stolz! Lerne deine Erfolge zu feiern, sie überhaupt wahrzunehmen.
Der Anspruch: „I'm the greatest!" machte Muhammad Ali alias Cassius Clay so berühmt. Sage einfach „Ich bin! Ich bin stolz auf mich und meine Umwelt! Ich bin stolz auf meine Familie, stolz auf meine Freunde! Ich bin stolz auf diesen Beruf und stolz auf meine Kunden!"

Kunden wollen mehr

Plumpe Schmeicheleien wie „Schön haben Sie es hier" oder „Ach, haben Sie eine tolle Katze" empfindet der Kunde als plumpen Versuch, eine gute Gesprächsatmosphäre zu schaffen. Er reagiert skeptisch. Zu Recht.

Gerade der Erstkontakt mit einem potenziellen Neukunden verlangt sehr viel Sorgfalt und anfängliches vorsichtiges Abtasten der Empfindsamkeit des Kunden.

Jedes Lob, jede Anerkennung muss echt sein.

Hier ein erstes Beispiel: Immer wieder beschreibt uns der Kunde nach der Terminvereinbarung den Weg zu sich. Wir sind pünktlich, und dann entwickelt sich meist folgender „selbstbeweihräuchernder" Dialog:

Kunde:	„Donnerwetter, Sie sind ja pünktlich auf die Minute!"
Verkäufer:	„Ja, das ist mein Stil, die Perfektion zeigt sich im Detail. Wie alles bei uns."

Spüren Sie die leichte Überheblichkeit? Viel besser wäre folgender Dialog:

Kunde:	„Donnerwetter, Sie sind ja pünktlich auf die Minute!“
Verkäufer:	„Richtig, ich bin zwar ein pünktlicher Mensch, doch dank Ihrer perfekten Wegbeschreibung hat alles gut geklappt. Schönen Dank dafür.“

Jetzt spürt der Kunde gleich, dass er geholfen hat, und damit seine Wertschätzung durch unsere Pünktlichkeit. Das ist der richtige Stil der Anerkennung.

Mit banal-suggestiven Formulierungen im Verkaufsgespräch, wie

- „Sie wissen ja, was Sie wollen“,
- „Männer Ihrer Stellung können ...“,
- „Sie sind ja gewohnt, Nägel mit Köpfen zu machen“,

verärgern wir leicht den Kunden. Er spürt die Absicht und ist verstimmt.

Wir haben es mit einer Vielzahl individueller Kunden zu tun: Große und kleine, dicke und dünne, gescheite und halbwissende, reiche und arme, Ingenieure und Kaufleute, Gebildete und Eingebildete, Angsthasen und Besserwisser ... wie können wir da überall den Anforderungen gerecht werden?

Mit Toleranz? Toleranz ist das Gefühl, dass man letztendlich doch der Bessere sei. Toleranz kann also nur ein Anfang in der Kundenbeziehung sein.

Besser ist, den Kunden so zu akzeptieren, wie er ist. Wir können ihn doch nicht ändern. Er hat rund 40 Jahre

Erziehung (egal ob gut oder schlecht) hinter sich; in zwei Stunden Verkaufsgespräch sollten wir daran nicht rütteln.

Marc Twain formulierte einmal: „Wir lieben Menschen, die frei heraus sagen, was sie meinen, vorausgesetzt, sie sagen das, was wir meinen!"

Wen wundert's, dass sich viele Verkäufer ärgern, wenn der Kunde anders ist, anders denkt und anders will als er. Wir finden selten unser Ebenbild. Zudem ist es sehr langweilig, immer mit „Ebenbildern" zu tun zu haben.

Es ist doch viel spannender, auf diese Reise zu gehen und viele unterschiedliche Menschen kennen zu lernen. Beginnen wir doch damit, gerade die Unterschiedlichkeit zu mögen, die Andersartigkeit zu suchen, sie sogar als ein wunderbares Erlebnis zu betrachten.

Wenn uns diese Einstellung gelingt, sind wir bereits auf dem richtigen Weg zum Erfolg. Unser Wohlwollen überträgt sich auf den Kunden und kommt zurück.

Spannende Gesprächseinleitung

Die richtige Gesprächseinleitung ist eine Voraussetzung für unseren Erfolg. Die meisten Gespräche beginnen mit Floskeln:

- „Wie geht's?"
- „Schön, Sie kennen zu lernen."
- „Hatten Sie eine gute Anreise?"

Wenn diese Sätze nicht ernst gemeint sind, gerade dieses „Wie geht's?", sind sie überflüssig.

Auch ein allgemeines Plaudern über Wetter, Urlaub und Hobby ist selten angebracht. Der Kunde spricht ständig darüber. Es sei denn, wir sind große Kenner gerade dieser Materie und können Interessantes bieten.

Eine positive Gesprächseinleitung hat sieben überschaubare und leicht zu lernende Stufen:

Stufe 1: Freundlicher Gruß

Ein leicht melodisches „Guten Morgen!“ ist besser als ein brummendes „Morg’n“. Versetzen wir den Kunden von Anfang an in positive Stimmung.

Stufe 2: Aufwertende Vorstellung

Ein „Ich bin Hans Maier von ...“ ist immer einem schwer verständlichen „Maier mein Name“ vorzuziehen. Nur wer sich selbst aufwertend vorstellt, wertet auch seinen Gesprächspartner auf. Man macht keine wichtigen Geschäfte mit unwichtigen Leuten.

Stufe 3: Echte Kundenanerkennung

„Schön, dass alles so pünktlich klappt, Herr Kunde. Das ist auch ganz unser Prinzip“ lässt den Kunden gleich ein Wir-Gefühl erleben. Platt sind Äußerungen wie: „Sie sind Hundeliebhaber? Ich mag auch Hunde.“

Stufe 4: Spannender Smalltalk

Der Smalltalk, das kleine Gespräch vorweg, muss für den Kunden spannend sein, im Sinne von „Wussten Sie, dass ...?“ Überraschen wir den Kunden, und er wird hellwach.

Stufe 5: Kundengesten annehmen

Niemals aus Höflichkeit den angebotenen Stuhl, die angebotene Tasse Kaffee ablehnen. Der Kunde hört allmählich auf, uns Hilfen zu geben. Spätestens bei der Auftragserteilung benötigen wir sie intensiv. Nehmen wir Gesten an, lassen wir uns helfen. Wer sich helfen lässt, dem wird geholfen. Auf Dauer.

Stufe 6: Visitenkartenübergabe zelebrieren

Nur die sorgfältig in der Hand gehaltene Visitenkarte lässt die Wertschätzung, die wir brauchen, entstehen. Nicht nebensächlich auf den Tisch legen, sondern extra darauf hinweisen.

Stufe 7: Kundenorientierten Aufhänger benutzen

Ein Aufhänger ist eine Gesprächsbegründung. Ein „**Ich** dachte mir, **Ich** könnte Sie mal besuchen" ist **Ich**-orientiert und signalisiert, dass **Ich** etwas von ihm will. Echte Anerkennung zeigen wir dem Kunden durch einen **Sie**-orientierten Aufhänger: „Bei Ihnen habe ich etwas Spannendes gesehen, darf ich es Ihnen schildern?" – und schon ist der Kunde auch Mittelpunkt der Kommunikation.

Beim Kalt-Besuch, also dem Besuch ohne Terminvereinbarung, laufen wir Gefahr, zwei immer wiederkehrende Grundfehler zu machen:

1. Demonstrative Selbstsicherheit

Hier kompensiert der Verkäufer sein Hereinplatzen mit einer völlig überzogenen Selbstproduktion wie zum Beispiel:

- „Ich bin Karl Donner, und nach unserem Gespräch sagen Sie sicherlich Donnerwetter!"
- „20 % Personal einsparen ist kein leeres Wort, darauf werden Sie nicht verzichten, Herr Kunde, darum geht's, darf ich mich kurz vorstellen, Herbert von Potzblitz."
- „Was du heute kannst besorgen, verschiebe nicht auf morgen. Herr Kunde, hier bin ich: Peter Schikkeria."
- „Herr Kunde, gerade dynamische, eloquente und fortschrittliche Einkäufer wie Sie schätzen mein hochkarätiges Produkt besonders."
- „In sieben Minuten, Herr Kunde, und sieben Minuten haben Sie sicherlich Zeit, nenne ich Ihnen sieben Vorteile, und Sie werden alle Ihre vorhandenen PCs zur Entsorgung geben."

Wir spüren, hier wird aufgetrumpft, der Kunde ist innerlich bereits auf der Flucht.

2. Unterwürfige Verlegenheitsbegründung

Vielen Verkäufern ist ein Kalt-Besuch selbst peinlich. Um die Peinlichkeit zu kompensieren, drücken sie mehr oder weniger aus, dass sie selbst von ihrer Vorgehensweise nicht überzeugt sind. Zum Beispiel:

- „Ich war gerade in der Gegend, komm, sagte ich, geh mal rein."
- „Ich dachte mir, dass ich Sie auch mal besuchen könnte."
- „Ich sehe Ihr Haus nun seit über 15 Jahren und wollte Sie immer mal besuchen. Jedes Mal kam etwas Wichtigeres dazwischen. Heute gab ich mir einen Stoß und ..."
- „Ich wollte Sie mal kennen lernen, deswegen dachte ich mir ..."

- „Ich wollte Sie nicht überfallen, aber da ich gerade hier zu tun hatte, dachte ich, es könnte nicht schaden, bei Ihnen auch auf einen Sprung vorbeizukommen."

Die Wirkung dieser kundenabwertenden Äußerungen müssen wir kennen. Die Beispiele wurden gebracht, um sie zu vermeiden.

Die Kontaktaufnahme Sieben Goldene Statements
1. Erscheine! Poliere deine Erscheinung täglich! 2. Gib alles, dann bekommst du viel! 3. Lobe! Lerne aufrichtig anzuerkennen! 4. Genieße! Gehe gern in das abwechslungsreiche Abenteuer hinein! 5. Brilliere! Sei dir deiner Vorzüge bewusst! 6. Sei wer! Nur mit wichtigen Leuten macht man große Geschäfte! 7. Zelebriere! Lass deinen Auftritt zum Kundengenuss werden! PS: Gute Kontakte schaden nur dem, der sie nicht hat.

Gezielt Interesse wecken

Natürlich fragt der Kunde: „Was gibt's Besonderes, was gibt's Neues?" Schon deswegen sind wir geneigt, möglichst schnell „die Katze aus dem Sack zu lassen". Zum Beispiel mit einem:

„Herr Kunde, ich freue mich, Ihnen diese Neuentwicklung zu zeigen. Dieses Präparat wurde mit einem Forschungsaufwand von 25 Jahren entwickelt, es hilft vor allem bei Migräne, und das noch vollkommen ohne Nebenwirkungen. Ihre Patienten werden begeistert sein."

Was wird der Kunde wohl sagen?

„Lassen Sie mal ein paar Muster da!"

Und mit Stolz überreichen wir unsere Muster, genügend Präparate, um zehn Patienten darauf einzustellen. Und die Rückkoppelung? Vielleicht überreicht der Herr Doktor dieses Präparat beiläufig, weil er es gerade noch auf dem Schreibtisch stehen hat ... Ob er es dauerhaft verschreibt, das steht in den Sternen.

Wohl hat unser Kollege Interesse geweckt, aber es ging zu schnell. Frage: Sind wir Verteiler? Sicherlich nicht mehr. Vor 40 Jahren vielleicht noch.

Heute werden Produkte gezielt dann gekauft (im Fall des Arztes verschrieben), wenn wir über ein faszinierendes Verkaufsgespräch den Kunden wachgerüttelt und unvergesslich überzeugt haben. Ein einfaches „Lassen Sie mal ein paar Proben da" ist eine Abwehrstrategie. Eine im Großraum Frankfurt beheimatete Chemiefirma stellte vor ein paar Jahren fest, dass die Kosten für überreichte Muster in die Millionen gingen. Bei einer genauen Untersuchung kam heraus, dass nur knapp 25% aller Muster tatsächlich getestet wurden.

Sobald wir Interesse wecken wollen, müssen wir davon ausgehen, dass ein Kunde mehrere Phasen seiner inneren Überzeugung durchläuft:

- Zuerst ist er völlig neutral, er weiß von nichts.
- Bei der Kontaktaufnahme durch uns weiß er, dass er manipuliert werden soll, also geht er in eine ablehnende Haltung.
- Gelingt es uns, seine Neugier zu wecken, können wir durch eine gezielte Nutzenansprache sein Interesse wecken.

- Unsere eigene Faszination springt auf ihn über, er ist begeistert.
- Jetzt quälen ihn mögliche Zweifel. Er kann das Bewährte nicht gleich hinter sich lassen.
- Diese Zweifel auszuräumen ist unsere Arbeit, um ihn dann zum Kauf zu veranlassen.

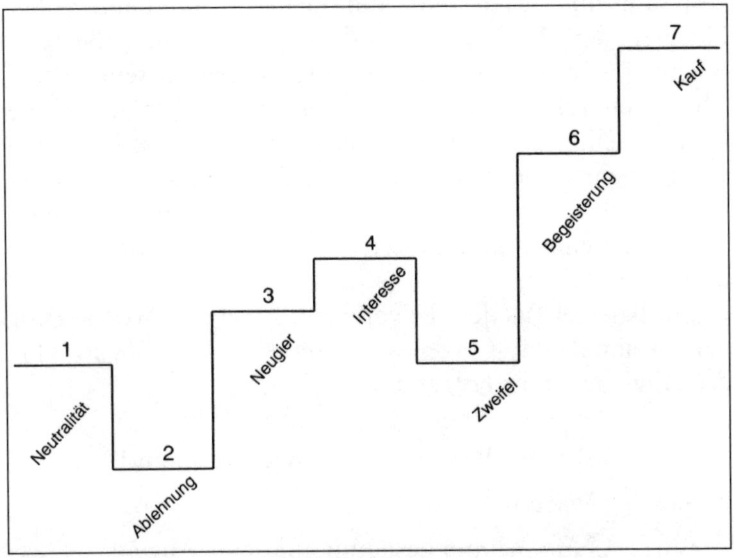

Abb. 25: Der Hürdenlauf zum Auftrag

Beginnen wir das Gespräch also mit unseren Produkten, denkt der Kunde:

- „Der will nur etwas verkaufen."
- „Das brauche ich alles nicht."
- „Bringt mir das Vorteile?"
- „Der hat gut reden."
- „Wie kriege ich ihn los?"

Und sofort wehrt er ab. Um diese Abwehrhaltung zu vermeiden, müssen wir mit der Erkenntnis arbeiten:

Neugier ist der Hunger der Seele!

Neugier ist eine Form der Erwartungshaltung, sie lässt uns gespannt und wach sein. Ein kleines Kind kann voller Neugier den Heiligen Abend nicht erwarten. Neugier scheint heute nur den Jungen vorbehalten zu sein. Ältere Menschen erleben dieses Wundermittel kaum mehr. Sie kennen schon alles, sie wissen scheinbar alles, brauchen nichts mehr zu lernen. Und doch, der Kunde muss bereit sein, etwas zu lernen, wenn wir ihm etwas Neues bringen.

Ohne Neugier gibt es kein Lernen. Wie wird Neugier mobilisiert?

Ein Beispiel aus dem Privatleben. Etwa vier Wochen vor dem Weihnachtsfest sagen wir unserer Ehefrau alle zwei bis drei Tage ungefähr Folgendes:

Wir:	„Du, auf Weihnachten bin ich gespannt!“
Sie:	„Warum?“
Wir:	„Nun, ich bin gespannt auf deine Augen!“
Sie:	„Wieso?“
Wir:	„Weil ich sehen möchte, welche Augen du machst, wenn du dein Päckchen aufmachst!“
Sie:	„Verstehe ich nicht.“
Wir:	„Warte ab.“

Wir können uns vorstellen, dass Eva vor Neugierde zu platzen droht. Doch hüten wir uns, unser Geheimnis zu früh zu lüften. Die Spannung würde sich auflösen.

Wenn wir diese Idee auf unser Verkaufsgespräch ummünzen, könnte das so laufen:

Kunde:	„Nun, was haben Sie zu bieten?"
Verkäufer:	„Etwas ganz Besonderes, auf das Sie wahrscheinlich schon lange warten!"
Kunde:	„Was denn?"
Verkäufer:	„Herr Kunde, wenn Sie einmal an die Arbeit des Isolierens von elektrischen Leitern denken. Da gibt es doch manchmal technische Engpässe ..."
Kunde:	„Stimmt, an welche denken Sie?"
Verkäufer:	„Es kommt doch immer wieder vor, dass auch der professionellste Elektriker die Drähte unsauber isoliert, so dass anschließend durch Wackelkontakte oder reißende Drähte Reklamationen entstehen."
Kunde:	„Ja, das kommt vor und ist besonders problematisch, wenn unsere Schaltanlagen weit entfernt von hier stehen."
Verkäufer:	„Wenn wir dazu eine Lösung hätten, womit so etwas nicht mehr passieren kann, was würden Sie sagen?"
Kunde:	„Das wäre toll, zeigen Sie mal."
Verkäufer:	„Ja, gern."

Sie spüren: Die Spannung wurde hier extrem gesteigert. Vielleicht ist der Eindruck – vor allem beim ersten Lesen – zu stark, zu übertrieben. Macht nichts. Es liegt in unserer Hand, Neugier weckende Sätze elegant zu formulieren.

Neugier weckende Sätze werden zum Beispiel so eingeleitet:

- „Ich habe etwas Besonderes, auf das ...“
- „Nehmen wir einmal an, es gäbe ...“
- „Wenn wir eine Lösung zu ... hätten, was würden Sie sagen?“
- „Gesetzt den Fall, es wäre ...“
- „Nur mal so, wir könnten ...“

Mit solchen Neugier weckenden Dialoganstößen kommen wir zu einem so genannten Vor-Verkauf. Der Kunde hat akzeptiert, noch bevor er das Produkt wirklich gesehen hat. Natürlich kann der Kunde immer noch Nein sagen, zum Beispiel, weil ihm der Preis nicht passt. Oder er sagt Nein, weil er sich „überfahren“ fühlt. Deswegen ist Vorsicht geraten. Verkäuferische Feinfühligkeit schätzt auch der Kunde.

Visuelle Möglichkeiten, um Neugier zu wecken

Wer mit der Tür ins Haus fällt, erfährt schnell Ablehnung. Wer sofort seinen Vorführkoffer aufmacht, Prospekte oder Muster zeigt, verzichtet auf den Effekt der Spannung.

Empfehlung: Trainieren wir, den Vorführkoffer möglichst lange geschlossen zu halten, die Prospekte erst dann zu zeigen, wenn ein latentes Bedürfnis sich offenbart oder der Bedarf geweckt ist. Das ist schwierig, denn wir sind ja selbst voller innerer Vorfreude, gleich etwas zeigen zu können. Denken Sie einfach an das Geschenk, das lange wunderbar verpackt vor uns liegt, wir aber erst noch unseren Geburtstag abwarten müssen.

Es ist eine große Kunst, Neugier zu wecken, sie in Interesse übergehen lassen und später bei der Produktpräsentation die Spannung zu steigern. Neugier ist eben der Hunger der Seele.

Gezielt Interesse wecken Zehn Goldene Regeln
1. Keine banale Vorstellung: „Mein Name ist Meier, ich wollte mal fragen, ob ...“ 2. Nicht im Stehen abfertigen lassen: Visitenkarte beim Empfang abgeben wirkt hindernd. 3. Nicht ins Blaue hinein plaudern: „Schön haben Sie es hier!“, „Waren Sie in den Ferien?“ 4. Keine Verlegenheitsbegründungen: „War gerade in der Gegend ...“ 5. Steige ein über das Kundeninteresse: „Energieeinsparung, ist das Ihr Thema ...?“ 6. Baue gespannte Erwartungshaltung auf. Kündige das, was kommt, an: „Sie dürfen gespannt sein!“ 7. Wecke Anfangsneugier: Zeige nur Bildausschnitte der Lösung. 8. Frage den Kunden nach Wünschen, Motiven, Anforderungen: Notiere seine Äußerungen. 9. Sprich hoch emotional: „Wenn wir hierzu eine Lösung hätten ... das wäre doch ...?“ 10. Lass die Augen des Kunden glänzen: Perfekte Produkte verlangen perfekte Präsentation. PS: Nur Interessierte sind hellwach.

Exkurs: Lassen wir uns manipulieren?

Das Wort „manipulieren“ ist in unserer heutigen Begriffswelt negativ geprägt.

Manipulieren kommt von dem lateinischen Wort manus, die Hand. Manipulieren heißt im übertragenen Sinne „von einer Hand in die andere Hand reichen“. Es ist also ein Hand- oder Kunstgriff.

Unter Manipulation verstehen wir heute eine Beeinflussung. Wird der Kunde von uns so beeinflusst, dass nur wir einen Vorteil haben, er aber den Nachteil, dann fühlt er sich zu Recht negativ manipuliert. Beeinflussen wir ihn auch zu seinem Nutzen, dann ist er motiviert.

Machen wir einen Test. Betrachten Sie in Ruhe die Skizzen in Abbildung 26, und lesen Sie die zwei Fantasieworte TAKETE und MALUMA. Was empfinden Sie dabei? Viele werden sagen: hart und weich, Aggression und Harmonie, Krieg und Frieden.

Abb. 26: Assoziation

Wenn ich in meinen Seminaren dieses Bild aufzeichne und die Worte dazuschreibe, äußern sich die Teilnehmer spontan und ungefragt: „TAKETE links und MALUMA rechts!"

Sie haben im Unterbewusstsein zugeordnet, sie haben assoziiert.

Auch ein Kunde ordnet immer zu. Er wird aufgrund der Korrektheit unseres Verkaufshandbuchs auf unsere Zuverlässigkeit schließen. Er wird aufgrund unseres Tonfalls von unserer Persönlichkeit angetan sein. Er wird aufgrund unserer Wortwahl „mitschwingen".

Beispiel

Machen wir einen kleinen Ausflug in das Preisgespräch.* Der Kunde bittet um eine Preisinformation. Wenn wir sagen „XYZ kostet zwölftausend Euro", dann haben wir in doppelter Weise im TAKETE-Jargon gesprochen. TAKETE tut weh, TAKETE ist aggressiv und reizt zu Gegenwehr. Die Worte „Kosten" und „Tausend" sind in jeder Hinsicht aggressiv.

Formulieren wir aber unsere Preisauskunft: „Sie bekommen XYZ für 12-Null Euro", dann haben Sie in doppelter Hinsicht im MALUMA-Jargon gesprochen. „Bekommen" ist der Ersatz von „Kosten" und ein „12-Null" ist weich dazu. Keine Angst, sobald wir uns in der Tausender-Region von Produkten befinden, kann man sorglos von „68-fünfhundert" sprechen, der Kunde versteht sofort, dass es sich hier um „68.500" handelt.

---

* Siehe dazu auch das Handbuch von Erich-Norbert Detroy: „Sich durchsetzen in Preisgesprächen und Preisverhandlungen", verlag moderne industrie, Landsberg/Lech, 11. Auflage 1999.

Beispiel

Ein technisches Unternehmen wollte bei der Neugestaltung seines Unternehmenslogos Zuverlässigkeit, Fortschritt und höchsten technologischen Stand signalisieren.

Intensive Recherchen, wobei Hunderte von Menschen befragt wurden, ergaben, dass die Schriftzeichen leicht nach rechts gelegt sein sollen, keinesfalls nach links. Betrachten wir die Linien in folgender einfacher Abbildung. Das linke Zeichen signalisiert Abfallendes, das mittlere Stabiles und das rechte Aufsteigendes. Die Wahl war klar.

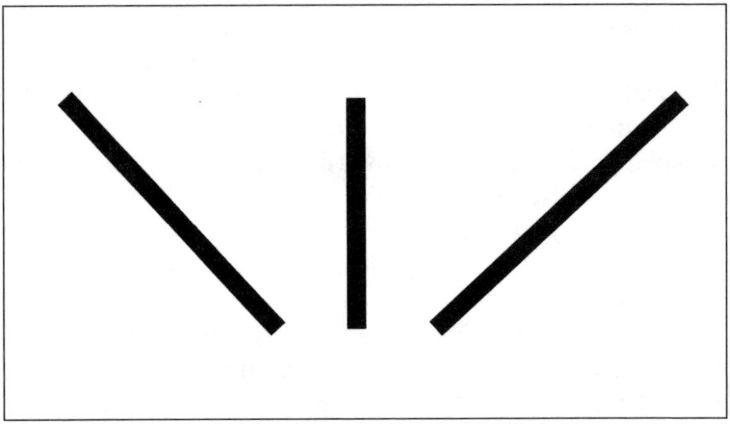

Abb. 27: Ab- und aufsteigende Wirkungen

Genauso ist es bei der Wahl Ihrer Kleidung. Schon die Farbe signalisiert Emotionen. Blau wird noch immer als die seriöseste Farbe gesehen, Rot als die lebensbejahendste, Schwarz als die traurigste. Modeerscheinungen können natürlich Einfluss haben. Aber achten Sie einmal auf die beiden auf der nächsten Seite abgebildeten Krawatten. Spüren Sie, dass im Vergleich die linke Krawatte Misserfolg signalisiert, weil sie abfallende Linien hat? Vergreifen Sie sich nicht beim Kauf. Von zehn gestreiften Krawatten findet man immer noch eine, bei der (in Schreibschriftrichtung der westlichen Hemisphäre gesehen) der Strich abfällt.

Weitere Beispiele: Lesen wir eine Modezeitschrift mit derben, häufig gebrauchten Arbeitshandschuhen. Das Heft gefällt uns nicht. Essen wir von einem Teller, der am Rand deutliche Fingerabdrücke hat. Das Essen schmeckt nicht. Setzen wir uns auf einen Stuhl, auf dem kurz vorher ein Mensch saß, den wir verabscheuen. Es kommt ein unangenehmes Gefühl auf. Menschen können sich Gefühlen nicht entziehen. Wer lacht, steckt andere an. Im Filmen wie „Titanic“ oder „Love Story“ fließen die Tränen. Nach einem Techno-Abend fährt man aggressiver nach Hause.

Eine Reise in den Fernen Osten wird sich nur schwer verkaufen lassen, wenn im Prospekt schwarzweiße Bilder zu finden sind. Rauchern wird Gesundheit und Reinheit durch die weiße Verpackung suggeriert.

Alles Beeinflussung? Klar, es ist Manipulation. Wenn es dem Kunden nutzt, hat es genutzt. Dann ist es Motivation.

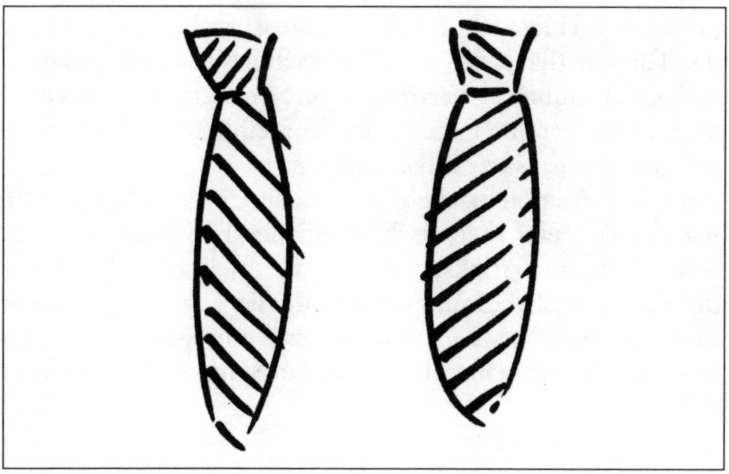

Abb. 28: Krawattensuggestion

Nie wieder im Stehen abgefertigt werden!

Kennen Sie das Gefühl, täglich 50-mal an der Haustür zu klingeln und dabei 45-mal hören zu müssen: „Wir brauchen nichts!"

Wahrlich ein hartes Brot. Wer als Verkäufer nicht die Kraft hat, ständige Ablehnung schnell zu verarbeiten und sich wieder positiv aufzurichten, zu motivieren, gibt diesen Job schnell auf.

In manchen Branchen ist die Kaltakquisition sehr erfolgreich. Berühmtestes Beispiel: Staubsauger. Aber auch Haustüren werden an der Haustür verkauft, der Gelbe-Seiten-Vertreter kommt jährlich einmal ohne Termin zum potenziellen Inserenten, und auch eine Rechtsschutzversicherung ist mit dem – oft recht verächtlich als „Klingelputzen" bezeichneten – Direktverkauf sehr erfolgreich.

Viele Menschen fühlen sich durch das Klingeln gestört. Man schaut durch den Türspion, schickt den Hund nach draußen, meldet sich durch die Haussprechanlage und hat die Tür mit der Kette gesichert. Schließlich kennt man ja genügend dubiose Vertreter von (manchmal) unechten karitativen Vereinen, die einem Wurzelbürsten, Scheuerlappen und Badezusätze aufschwatzen.

Öffnet der potenzielle Kunde dennoch die Tür, spürt er, wie der Vertreter rhetorisch bereits den Fuß in der Tür hat. Allerlei Vertretertricks, wie zum Beispiel sich seitlich vor die Tür zu stellen, damit der Kunde die Tür weit aufmacht und einen Schritt heraustreten muss, vermögen es nicht, die Scheu des Kunden abzubauen und in Sympathie umzuwandeln.

Diese Beispiele kommen uns in den Sinn, wenn wir an den Kalt-Besuch denken! Deswegen lehnen wir den Kalt-Besuch innerlich oft ab.

Aber: Lösen wir uns von dem Gedanken, mit diesen Hochdruck-Verkäufern in einen Topf geworfen zu werden. Der „kalte“ Besuch ist manchmal unumgänglich.

Die Gründe dafür sind vielfältig. Der Kalt-Besuch ist sogar in (fast) jeder Branche empfehlenswert, zum Beispiel,

- wenn wir eine Lücke im Tagesplan haben,
- weil wir telefonisch nicht „durchkamen“,
- weil vorher der Gesprächspartner/Entscheidungsträger nicht in Erfahrung zu bringen war,
- wenn ein neues Gebiet (z.B. Neubaugebiet) zu erforschen und systematisch „abzugrasen“ ist.

Kaltakquisition ist ein hervorragendes Training für unsere persönlichen Fähigkeiten

- zum schnellen Vertrauensgewinn,
- zur Pflege perfekter Erscheinung (Auftreten),
- zur Mobilisierung von Neugier/Interesse.

Beim so genannten Kalt-Besuch laufen wir Gefahr, im Stehen abgefertigt zu werden. Wir melden uns beim Portier mit unserem Besuchswunsch an. Wir kommen ungebeten und wissen nicht, womit sich unser Wunschgesprächspartner gerade beschäftigt. Vielleicht sitzt er am Schreibtisch und diktiert. Möglicherweise ist er in einer Besprechung oder macht gerade eine Visite im Betrieb. Just in diesem Moment klingelt das Telefon oder sein Handy und der Pförtner ist am Apparat.

1. Hürde: Der Empfangschef vermittelt

Pförtner: „Ein Herr Wirsting oder so ähnlich ist hier bei mir." Und unser möglicher Gesprächspartner fragt: „Er hat keinen Termin, in welcher Angelegenheit möchte er mich sprechen?" Und der Empfangschef versucht, die Visitenkarte zu entziffern, und sagt: „Ich glaube, es geht um Elektrowerkzeuge." Was bleibt unserem möglichen Kunden anderes als zu sagen: „Sagen Sie ihm, er soll Prospekte und seine Visitenkarte dalassen, ich werde mich wieder melden. Ich habe gerade keine Zeit."

Was war das Problem? Der uns gegenüber höfliche Pförtner hatte die Aufgabe, uns zu verkaufen. Wie kann er das, wenn er unsere Visitenkarte in der Hand hält und nur abliest?

Der erste Fehler dieser Kontaktanbahnung bestand darin, dass wir dem Portier die Visitenkarte überreichten, nur weil das so üblich ist.

Empfehlung: Behalten wir doch die Visitenkarte bei uns! Melden wir uns freundlich beim Empfang und stellen uns aufwertend vor. So machen wir ihn zum Verbündeten.

So könnte ein Musterdialog ablaufen:

Empfangschef:	„Guten Tag."
Verkäufer:	„Guten Tag, mein Name ist Fuchs, Hans Fuchs."
Empfangschef:	„Wie kann ich Ihnen helfen?"
Verkäufer:	„Ich habe eine Bitte, da benötige ich Ihre Hilfe. Wer ist denn für den Einkauf von Werkzeugen zuständig?"

Empfangschef:	„Nun, das ist Herr Hertel.“
Verkäufer:	„Ah, Herr Hertel. Da habe ich noch eine Bitte, wenn Sie bitte so nett sind und mich bei ihm anmelden?!“
Empfangschef:	„Gern, wie war doch gleich Ihr Name?“
Verkäufer:	„Mein Name ist Fuchs, Hans Fuchs. Sagen Sie Herrn Hertel, ich möchte ihm gern ein Werkzeug zeigen, das Energie spart.“
Empfangschef:	(Wählt durch und spricht mit dem potenziellen Kunden)
Einkäufer:	„Hertel.“
Empfangschef:	„Hier Empfang. Ein Herr Fuchs, Hans Fuchs ist da, er möchte Ihnen ein Werkzeug zeigen, mit dem man Energie spart.“
Einkäufer:	„Von welcher Firma?“
Empfangschef:	„Mh?“ (Den Verkäufer anschauend)
Verkäufer-soufflierend:	„Flexo Fix.“
Einkäufer:	„Habe ich gehört, schicken Sie ihn herauf.“

Dieser Dialog war etwas länger. Die Wahrscheinlichkeit, dass wir wieder unverrichteter Dinge abreisen, ist jedoch geringer geworden. Der Einkäufer ist nun neugierig, gespannt. Voller Interesse geht er in das Gespräch. Plötzlich „vergisst“ er seine wichtige Arbeit, denn jetzt steht ein möglicher Vorteil in Aussicht.

2. Hürde: Kunde kommt zum Empfang

Es könnte nun sein, dass der Kunde uns nicht in seinem Büro empfängt, sondern selbst zum Empfang kommt. Die zweite brenzlige Situation könnte entstehen: Der Kunde kommt uns entgegen, wir stehen auf und begrüßen ihn. Wenn wir jetzt gleich die Visitenkarte überreichen, wird er uns beim Lesen der Visitenkarte kurz fragen, ob wir einen Prospekt haben, ihm eine Preisliste geben können. In einem Zweiminutengespräch meint er, informiert zu sein, und verabschiedet uns wieder im Stehen.

Deshalb: Erst das Gespräch verkaufen! Vielleicht so:

Kunde:	„Entschuldigen Sie, dass Sie einen Moment warten mussten, Hertel ist mein Name."
Verkäufer:	„Ich bin Hans Fuchs, Fuchs von Flexo Fix."
Kunde:	„Habe ich schon einmal gehört, interessiert mich, haben Sie Prospekte da?"
Verkäufer:	„Ja, selbstverständlich. Herr Hertel, es freut mich, dass Sie unsere Firma kennen. Ich habe da einige Ideen mitgebracht, die sich energiesparend für Sie auswirken können."
Kunde:	„Welche?"
Verkäufer:	„Können wir uns kurz setzen, ich möchte Ihnen gern etwas dazu zeigen."
Kunde:	(Führt zum Platz)

Die Kunst war einfach: Unser Kollege hat verstärkt Neugier geweckt, das Interesse des Kunden gefunden und so erreicht, dass er Platz nehmen konnte. Also:

Er hat zuerst das Gespräch verkauft!

Bei einem Kalt-Besuch gibt es eine ganze Reihe von „Selbstmorderöffnungen“, die wir alle kennen müssen, um sie zu vermeiden.

Selbstmorderöffnung Nr. 1: Der Programmvorsteller

„Guten Tag, Herr Kunde, Meier ist mein Name, ich wollte Ihnen einmal mein Programm vorstellen.“

Schnell wird der Kunde nach einem Prospekt fragen, diesen auch bekommen – und das war’s.

Selbstmorderöffnung Nr. 2: Der Uninformierte

„Guten Tag, Herr Kunde, ich bin schon einige Jahre hier im Gebiet und sehe immer wieder Ihr Gebäude. Heute habe ich mir gesagt, ich will doch mal sehen, was sich dahinter verbirgt.“

Peinlich, was hier dem Kunden zugemutet wird. Seine Firma zählt für ihn zu den besten dieser Welt – und ein Verkäufer kennt sie nicht. Wie kann er bei ihm kaufen? Der Kunde fragt nach einem Prospekt, wird ihn erhalten. Das war’s.

Selbstmorderöffnung Nr. 3: Der Unterwürfige

„Guten Tag, Herr Kunde, entschuldigen Sie, dass ich hier so reinplatze. Ich wollte nicht stören, nur dachte ich mir, ich könnte Sie vielleicht für unser Produktionsprogramm interessieren."

Mit solch großer Unsicherheit, die sich durch die Aneinanderreihung von Konjunktiven verrät, stempelt man sich zum Duckmäuser. Der Kunde wird nach einem Prospekt fragen und ihn auch bekommen. Das war's.

Selbstmorderöffnung Nr. 4: Der Ich-Bezogene

„Guten Tag, Herr Kunde, heute bin ich gekommen, um Ihnen mal die Wirkungsweise unserer Elektrowerkzeuge eindrucksvoll zu demonstrieren. Lassen Sie sich alles erklären, fünf Minuten Zeit haben Sie sicher."

Der Kunde spürt, dass hier nur der Verkäufer wichtig ist, er fühlt, dass ihm nur etwas aufgeschwatzt werden soll. Der Kunde fragt nach einem Prospekt, bekommt ihn auch. Das war's.

Selbstmorderöffnung Nr. 5: Der Prahler

„Herr Kunde, heute werden Sie ein Produkt erleben mit bisher für unmöglich gehaltenen Vorteilen. Wir liefern dieses Produkt in alle Welt, obwohl es erst seit vier Wochen auf dem Markt ist. Die Präzision, die diese Maschine bringt, wurde oft kopiert, nie erreicht ..."

Hier wird jeder Kunde skeptisch. Und wenn dieser Kollege nicht gleich aufhört, steigert sich das Misstrauen zur demonstrativen Abwehrhaltung. Der Kunde fragt nach einem Prospekt, bekommt ihn auch. Das war's.

Einwände sind Wegweiser zum Erfolg

Die Kaltakquise eines potenziellen Kunden (englisch: cold call) hat verschiedene Problemseiten. Nicht alle lassen sich locker und leicht überwinden.

Die Nachteile des Kalt-Besuchs können vielfältig sein. Der Kunde

1. ist nicht vorbereitet,
2. ist nicht am Arbeitsplatz,
3. fühlt sich gestört,
4. fühlt sich abgewertet,
5. hat definitiv keine Zeit,
6. ist gerade in einer Besprechung,
7. reagiert aggressiv und abweisend.

Deswegen müssen wir mit abwimmelnden Einwänden rechnen. Da es – wie die Praxis zeigt – nicht allzu viele sind, können wir uns perfekt darauf vorbereiten. Dabei hilft nun dieses Kapitel. Die häufigsten Einwände beim Kalt-Besuch sind:

1. „Habe keine Zeit!"
2. „Lassen Sie mal Prospekte beim Portier!"
3. „Herr XY ist gerade nicht zu stören!"
4. „Gespräche nur nach vorheriger Anmeldung!"

Dies sind typische Kontaktwiderstände. Sie zu überwinden ist die große Kunst. Machen wir uns an die Arbeit!

Erster Einwand: Habe keine Zeit!

Das kann die Wahrheit sein. Gelegentlich ist es Vorwand oder Wichtigtuerei. Manchmal auch nur Frust, dass wieder einmal etwas dazwischenkommt. Sie müssen also sehr vorsichtig bei der Behandlung dieses Einwandes sein.

Generell haben Sie vier Möglichkeiten der Behandlung:

1. Sie überhören den Einwand.
2. Sie argumentieren mit der Zeitnot.
3. Sie vereinbaren sofort einen Termin.
4. Sie „verkaufen“ die hohe Priorität Ihres Gesprächs.

Das *Überhören* eines Einwandes ist eine grobe Unhöflichkeit. Auch wenn die Zeitnot nur ein Vorwand ist, wird der Kunde registrieren, dass Sie ihm nicht zugehört haben. Die Aggression steigt, auch wenn Sie Zeit für ein Gespräch bekommen. Er wird nicht kaufen.

Wer mit der Zeitnot argumentiert, klingt möglicherweise allzu schlau: „Dann komme ich ja gerade richtig. Bestimmt kann ich Ihnen in wenigen Minuten einen Weg aufzeigen, wie Sie persönlich Zeit sparen können.“

Vielleicht ein bisschen zu intelligent, zu spitzfindig und damit suggestiv. Möglicherweise wird es ein Bumerang.

Empfehlenswerter ist, einen *Termin zu vereinbaren.* Denn wenn er jetzt keine Zeit hat, hat er ein anderes Mal Zeit. Wir sagen ihm kurz, dass es uns leid tut, dass wir ihn jetzt aus einer Arbeit herausgeholt haben, zeigen Verständnis für sein Zeitproblem und fragen, welcher Wochentag ihm für ein Gespräch am geeignetsten erscheint.

Am besten ist es zu versuchen, die *Priorität des Gesprächsanlasses* nach vorn zu bekommen. Denn grundsätzlich hat jeder Mensch am Tag 24 Stunden Zeit. Man nimmt sie sich aber nur für das Wesentliche. Unwichtiges wird verschoben.

Erklären wir kurz die Bedeutung des Gesprächsinhalts und dessen Auswirkung auf zum Beispiel die Wirtschaftlichkeit in der Produktion. Der Kunde wird uns sagen, dass man dazu einen Termin vereinbaren oder kurz 20 Minuten warten soll. Wenn das Interesse des Kunden erst geweckt ist, geht alles viel leichter.

Zweiter Einwand: Lassen Sie mal Prospekte beim Portier!

Auf keinen Fall dürfen nur Prospekte mit einer angehefteten Visitenkarte überreicht werden. Sie müssen die Prospekte so gestalten, dass sie beim definitiven Empfänger eine hohe Aufmerksamkeit erwecken und dass Ihr Anruf mit Interesse erwartet wird. Kennen Sie noch die Antworten auf den ähnlich gelagerten Einwand „Schicken Sie mal Unterlagen!“ der telefonischen Terminvereinbarung in Kapitel 8.

Ihre Aktivitäten: Auf den Prospekt schreiben Sie vorne den Namen des Kunden, in den Prospekt schreiben Sie ein paar wichtige, den Nutzen verstärkende Worte, und auf der Rückseite des Prospektes kreisen Sie Ihre Telefonnummer ein, notieren Sie auch Ihre Handynummer.

Auch die Visitenkarte soll nicht einfach daraufgeheftet werden. Ein kleiner Gruß, der Name des Kunden, und die Visitenkarte wird verbindlicher.

Wenn Sie den Kunden nicht antreffen, dann hinterlassen Sie immer eine Visitenkarte, auf deren Rückseite ein kleiner Brief geschrieben ist. Sie verfehlt ihre Wirkung nicht.

Dritter Einwand: Herr XY ist gerade nicht zu stören!

Vom Portier oder der Sekretärin des Gesprächspartners hören wir, dass der Gesprächspartner nicht zu stören oder in einer Besprechung ist. Wahr oder nicht wahr? Die Situation ist schwierig.

Leider versuchen nur wenige Verkäufer, die Sekretärin zur Weggenossin zu machen. Der Profi informiert sie kurz über sein Anliegen und die Vorteile für den Betrieb. Damit werten Sie sie in ihrer Wichtigkeit auf. Möglicherweise kann sie Ihnen einen Termin geben.

Gelingt dies nicht, müssen Sie einen neuen Weg einschlagen. Sagen Sie der Sekretärin, dass Sie sich noch einmal telefonisch melden, ein Fax oder eine E-Mail schicken. Auf jeden Fall lassen Sie ihr zwei Visitenkarten da. Eine ist für den Chef.

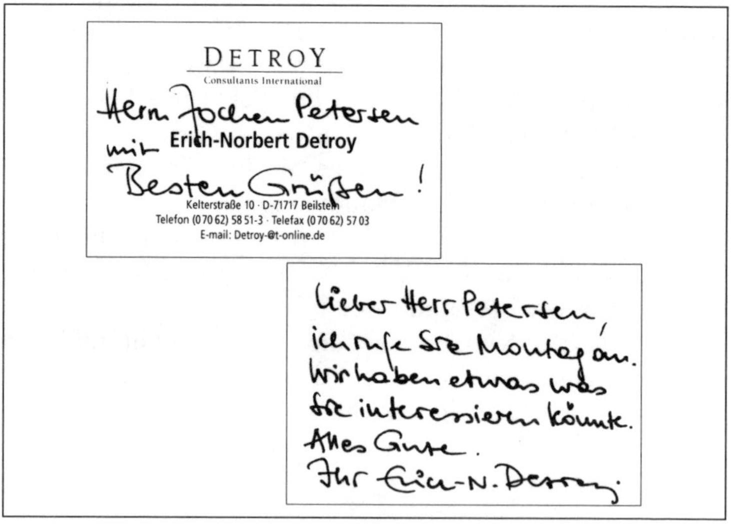

Abb. 29: Die Visitenkarte als Botschafter

Vierter Einwand: Gespräche nur nach vorheriger Anmeldung!

Der Fall ist im Prinzip einfach: Sie bedanken sich freundlich für die Information und vereinbaren einen Termin.

Bleibt der Kunde hartnäckig ablehnend oder kann die Sekretärin beziehungsweise der Stellvertreter keinen Termin vereinbaren, dann rufen wir etwas später beim Kunden an, um den Gesprächstermin zu bekommen. Vielleicht warten wir sogar eine Weile, damit bei ihm die erste Wut über unser unangemeldetes Hereinplatzen verraucht ist.

Wichtig ist, dass Sie immer wieder realisieren, dass das Ziel eine langjährige Zusammenarbeit mit dem Kunden ist. Das verträgt keine Hochdruckmethoden bei der Einwandbehandlung. Mit reiner Dialektik den Termin bekommen heißt, dass der Kunde uns irgendein anderes Problem auftischen wird. Eine gute Zusammenarbeit soll harmonisch beginnen. Harmonie entsteht nur, wenn alle Beteiligten ihre kurz- und langfristigen Interessen wahren können.

Von goldenen Wartezeiten

Ob mit oder ohne Termin: Wir müssen immer wieder warten.

Manchmal sind Wartezeiten nicht zu vermeiden. Wir sind zu früh oder der Termin des Kunden verlängert sich. Es kann auch eine Taktik des Kunden sein, um zu zeigen, wer „Herr im Hause“ ist.

Wichtig ist, wie wir mit Wartezeiten umgehen. Was wir daraus machen. Manche Verkäufer lassen sich alles gefallen. Sie warten zehn, zwanzig, dreißig Minuten und mehr.

Sie zeigen dann, wenn der Kunde kommt, freudig strahlend noch ihre Unterwürfigkeit. Der Kunde muss kein schlechtes Gewissen haben.

Ein bisschen ein schlechtes Gewissen sollte der Kunde schon haben, wenn er uns durch seine Schuld warten lässt. Zeigen wir genügend Zivilcourage, melden wir uns nach zehn Minuten Wartezeit über dem Termin bei der Sekretärin mit der höflichen Frage „Frau Fröhlich, sagen Sie, was meinen Sie, wird's noch länger dauern?“, und wir werden von ihr eine Antwort bekommen.

Vielleicht sagt sie uns, dass es nur ein kurzes Gespräch ist, das ihr Chef noch am Telefon führt, oder aber sie appelliert bei ihm an die Pünktlichkeit des Termins. Damit wird sie zu unserer Verbündeten.

Wir dürfen unsere Ungeduld nicht in Überheblichkeit gleiten lassen, nach dem Motto: „Der hat es wohl nicht nötig!“ Die Botschaft kommt bei der Sekretärin an. Sie wird sie unverblümt weiterleiten.

Was können wir tun, wenn wir warten müssen? Mancher Kollege wartet im Sinne des Wortes, er wartet. Er tut dabei nichts, denkt nichts. Allmählich kommt der innere Frust auf, der ihm sagt, dass er gar nicht so wichtig sei, dass er schon immer gewusst hätte, dass er bei der falschen Firma ist. So lenkt er mental seine Lähmung in die Argumentation. Er wird nicht mehr begeistern können. Diese *Wartezeit* war nicht nur *verlorene Zeit*, sie war schädlich.

Verkäufer kennen drei Arten von Wartezeiten und nützen sie.

1. Die bronzene Wartezeit

Hier nutzen Sie die Zeit, um im PC vorhandene Kundeninformationen noch einmal zu lesen, zu überlegen, was Sie sagen wollen, mögliche Fragen in Gedanken zu formulieren. Im Ansatz ist dieses Verhalten gut.

2. Die silberne Wartezeit

Die Vorbereitung über Kundendaten, Argumente und Fragen sowie Ihre Ziele fanden natürlich vor dem Besuch statt.

Durch die Wartezeit haben Sie Zeit, beim Kunden „Witterung aufzunehmen“. Sie lesen dessen Prospekte, schauen sich dessen Produkte in den Vitrinen an, nehmen die Atmosphäre des Unternehmens in sich auf. Das entspannt, macht wissend, gibt Ihnen im Gespräch einen inneren Vorsprung.

3. Die goldene Wartezeit

Krönen Sie Ihre Wartezeit! Nutzen Sie die Chance, um beim Unternehmen dem Entscheidungsträger zuarbeitende Kräfte kennen zu lernen. In einem kurzen Gespräch erfahren Sie viel über das Unternehmen, seine Produkte und Märkte. Vielleicht sogar über Ihren Gesprächspartner.

Wegen der Kraft der goldenen Wartezeit gibt es sogar Verkäufer, die bewusst früher da sind. Das Schlimmste, was solchen Kollegen passieren kann, ist, dass der Kunde bereits gesprächsbereit ist.

Die begeisternde Argumentation

Argumentieren heißt Gründe liefern für den Kauf. Ein Argument ist ein Beweisgrund oder eine Begründung.

Wir müssen dem Kunden Gründe liefern. Gründe für was? Nun, der Kunde fragt sich, während wir mit ihm sprechen:

„Was habe ich davon?"

Deswegen wartet er auf den Nutzen, den unser Produkt für Ihn hat.

Erfährt er keinen Nutzen, spürt er nur das dialektisch-argumentative „Überreden" des Verkäufers, dann schwenkt dieser Gedanke schnell um in die Haltung:

„Der will ja nur etwas von mir!"

Bestärkt sich der Kunde in dieser Denkweise, dann kommen die Widerstände am laufenden Band. Wir haben die innerliche Mitarbeit des Kunden, die wir bei jeder Argumentation benötigen, nicht mehr.

Todsünden in der Argumentation

In der Argumentation werden immer wieder die gleichen Fehler gemacht. Entweder sprechen wir zu offensichtlich und zu banal von allgemeinen Superlativen. Das Beste, das Schönste, das Tollste – diese Argumente haben ausgedient. Kein Verkäufer kommt und sagt, er habe das Zweitbeste, das Zweitschönste. Misstrauen des Kunden ist angebracht. Misstrauen ist unsere fatale Ernte.

Der andere Fehler ist, dass Verkäuferkollegen mit allzu hochstehendem Fachwissen versuchen zu brillieren. Sie bringen zu viele Anglizismen, führen ein zu verwissenschaftlichtes Fachgespräch. Der Kunde nickt zwar, gibt aber nicht zu erkennen, dass er das eine oder andere nicht versteht. Der Kunde schaltet allmählich ab.

Vermeiden wir diese beiden Todsünden, die banalen Superlative und die überzogene Fachsprache.

Der positive Argumentationsansatz

Grundsätzlich gibt es zwei Methoden, um einen Kunden für unsere Produkte zu gewinnen:

1. Die Methode, Merkmale zu nennen, den Nutzen daraus abzuleiten und schließlich um die Zustimmung des Kunden zu fragen.
2. Die Methode, den Kunden zuerst nach seinen Wünschen/Motiven zu fragen, dann die entsprechenden Argumente zu bringen, um schließlich zur gemeinsamen Übereinstimmung zu kommen.

Methode 1: Vom Merkmal über den Nutzen zur Zustimmung

Aus Merkmalen kann ein Kunde nicht ohne weiteres seinen Nutzen ableiten. Wir müssen ihm dabei helfen. Durch den einfachen inneren Gehirn-Schaltblock: „Das bedeutet für Sie ...!“

So üben wir selbst, immer den Nutzen aus einem Merkmal zu erwähnen. Das Gespräch wird zwar leicht suggestiv, aber wir spüren unmittelbar die Teilnahme des Kunden.

Beispiel

Der Verkäufer möchte den Kunden von der leichten Bedienbarkeit einer Maschine begeistern.

Verkäufer:	„Herr Kunde, Sie erwarten, dass sich die Maschine auch von angelernten Kräften leicht bedienen lässt?“
Kunde:	„Ja, das stimmt.“
Verkäufer:	„Sehen Sie, der Servo-Knopf befindet sich leicht und bequem erreichbar hier ...“
Kunde:	„Ah ja, der lässt sich wirklich leicht erreichen.“
Verkäufer:	„Das ist der erste Vorteil. Der zweite ist, dass durch die Symbole die Maschine besonders simpel zu bedienen ist. Vorteil?“
Kunde:	„Ja, sicher.“

Für den Kunden war alles logisch aufgebaut, nachvollziehbar, der Vorteil direkt erkennbar. Diese Argumentationsmethode ist einfach. Sie benötigt nur etwas Übung. Der Rhythmus ist immer:

Merkmal → Nutzen → Zustimmungsfrage

Methode 2: Von der Analyse über die Beratung zum Konsens

Bei dieser Methode fragt der Verkäufer zuerst den Kunden sehr grundsätzlich nach seinen Vorstellungen, Erwartungen und Anforderungen. Diese werden notiert, damit der Kunde seine Wichtigkeit spürt. Wir sprechen von der Analyse des Kunden.

Jetzt arbeitet der Verkäufer Punkt um Punkt ab, argumentiert bei jeder Anforderung, gewinnt den Kunden für seine Lösung. Diese Beratung begeistert.

Anschließend fragt er – entweder bei jedem Punkt einzeln oder in der Summe – nach der Zustimmung des Kunden. Damit sind wir beim wichtigen Konsens.

Beispiel

Es handelt sich um ein größeres Computernetzwerk-Projekt und das erste Kennenlernen mit dem Kunden. Die grundsätzlichen Anforderungen müssen analysiert werden.

Verkäufer: „Herr Kunde, es geht um Netzwerke. Und da gibt es viele Lösungen. Lösungen können kapazitätserweiternd sein oder eine höhere Flexibilität bringen. Mich interessiert, was Ihre Anforderungen sind?“

Kunde: „Nun, das ist ganz einfach. Zuerst ist wichtig, dass der Umbau am Wochenende stattfinden kann, so dass wir keinen Kommunikationsverlust hinnehmen müssen.“

Verkäufer: „Ja, Wochenendmontage, ich schreibe es mir mal auf.“

Kunde: „Dann ist wichtig, dass wir nicht alle ein bis zwei Jahre wieder neu entscheiden müssen, sondern schon die Perspektive auf vier bis fünf Jahre legen können.“

Verkäufer: „Richtig, ständiges Umorganisieren ist lästig und kostet Geld. Ich notiere Nutzbarkeit fünf Jahre. Haben Sie sonst noch eine Anforderung?“

Kunde: „Ich weiß nicht so genau ...“

Verkäufer: „Wie steht es mit der Datensicherung in Ihrem Hause, Sie wissen schon ...“

Kunde: „Ja, abstürzen darf natürlich nichts."
Verkäufer: „O.K., ich notiere noch Datensicherung."

Unser Verkäufer hat in Ruhe die Wünsche des Kunden analysiert. Als der Kunde noch zögerlich war, hat er an eine Anforderung, die der Datensicherung, erinnert. Der Kunde bestätigt diese. Unser Verkäufer hat also jetzt eine Übersicht der Anforderungen.

Da er alle Anforderungen notiert hat, fühlt sich der Kunde wohl, denn er stand im Zentrum. Der Kunde weiß, dass er gut aufgehoben ist. Er hat Vertrauen gewonnen.

In der folgenden Phase wird unser Verkäufer auf jeden Punkt eingehen, Argumente liefern, die die Anforderungen des Kunden erfüllen. Er kann den Kunden richtig beraten.

Unser Kollege hat zwei Möglichkeiten: Entweder er fragt nach jedem Punkt, ob der Kunde damit zufrieden ist, oder er fragt ganz am Schluss, ob durch seine Schilderungen alle Wünsche des Kunden erfüllt sind und der Kunde damit Vertrauen in die Leistungsfähigkeit seiner Firma hat.

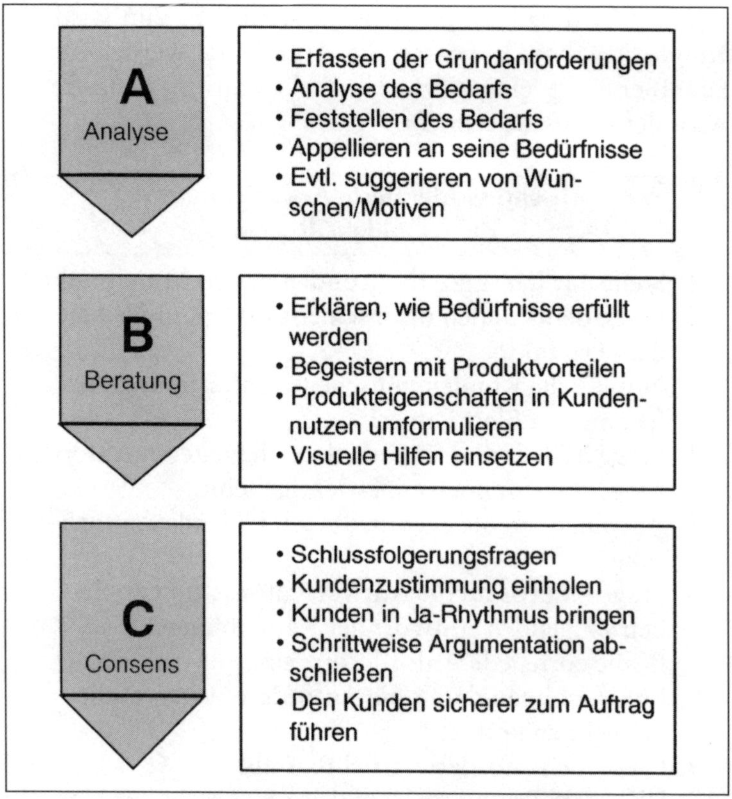

*Abb. 30: Das große ABC erfolgreicher Argumentation**

Bestätigt dies der Kunde, dann war das Gespräch erfolgreich. Der Kunde spürt gleich, dass er es mit einem ernst zu nehmenden Partner zu tun hat. Das wiederum gibt ihm wieder das Gefühl, dass dieser Verkäufer sich auch für ihn einsetzen wird. Diese Methode der Argumentationslogik wurde im Grunde von Jan L. Wage bereits 1954 entwickelt.

* Siehe Jan L. Wage: „Psychologie und Technik des Verkaufsgesprächs", verlag moderne industrie, Landsberg/Lech, 1984.

Die ABC-Logik ist ein Sensorsystem. Mit ihm wird der Kunde A-nalytisch erfasst, die Argumente werden gezielt zur B-eratung eingesetzt. Über die Zustimmungsfragen wird der C-onsens erreicht.

Abschlussorientierte Argumentation
Zehn Goldene Regeln

1. Stelle das Ich (Ego) des Kunden in den Mittelpunkt!
2. Frage den Kunden nach seinen Anforderungen an dein Produkt!
3. Notiere die Kundenwünsche (= Anforderungen) sofort auf ein Blatt Papier!
4. Frage höflich und freundlich nach weiteren Anforderungen, wenn noch eine wichtige fehlt!
5. Appelliere an die eventuell noch fehlende Anforderung!
6. Frage – bevor du die Antwort gibst –, ob von der befriedigenden Antwort der Kauf abhinge!
7. Beantworte jede Anforderung einzeln!
8. Frage, ob man damit die Anforderung als erfüllt bezeichnen könne!
9. Hake die Anforderung sichtbar ab!
10. Übersetze Produktmerkmale (= Eigenschaften) immer in Kundennutzen!

PS: Ein Verkaufsgespräch ohne Abschluss ist wie ein spannender Roman, bei dem die letzten Seiten fehlen.

Professionelle Produktpräsentation

Lee Iacocca, der legendäre CEO von Chrysler, erzählt in seinem Buch „Eine amerikanische Karriere“ von seinen schwindenden Erfolgen, als er noch Verkäufer bei Ford in den USA war. Sein grübelndes Nachdenken brachte ihn auf die Lösung. Er verkaufte schon längere Zeit PKWs, allmählich wurde alles zur Routine, seine innere Begeisterung nahm ab. Seine Argumentation und Produktpräsentation wurden farbloser. Einsicht bringt Weitsicht. Er konzentrierte sich wieder und legte alle Energie in seine Verkaufsgespräche. So schreibt er wörtlich: „... und als ich lernte, besser zu präsentieren, stiegen meine Umsätze.“

Ein Verkaufsgespräch vergisst der Kunde schnell, denn Hören mobilisiert unser Gedächtnis nur wenig. Das Geheimnis liegt im Notieren. Wir müssen den Kunden bewegen, sich unser Verkaufsgespräch zu notieren. Das gelingt am besten, wenn er etwas erlebt hat.

Erst wenn wir die visuellen Empfangskanäle des Kunden geöffnet haben, steigern wir die Erinnerungsintensität. Damit muss unsere Präsentation etwas ganz Besonderes sein, etwas Beeindruckendes.

Machen wir unser Verkaufsgespräch durch eine professionelle Produktpräsentation zu einem bleibenden Erlebnis.

Zwölf Empfehlungen für professionelle Produktpräsentation

Empfehlung Nr. 1: Die Vorführung muss uns selbst faszinieren!

Wir können andere nur begeistern, faszinieren, wenn wir von einer Sache selbst fasziniert sind. In uns selbst muss eine Kraft wach werden, die das Produkt beginnt zu lieben, so stark, dass es zu leben beginnt.

Sie kennen doch die Sage von Pygmalion: In der Antike meißelte ein Bildhauer eine weibliche Gestalt in Stein. Diese gelang ihm so gut, dass er allmählich begann, sich in sie zu verlieben. Als das Werk beendet war, umarmte er seine Steinskulptur. Ein Blitz kam vom Himmel. Durch eine wundersame Fügung erwachte die Figur, wurde zu Fleisch und Blut.

Erst dann, wenn wir unser Produkt lieben, beginnt es zu leben. Unsere innere Ungeduld, anderen davon zu berichten, wird immer größer, Fröhlichkeit kommt in unsere Stimme und unterstreicht die Wertigkeit unseres Produkts. Bei einer aufwertenden Geste

- zeigen die Handflächen nach oben,
- signalisiert ein Schnalzen mit der Zunge Bewunderung,
- zeigt ein feinfühliges In-die-Hand-Nehmen Hochachtung.

Wir können vom Kunden keine Hochachtung vor unserem Produkt erwarten, wenn wir diese nicht selbst haben.

Empfehlung Nr. 2: Die Produktdemonstration muss gut vorbereitet sein!

Vorbereitet zu sein heißt, nichts zu vergessen. Wer nicht vorbereitet ist, zeigt dem Kunden auch sein Desinteresse. Die Präsentation gelingt nicht.

Vor jeder Präsentation müssen wir festhalten, was und wie wir etwas zeigen wollen und in welcher Reihenfolge wir das tun.

Nur wer eine innere Struktur hat, wird für den eigentlichen Dialog mit dem Kunden „frei“.

Vor der Präsentation

- muss die Organisation stimmen,
- muss dafür gesorgt werden, dass Ordnung herrscht,
- darf im Einflussbereich nichts stören,
- muss ein Produkt am besten „solitär“ auf einem schwarzen Tuch mit Lichtspot platziert werden und
- müssen konträre Farben den Hintergrund gestalten.

Nicht vergessen die periphere Organisation:

- Beim PC darf die Programmdiskette nicht fehlen.
- Bei Arbeitslampen für Grubenarbeiter müssen die Batterien überprüft werden.
- Beim PKW darf das rote Lämpchen des Tankinhalts nicht leuchten (Rot ist Warnung und Stoppzeichen zugleich).
- Ein Kabelsalat lässt auf komplizierte Installation schließen.
- Unaufgeräumte Verpackungskartons werden als Schlampigkeit ausgelegt.

Empfehlung Nr. 3: Die Produktpräsentation muss logisch sein!

Unser Ablaufplan muss eine Logik haben. Die Bedienung, der Gebrauch muss so einfach zu erkennen sein, dass der Kunde sofort Lust hat, es auch zu bedienen.

So ermöglichen wir „Lernen“. Lernen ist nur möglich durch System.

Beispiele:

- Beginnen Sie immer mit einer Gesamtübersicht dessen, was Sie zeigen und erklären wollen.

- Danach gehen Sie ins Detail, logisch und nachvollziehbar, damit der Zusammenhang erkennbar wird.
- Die Argumentationsqualität steigt fortlaufend (nicht stark beginnen und schwach enden).
- Vergessen Sie das Resümee nicht, d. h., alle Details zu einem Gesamt-Erlebnis zusammenfügen.

Dies ist ein so genanntes deduktives Vorgehen, wobei man vom Gesamten auf das Einzelne schließt. Das deduktive Vorgehen ist von den meisten Menschen am besten nachvollziehbar.

Empfehlung Nr. 4: Die Produktpräsentation muss eine klare Zielsetzung haben!

Das Ergebnis einer Vorführung muss sein, dass der Kunde unser Produkt gleich behalten will. Dazu ist notwendig, dass er bei der Demonstration selbst Spaß hat und sein Wunsch, es zu besitzen, zunimmt.

Der französische Verkaufstrainer Marcel Chapotin spricht von der AIHV-Formel und meint damit: „Angefasst ist halb verkauft!" Lassen wir den Kunden gezielt anfassen. Anfassen entwickelt Besitztrieb.

Zielsetzung zwingt zur Konsequenz. Vor Beginn der Präsentation stellen wir einstimmende Fragen:

- „Ihnen kommt es doch auf ... an?"
- „Präzision, Haltbarkeit und Servicefreundlichkeit ... das sind doch Ihre drei Anforderungen, oder?"

Während der Präsentation gehen wir auf die Anforderungen des Kunden ein und fragen am Schluss: „Konnte ich damit Ihre Anforderungen erfüllen?"

Empfehlung Nr. 5: Die Produktpräsentation müssen Sie im Schlaf beherrschen!

Während der Präsentation kümmern wir uns ausschließlich um den Kunden und nicht um die Bedienungselemente. Mit Dilettantismus verkauft es sich schlecht. Clevere Verkäufer studieren die Handhabung zu Hause ein. Wenn wir alles „blind“ beherrschen, gehen wir zum Kunden.

Der Kunde muss während der Vorführung den Eindruck der leichten Bedienbarkeit haben, damit er sich und seinen Mitarbeitern dessen einfache Beherrschung zutraut.

Ein neues Produkt hat – auch wenn es sich nur um ein verändertes Produkt handelt – auch neue Seiten. Die Bedienungselemente sind gewöhnungsbedürftig, die Effekte sind anders. Wenn wir davon erst beim Kunden überrascht werden, ist es zu spät. Das bedeutet für die Praxis:

- Ein PC-Verkäufer testet das Gerät sicherheitshalber schon zu Hause.
- Ein Fahrradverkäufer testet sein Zweirad erst einmal bei einer Wochenendtour.
- Ein Handtuchverkäufer testet die Qualität beim täglichen Duschen zu Hause.

Empfehlung Nr. 6: Die Präsentation muss das Kundeninteresse in den Mittelpunkt rücken!

Was nützt es, das Beschleunigungsvermögen eines PKWs vorzuführen, wenn der Kunde nur gemäßigt fahren will? Warum muss ein Verkäufer demonstrieren, wie der Kopierer sogar briefmarkengroße Blättchen einzieht, wenn der Kunde nur A4 zu kopieren hat?

Und wie peinlich ist es, wenn der Reisebüroverkäufer einem schwer Herzinfarktgeschädigten eine Bergtour verkaufen möchte.

Kundeninteresse geht vor Verkäuferinteresse.

Stellt der Verkäufer seine eigenen Ideale in den Mittelpunkt, wird es zwar eine schöne Selbstverwirklichung, bringt dem Kunden aber nichts. Deswegen muss vor einer Vorführung immer gründlich analysiert werden, was der Kunde will:

- Geschwindigkeit oder Zuverlässigkeit?
- Sparsamkeit oder Dynamik?
- Klein und elegant oder groß und stabil?

Beispiele: Ein guter Verkäufer stellt vor seiner Produktpräsentation immer Startfragen:

- „Was darf ich Ihnen alles zeigen?"
- „Was erwarten Sie von dem Produkt?"
- „Worauf legen Sie Wert?"
- „Welche Anforderungen haben Sie an das Gerät?"

Empfehlung Nr. 7: Die Präsentation muss höchste Aufmerksamkeit wecken!

Bedenken Sie: Kunden haben viele Informationen zu verkraften, ständig ihre Arbeit zu bewältigen und eigene Prioritäten. Der Verkäufer, der nicht in der Lage ist, Aufmerksamkeit zu wecken und Spannung aufzubauen, wird vergessen. Aufmerksamkeit wecken wir durch

- ankündigende Hinweise,
- Pausen vor neuen Argumenten,
- freudige Zuversicht,
- Wechsel des Tonfalls,
- einstimmende Fragen,
- verblüffende Effekte.

Beispiele

- Der Verkäufer stellt eine Sanduhr auf, bei welcher der „Sand“ nach oben läuft (siehe Abbildung 31 auf der folgenden Seite).
- Ein Verkäufer kündigt an: „Heute habe ich eine besonders heiße Ware dabei!“
- Ein Kollege reibt sich die Hände vor Freude, bevor er seine Präsentation beginnt.

Achtung! Vorsicht bei allen Effekten, der Gag darf nicht dominieren und die Hauptsache überdecken oder gar von Fehlern ablenken.

Empfehlung Nr. 8: Die Präsentation muss einprägsam sein!

Was der Kunde vergisst, ist wertlos. Als Verkäufer müssen wir einige mnemotechnische (das Gedächtnis betreffende) Techniken beherrschen.

Damit sich der Kunde vieles merken kann, müssen wir auf angenehme Weise wiederholen, ohne belehrend zu wirken. Wir sagen zum Beispiel: „Also, ich fasse kurz zusammen ...“

Das Erlebte darf und muss durch einen Appell „eingehen“: „Merken Sie, wie einfach der Schalter selbst mit einem Arbeitshandschuh zu bewegen ist?“

Abb. 31: „Paradoxe" Sanduhr

Aufzählungen sollen nicht einfach nur so dahingeplappert werden. Es ist gut, die Zahl der Vorteile von Anfang an zu nennen: „Herr Kunde, dieses System hat fünf entscheidende Vorteile." Der Kunde kann sich nicht alle fünf Vorteile merken, aber er weiß, es waren fünf.

Verwenden wir auch magische Zahlen wie 5, 7, 8, 10 und 12 bei den Aufzählungen. Es gibt Fünfjahrespläne, die sieben Schwaben, die Zehn Gebote – und zwölf Stunden hat der Tag.

Beispiel: Alles, was wir vorführen, sollten wir

- vom Kunden nachvollziehen lassen,
- ihn tun lassen,
- tun lassen und
- noch mal tun lassen!

Empfehlung Nr. 9: Die Präsentation muss nachvollziehbar und glaubhaft sein!

Immer wieder erlebt man, dass mit Tricks und Gags gearbeitet wird. Diese können sehr effektvoll sein, wenn sie aber nicht absolut zu einem Produktnutzen passen, verwirren sie eher.

Beispiel: Um auf eine unkonventionelle Lösung hinzuweisen, fragt der Verkäufer: „Herr Kunde, gibt es runde Würfel?" Streng von der Geometrie her kann es dies nicht geben. Ein Würfel hat Ecken und Flächen. Doch es gibt „den runden Würfel" (Abb. 32 auf der folgenden Seite)! Natürlich muss man dann dem Kunden erklären, dass in der Kugel Vertiefungen sind, in die wiederum eine Kugel fällt, die dann den „runden Würfel" tatsächlich so fixiert, dass die gewürfelte Zahl oben liegen bleibt.

Empfehlung Nr. 10: Die Präsentation muss den Kunden aktivieren!

Von klein auf haben wir einen Spieltrieb, den Manager leider unterdrücken müssen. Wer kennt nicht den Geschäftsmann, der zu Hause eine Modelleisenbahn hat?

Abb. 32: Runde Würfel

Deswegen lassen wir den Kunden mit unserem Produkt „spielen". Spielerisch soll er erleben, wie einfach unser Produkt zu bedienen, zu handhaben oder zu verwerten ist.

Über das Spielen entwickelt sich der Wunsch nach Besitz, sofern es dem Kunden gelingt, das „Spiel" zu beherrschen.

Beispiele:

- Vor einiger Zeit kamen die „Westentaschencomputer" auf den Markt. Sie können Adressen speichern, Telefonnummern notieren, Termine verwalten. Ja, man kann sogar Notizen ohne Tastatur machen. Dazu hat das Gerät ein Schreibfeld. In Blockbuchstaben geschriebene Worte kann der Computer erkennen und speichern. Dieses Gerät muss natürlich intensiv vorgeführt, dem

Kunden in die Hand gegeben werden. Es bedarf keiner großen Aufforderung, er möchte es selbst erleben, wie alles funktioniert, er schreibt voller Begeisterung.

- Nähen zu Hause ist aus der Mode gekommen. Leider, denn etwas selbst Geschaffenes macht richtig stolz. Elektrische Nähmaschinen sind aber nur durch Vorführung zu verkaufen. Die Verlockung dazu ist eine Modeschau mit Selbstgeschneidertem inklusive Gutschein für einen Schnellkurs.

Empfehlung Nr. 11: Die Präsentation muss Blickkontakt zum Kunden sichern!

Nur unser Blickkontakt verschafft uns die Bestätigung, die wir brauchen. Nickt der Kunde oder legt er die Stirn in Falten? Spitzt er die Lippen zu einem unhörbaren Hochachtungspfiff oder legt er skeptisch den Kopf zur Seite? Blickt er von oben herab oder ist er vor Verwunderung perplex?

Es ist absolut wichtig, den Kunden ständig zu beobachten, damit wir erkennen können, inwieweit er sich bereits mit unserem Produkt identifiziert und den Kauf bereits erwägt.

Deswegen muss das Produkt „blind" beherrscht werden (vgl. die Empfehlung Nr. 5, Seite 237).

Empfehlung Nr. 12: Die Präsentation soll den Kunden in den Ja-Rhythmus bringen!

Die Technik, durch aufeinander folgende Fragen, die mit Ja zu beantworten sind, andere in einen Zustimmungsrhythmus zu bringen, ist schon aus der Antike bekannt.

Gerade eine Vorführung bietet die Möglichkeit, unsere Verkaufstechnik nicht allzu offensichtlich werden zu lassen.

Der Kunde kümmert sich dann mehr um das Produkt, konzentriert sich auf die Inhalte.

Deswegen lassen wir während unserer Präsentationsdetails den Kunden immer wieder ein angenehmes

- „Stimmt's?"
- „Überzeugt?"
- „Gut, wie?"

hören. Ist er von den Vorteilen überzeugt, wird er gern seine Zustimmung geben. Je häufiger wir diesen Konsens erreichen, desto höher ist der zwischenmenschliche Konsens und die Bereitschaft, zu kaufen.

Professionelle Produktpräsentation Zehn Goldene Regeln
1. Eine gute Vorführung muss die Kundeninteressen berücksichtigen (nicht die eigenen)! 2. Eine perfekte Vorführung muss den Kunden aktivieren und in zustimmenden Dialog bringen! 3. Auch bei der eindrucksvollsten Produktdemonstration dürfen wir den Blickkontakt nicht verlieren! 4. Die 6-A-Regel verschafft uns die für einen Erstauftrag benötigte Langfristwirkung! 5. Assoziieren wir unser Produkt mit altbekannten Dingen des täglichen Lebens, vor denen der Mensch Hochachtung und Ehrfurcht hat! 6. Schaffen wir optisch-wirkungsvolle Vergleiche! 7. Zeigen wir mehr, reden wir weniger! 8. Greifen wir zu aufmerksamkeitserregenden Hilfsmitteln der Argumentation! 9. Lassen wir den Kunden mit unseren Produkten „spielen“! 10. Haben wir etwas Mut bei der Produktdemonstration – denn eine „graue Maus“ wird schnell vergessen! PS: Beeindrucke durch eine gekonnte Präsentation!

Abschied ohne Reue

Viele Verkaufsgespräche verlaufen sich am Schluss in Banalitäten. Mancher Verkäufer kann sich gar nicht verabschieden, weil er spürt, dass das Gespräch so gut doch nicht war.

Auch ist es falsch, das Gespräch einfach abrupt abzubrechen und dem Kunden so zu signalisieren, dass es eigentlich nur um das Geschäft ging. Denn es muss klar sein:

- Für den ersten Eindruck gibt es keine zweite Chance!
- Der letzte Eindruck bleibt!

Also, was hält uns davon ab, einen wunderbaren Schluss zu zaubern?

Natürlich fällt einem ein solcher nicht einfach so ein. Man muss schon sein Gehirn in Bewegung setzen, kreativ werden, um beim Kunden den Funken der Begeisterung, den wir bei der Begrüßung auslösten, zu einem nicht verlöschenden Freudenfeuer werden zu lassen ...

Fragen wir uns doch aufrichtig: Ist unser letzter Eindruck so gut, dass uns der Kunde fast nicht gehen lassen will, sich gar nach unserem Abschied danach sehnt, uns wiederzusehen?

Ein Danke darf nicht fehlen

Er hat uns schließlich seine Zeit geschenkt, seine Aufmerksamkeit gewidmet, war ganz für uns da. Bekommt er keinen Dank, wird er sich beim nächsten Mal vielleicht sogar verleugnen lassen.

Freude schafft Freunde

Wenn wir am Schluss unseres Gespräches nicht unsere Freude darüber ausdrücken, wie gut es uns bei ihm gefallen hat, werden wir kaum Vorfreude für unsere nächste Kontaktaufnahme mobilisieren können.

Neugier macht ungeduldig

Getreu dem Gesetz des Fortsetzungsromans sollten wir immer auch noch eine Überraschung für das „nächste Mal" vorbereitet haben. Kündigen wir sie an.

Ein netter Smalltalk

Verabschieden wir uns nicht ohne ein fröhliches „Gute Zeit", eine kurze Bitte um eine Wegbeschreibung oder eine aufrichtige Nettigkeit, die mit dem sichtbaren Umfeld des Kunden zu tun hat.

Wichtig: Auf den Abschied kommt es an!

Der erste Auftrag – in weiter Ferne?

Vielleicht können Sie sich ja noch eins ergattern oder Sie haben es bereits, mein längst vergriffenes Urverkaufsbuch „Abschlusstechniken beherrschen und gekonnt einsetzen". Es erschien 1979, also zu einer Zeit, in der die Kunden noch wenig aufgeklärt waren. Hochdrucktechniken beim Abschluss waren damals ganz normal, kaum ein Kunde zürnte deswegen.

Das Buch wurde deswegen nicht mehr aufgelegt, weil ich heute zum Verkaufen eine modifizierte Einstellung habe.

Abschlusstechnik: Kunden zu helfen, eine vernünftige Entscheidung zu treffen.

Vernünftig ist, was wir ihm vorgeschlagen haben, sonst müssten wir den Beruf wechseln. Wenn also vernünftig ist, was wir vorgeschlagen haben, dann ist es mehr als redlich, dafür zu sorgen, dass diese Empfehlungen auch Wirklichkeit werden.

Lassen wir den nötigen Nachdruck fehlen, dann vermitteln wir dem Kunden nur den Eindruck, dass wir selbst an unsere Ideen nicht glauben, Angst davor haben, dass die Vorteile nicht eintreffen.

Auch der Kunde hat letzte Reste von Zweifeln in sich. Diese gilt es auszuräumen. Denn selbst in der Phase der absoluten Überzeugung zögern fast alle Menschen. Wir müssen jetzt dem Kunden den notwendigen Anstoß oder Impuls geben, den Auftrag auch zu erteilen. Abschlusstechnik ist deswegen nicht irgendeine „Hochdrucktechnik" nach dem Motto „Verkaufen und dann weglaufen", sondern wirkliche Hilfe, bis zum Schluss eine Fehlentscheidung zu verhindern.

Einige Grundfehler gilt es unbedingt zu vermeiden:

1. *Unterwürfigkeit*
   In einem „Ich würde mich freuen, wenn Sie uns den Auftrag erteilen könnten" schwingt deutlich mit, dass wir nur am Auftrag, nicht aber am Kunden Interesse haben. Wir signalisieren, dass wir nicht überzeugt sind, den Auftrag zu bekommen, ja sogar wissen, dass es starke Konkurrenten gibt.
2. *Verlagerung*
   Es ist heute nicht mehr zu verstehen, wenn Außendienstler im Moment möglicher Auftragserteilung zum Kunden sagen: „Wenden Sie sich bitte im Auftragsfalle an

unseren Innendienst, die Telefonnummer können Sie aus dem Prospekt entnehmen.“ Kunden wollen gern glückliche Augen des Dankes sehen, schon deswegen erteilte der Kunde früher oft nur den Auftrag, wenn der Verkäufer selbst kam.

3. *Verzögerung*
   Die Angst vor einem Nein bringt auch folgende Blüte zutage: „Herr Kunde, sicherlich wollen Sie noch alles gut überlegen, wenn Sie dann so weit sind ...“ Der Kunde wollte doch gerade den Auftrag erteilen, warum ihn also in die Unsicherheit schicken?
4. *Offensichtlichkeit*
   Auch der Kunde weiß, dass wir wegen der Auftragserteilung kommen. Doch wenn die Frage nach dem Auftrag allzu banal und oberflächlich ist wie „Ich wollte mal fragen, ob wir mit dem Auftrag rechnen können“, merkt der Kunde die Absicht und ist verstimmt.
5. *Zerreden*
   Ein Gespräch wie das Folgende spricht für sich: „Herr Kunde, ich will Sie ja gar nicht überreden, denn die Vorteile sprechen für sich. Sie bekommen monatlich den Kontostand, zweiwöchentlich die Select-Info. Darüber hinaus haben Sie noch die Möglichkeit, ständig Spezialauskünfte abzurufen, und dazu bekommen Sie monatlich fünf Gutscheine, die Sie berechtigen zu ...“
   Viel reden wird zum Überreden, zum Zerreden des Auftrags.
6. *Aufdringlichkeit*
   Durch Aufdringlichkeit eines Verkäufers wurde schon mancher zum Kunden. Oft nicht lange, das Storno ließ nur einen Tag auf sich warten. Aufdringlichkeit ist bestenfalls bei Einmalgeschäften am Platze. Doch auch hier ist davon abzuraten, weil die Empfehlungsschiene damit auch gleich verlassen wird.

Für eine gute Abschlusstechnik braucht man zunächst einmal die richtige Einstellung. Gehen Sie nie zum Kunden mit dem Gefühl: „Mal sehen, was sich machen lässt!“ So wird jedes Ergebnis das richtige sein.

Eine gute Zielsetzung hat Perfektion in sich und lautet deswegen: „Heute werde ich XY erreichen!“

Zu viel des Guten? Den Mund zu voll genommen? Keineswegs. Um Ziele zu erreichen, benötigen wir noch den richtigen Glauben, der am besten genährt wird, indem wir uns vor unserem Besuch den Kunden in seinem Glück nach dem Kauf lebendig vorstellen.

Als Verkäufer müssen Sie eine große Vorstellungskraft haben. Sie müssen bildlich denken können, dann gelingt es Ihnen, eine Welt der Begeisterung vor ihren eigenen Augen ablaufen zu lassen. Die freudige Botschaft, diese gute Laune tragen Sie in das Gespräch hinein; reden Sie einfach davon, wie glücklich der Kunde anschließend sein wird.

In der Realität ist der Abschluss die logische vom Kunden gewollte Folge.

Methodisches Vorgehen

1. *Machen Sie einen lustbetonten Vorschlag!*
   „Herr Kunde, wenn Sie heute noch bestellen, sparen Sie bereits kommende Woche täglich 10 kWh Energie.“
   Hier steht der Kundenvorteil im Vordergrund. Der Vorschlag wird lustbetont, er leitet eine positive Entscheidung ein.
2. *Bauen Sie eine Alternative ein!*
   Die Alternativfrage ist ein „alter Hut“. Vielfach wird sie heute abgelehnt. Doch wieso eigentlich? Die Alternative zeigt immerhin dem Kunden, dass wir uns mit ihm beschäftigen. Alternativen erleichtern die Wahl, er entscheidet, was ihm lieber ist.

„Herr Kunde, lassen Sie lieber selbst montieren, oder bevorzugen Sie eine Montage durch unsere Spezialisten?"

3. *Arbeiten Sie von Anfang an mit dem Kunden zusammen!*
   Ein Verkaufsgespräch darf nicht unverbindlich sein. Der Kunde hört zu, wir reden. Besser ist es, von Anfang an einen spannenden Dialog zu führen, den Kunden um dies und das zu bitten, ihn bereits während der Argumentation Detailentscheidungen treffen zu lassen. So entwickelt sich im Gespräch langsam der definitive Auftrag.
4. *Bewahren Sie Geduld!*
   Ein ehemaliger Bundespolitiker, der bei Verhandlungen im Ausland große Erfolge hatte, wurde kürzlich gefragt, worauf er diese zurückführe. Seine Antwort war kurz und knapp: „Sitzfleisch!" Er blieb immer sitzen, wenn das Ziel noch nicht erreicht war, eine Eigenschaft, die uns Mitteleuropäern normalerweise nicht liegt. Wir hetzen von morgens bis abends, haben kaum Ruhe, denn der Konkurrenzdruck ist groß.
   In Einkäuferseminaren wird geraten, Einkäufer sollen gelassen sein, die Zeit laufe für sie, die Verkäufer würden von selbst nervös. Also, bleiben Sie hartnäckig. Schon mancher Auftrag wurde im wahrsten Sinne des Wortes „ersessen".
5. *Schweigen ist Gold!*
   Es ist keine Kunst, einen Auftrag zu zerreden. Mit vielen Worten am Schluss bieten Sie dem Kunden weitere Angriffspunkte für zusätzliche Einwände. Kurz und klar: Unterbreiten Sie einen sauberen Vorschlag, lustbetont mit Alternative ... und schweigen Sie! Geben Sie dem Kunden die Chance zum „Ja". Aufträge werden oft erschwiegen.

Mit Abschlusstechnik zum Erstauftrag Zehn Goldene Regeln
1. Abschlusstechnik heißt: Helfen, eine vernünftige Entscheidung zu treffen. 2. Steh Dir nicht selbst im Weg: Baue keine Hürden auf, die es nicht gibt. 3. Das Ziel klar anvisieren: „Heute werde ich XYZ abschließen!“ 4. Arbeite von Anfang an mit dem Kunden zusammen: Entwickle gemeinsam das Konzept, das Angebot. 5. Leugne nicht Deine Absicht: Den Wurm (Auftrag) bekommt nur der mit dem offenen Schnabel. 6. Keine Überargumente: Zerrede den Auftrag nicht. 7. Immer einen lustbetonten Vorschlag: Male das Glück des Kunden in tollen Farben. 8. Baue eine Alternative ein: Lass dem Kunden die Auswahl. 9. Frage nach den Details der Belieferung: Gefährde die Hauptsache nicht. 10. Übe dich in gelassener Hartnäckigkeit: Bleib ruhig, bleib sitzen, freu dich übers Kundenglück. PS: Zum eigenen Auftrag kommen heißt auch, die Fehlentscheidung des Kunden zu verhindern.

Pech gehabt – was nun?

Eine faire Devise im Sport: Man kann nicht immer gewinnen! Man muss auch verlieren können!

Im Sport erhält der Zweitbeste noch eine Silbermedaille. Im Verkauf geht der Zweitbeste leer aus. Gestern war es der Kollege vom Wettbewerber, heute sind wir es. Sauer sein?

Den Wettbewerb schlecht machen? Den Kunden ignorieren? Nichts von alledem!

Wir wollen doch wiederkommen! Und dann mit offenen Armen empfangen werden!

Halten Sie Kontakt, schicken Sie kleine Informationen, rufen Sie gelegentlich an, laden Sie den Kunden ein. Irgendwann klappt es wieder. Vielleicht weil der Konkurrent einen Fehler macht, vielleicht auch, weil der Kunde eine neue Idee für einen neuen Auftrag hat.

Unsere Zielsetzung muss also sein, die Tür zum Kunden weit offen zu lassen. Vermitteln Sie dem Kunden also auf jeden Fall, dass Sie nicht böse sind. Fragen Sie ihn, ob Sie ihm weitere Informationen zuschicken können. Kaum ein Mensch kann dies jetzt verneinen. In einem Dialog könnte sich dies so anhören:

Verkäufer:	„Herr Kunde, ich respektiere natürlich Ihre Entscheidung, so schwer mir das fällt. Aber das gehört nun mal zum Verkaufen, man kann nicht immer gewinnen, man muss auch verlieren können. Aber eine Bitte habe ich. Den Auftrag habe ich zwar verloren, aber einen ganzen Kunden doch nicht. Oder?“
Kunde:	„Nein, natürlich nicht. Ich weiß, was Sie können. Deswegen freue ich mich auf Ihr Wiederkommen.“
Verkäufer:	„Das heißt, dass wir bei der nächsten Vergabe eine reelle Chance haben?“
Kunde:	„Natürlich, Sie vertreten eine leistungsfähige Firma, das wissen wir.“
Verkäufer:	„Das freut mich ...“

Der Kunde hat uns sein Wohlwollen ausgedrückt, ein bisschen sein schlechtes Gewissen beruhigt. Wir brauchen kein schlechtes Gewissen haben, wenn wir nun wieder anrufen. Irgendwann klappt's. Seien Sie bereit!

10 Internet-Werbung

von Dirk Kreuter

Die moderne Kommunikationstechnik überwindet alle Grenzen. Sie hat durch rasante Fortschritte in der Elektronik und Nachrichtentechnik gerade im vergangenen Jahrzehnt eine dramatische Entwicklung genommen. War es 1960 noch ein Abenteuer, nach langer vorheriger Anmeldungszeit überhaupt ein Ferngespräch in die USA zu bekommen, sind wir heute durch einen Mausklick in Sekundenbruchteilen per Internet mit der ganzen Welt verbunden. Internet und World Wide Web – Medien, die uns völlig neue Perspektiven der Kommunikation eröffnet haben.

In Europa konzentrieren sich die großen Verkaufserfolge per Internet (noch) auf wenige Branchen wie Unterhaltungsmedien, Bankgeschäfte und Reisen. Die USA nehmen in dieser Hinsicht eine Vorreiterrolle ein, denn dort werden bereits mehrere hunderttausend Pkws pro Jahr über das Internet verkauft.

Nach wie vor frönt vor allem die Jugend den modernen Kommunikationsmedien – kein Wunder, ist sie doch mit dem PC und Computerspielen groß geworden.

Das wird nicht so bleiben. Auch die junge Generation von heute wird älter und gehört bald zur zahlungskräftigsten Zielgruppen. Experten gehen davon aus, dass bereits dieses Jahr 50 % der stationären Handelsflächen durch das Internet (und seine Folgemedien) überflüssig werden. Ob es uns Verkäufern passt oder nicht – wir müssen das Internet annehmen und für unsere Zwecke nutzen, statt es als Spielerei abzutun oder als Konkurrenz zu bekämpfen.

Das Internet wird für viele Verkäufer und Verkäuferinnen zu einer echten Konkurrenz, insbesondere was die Qualität des Verkaufsgespräches anbelangt. In diesem Medium erlebt der Kunden farbenfrohe Bilder, luftige Texte und animierende Angebote. Als Verkäufer müssen wir deswegen „Farbe bekennen" und mit mehr Fröhlichkeit und Zuversichtlichkeit, Begeisterung und Faszination unser Verkaufsgespräch führen. Der Kunde will ein Erlebnis haben, will überrascht und verblüfft werden. Im positiven Sinne.

Das „Erlebnis Internet" verlangt nach dem Erlebnis-Verkäufer – das ist unsere Zukunftschance!

Neues Medium, neue Kunden!

Die meisten Unternehmen verbinden mit dem Internet meist noch den olympischen Gedanken: „Dabei sein ist alles!" Dabei bietet das Internet echte Chancen, zusätzliche Umsätze zu generieren, neue Kunden zu gewinnen und Aufträge zu realisieren – vorausgesetzt, wir machen es richtig!

Die nachfolgenden Tipps eignen sich sowohl für Großunternehmen und mittelständische Unternehmen als auch für Kleinbetriebe und Einzelkämpfer. Egal, ob Sie Handwerker sind, ein großes Dienstleistungsunternehmen haben oder beratend tätig sind, mit diesem Know-how kommen garantiert neue Kunden zu Ihnen und füllen Ihre Auftragsbücher!

Die drei kritischen Erfolgsfaktoren bei der Gewinnung neuer Kunden über das Internet sind:

- Wie werde ich überhaupt gefunden?
- Was erwartet mein Kunde ?
- Wie gestalte ich das Kontaktmanagement?

Die weltweite Internet-Gemeinde nimmt jährlich um etwa 20% zu. Allein in Deutschland sind mehr als 50% der Bevölkerung mit einem Internet-Zugang versorgt. Das Kaufverhalten der Konsumenten, egal ob im B2B- oder im B2C-Bereich, orientiert sich stark am Internet.

Haben früher die Fachhändler die Funktion der Beratung übernommen, so greifen heute immer mehr Menschen auf Informationen aus dem Internet zurück. Mittlerweile gibt es sogar Wörter, die aus dem Internet abgeleitet sind, zum Beispiel: „Hast Du das schon gegoogelt?“ „Übersetzt“ soll das heißen: „Hast du das schon einmal im Internet recherchiert?“ bzw. „Hast du schon in der Suchmaschine Google recherchiert?“.

Wenn Sie heute eine Digitalkamera kaufen wollen, so haben Sie durchaus die Möglichkeit, erst einmal auf verschiedene Testberichte zurückzugreifen, sich in den entsprechenden Foren im Internet zu informieren und später online in verschiedenen Internetshops oder auf Auktions-Websites à la Ebay den günstigsten Preis zu recherchieren. Ob Sie dann später mit diesem Preis zu Ihrem Fachhändler gehen oder direkt online bestellen, bleibt Ihnen überlassen. Ähnliche Kaufentscheidungsprozesse gibt es auch im B2B-Bereich. Kennen Sie die Vorgehensweise Ihrer Zielgruppe, so können Sie das Internet für Ihre Zwecke nutzen.

Kritischer Erfolgsfaktor Nummer 1: Wie werde ich überhaupt gefunden? Das optimale Suchmaschinenranking

Was nutzt Ihnen eine tolle Internet-Seite, wenn sie nicht besucht wird bzw. niemand den Weg zu Ihrer Seite findet?

Ihre Domain

Die Domain ist Ihre Internetadresse www.???.de. Etwa 15 % aller Suchenden geben als Erstes den Suchbegriff als Domain mit dem entsprechenden Länderkürzel am Ende ein – für Deutschland ist dies „.de“, für Österreich „.at“, für die Schweiz „.ch“, international „.com“. Diese Tatsache bedeutet für Ihren Internet-Auftritt: Wenn Sie Ihren Firmennamen als Internet-Adresse gesichert haben, ist das schon ganz nett – doch wesentlich nützlicher ist es, Gattungsbegriffe wie „Verkaufstrainer“, „Messetraining“ und Ähnliches als Domain zu besitzen. Sie werden alleine 15 % aller Suchanfragen darüber generieren, dass der Suchende zuerst seinen Suchbegriff in die Domain eingibt.

Expertentipp

Nutzen Sie sowohl Ihre Firmenadresse als auch entsprechende Gattungsbegriffe für Ihren Internet-Auftritt.

Wo erfahren Sie nun, ob dieser Internet-Auftritt bzw. die Domain noch frei ist, ob sie zum Verkauf steht oder ob sie jemand anders gehört? Ein Beispiel ist die Internet-Adresse www.united-domains.de. Hier können Sie Domains schnell und einfach registrieren, Ihr Domain-Portfolio verwalten und auf eine Handelsbörse zurückgreifen, auf der Sie Domains kaufen und verkaufen können. Sie erfahren hier sofort, was eine Domain kostet und wem eine Domain gehört, die schon vergeben ist.

Natürlich gibt es noch andere Anbieter in diesem Bereich, doch www.united-domains.de ist einer der bekanntesten und am einfachsten zu bedienenden Datenbanken. Sollte Ihre Wunsch-Domain schon besetzt sein, so unterbreiten Sie dem Eigentümer eine Offerte. Die Zahlen, die dort kursieren, sind meist eher Wunschdenken denn Realität. Für eine ordentliche Gattungs-Domain sollten Sie nicht mehr als 100 Euro als Einstiegsgebot bieten, weiterverhandeln können Sie bei Bedarf immer noch.

Suchmaschinen

Suchmaschinen geben Orientierung im Internet. 85% aller Suchenden nutzen als Erstes eine der gängigen Suchmaschinen, um sich dort zu informieren. Für Sie ist es entscheidend, in den Suchmaschinen bei den Schlüsselbegriffen (Keywords), unter denen Ihre Internet-Adresse und Ihr Angebot vermutet wird, entsprechend gut positioniert zu sein – in der Internet-Sprache heißt dies: „Sie brauchen ein optimales Ranking!"

Wie viele Treffer, wie viele Suchergebnisse schauen Sie sich an, wenn Sie etwas suchen? Ich für meinen Teil maximal zehn – mehr Geduld bringe ich da nicht auf. Sie sollten also nach Möglichkeit unter die ersten zehn Treffer kommen, wenn Ihr Suchbegriff aufgerufen wird.

Es gibt Tausende Suchmaschinen. Etwa 65 % aller User, die eine Suchmaschine nutzen, greifen dabei auf Google zurück. Es ist ja schön und gut , wenn Ihre Domain in den verschiedensten Suchmaschinen unter den ersten Treffern zu finden ist – entscheidend aber ist Ihr Ranking bei Google. So etwas kann sich natürlich ändern, aber momentan werden Sie in erster Linie über diese dominierende Suchmaschine Ihre Kontakte generieren.

Google ist auch aufgrund strategischer Kooperationen wichtig. So greifen beispielsweise die großen Internet-Portale in Deutschland, T-Online und AOL, auf die Suchergebnisse von Google zurück.

Wollen Sie sich tiefgehender mit dem Thema beschäftigen, wie Sie Ihre Website bei den entsprechenden Keywords optimal platzieren, dann finden Sie weitere Informationen unter www.suchmaschinentricks.de. Hier treffen sich Profis, hier erfahren Sie, welche Kriterien über ein gutes Ranking entscheiden.

Expertentipp

Make or buy – Wollen Sie es selbst versuchen, weil Sie sich für dieses Thema interessieren und dafür ein Händchen haben? Dann viel Erfolg! Oder überlassen Sie es lieber einem Profi? Dann ist meine Empfehlung: Suchen Sie sich jemanden, der sich wirklich damit auskennt. Wie finden Sie solch einen Profi? Ganz einfach: indem Sie Begriffe wie „Suchmaschinenranking", „Top-Platzierungen in Suchmaschinen" oder Ähnliches bei Google oder anderen Suchmaschinen eingeben. Wenn Sie dort ein oder zwei Anbieter finden, die bei diesen Begriffen in mehreren Suchmaschinen unter den ersten zehn Treffern gelistet sind, dann können Sie davon ausgehen, dass diese Anbieter auch in der Lage sind, Ihre Domain optimal zu platzieren. Diese Anbieter wissen, wie Suchmaschinen funktionieren!

Suchmaschinenmarketing

Wenn Sie mit Ihrer Domain oder mit Suchmaschinenplatzierung Ihrer Domain noch nicht ganz zufrieden sind oder Sie sich noch weitere Unterstützung wünschen, so haben Sie die Möglichkeit zum Suchmaschinenmarketing. Suchmaschinenmarketing bedeutet: In der Auflistung der Treffer zu einem entsprechenden Suchbegriff erscheinen Werbehinweise, so genannte Sponsored Links, die Sie in den Seiten von Lycos, T-Online, AOL, aber auch von Google immer wieder finden.

Eine zweite Variante sind die so genannten Google Adwords. Adwords sind kleine Anzeigen („Banner"), die auf der rechten Seite Ihres Bildschirms erscheinen. Hier zahlen Sie nur, wenn wirklich auf Ihre Anzeige geklickt wird. Sie entscheiden über ein Versteigerungsverfahren selbst, auf welcher Position Sie Ihre Anzeige platziert sehen möchten. Auch wenn diese bei „Ihrem" Suchbegriff erst auf der 30. Position erscheint, so haben Sie durchaus die Möglichkeit, je nach Branche, für wenig Geld weit oben platziert zu werden. Das Interessante daran ist also:

- Sie bestimmen, wie viel Geld Sie pro Tag ausgeben wollen.
- Sie bestimmen, an welcher Position Sie später erscheinen.
- Sie bestimmen, bei welchen Suchbegriffen Ihre Anzeige erscheinen soll.
- Sie bestimmen, welchen Text Ihre Anzeige enthalten soll.

Im Nachhinein können Sie auch noch ein entsprechendes Werbecontrolling durchführen: Was wurde wann wie oft angeklickt? Welches sind die wirklich „heißen" Suchbegriffe für Ihr Unternehmen und Ihre Branche?

Zwei weitere Anbieter für Suchmaschinenmarketing sind Overture (www.overture.de) und Espotting (www.espotting.de). Beide kooperieren mit AOL, Altavista, web.de, gmx, Lycos, Microsoft Network und Yahoo und bieten Ihnen ebenfalls die Möglichkeit, Ihre Anzeigen selbst zu gestalten, eigene Erfahrungen zu sammeln oder aber einen Profi zu engagieren. Die Suche nach einem solchen Profi funktioniert nach demselben Verfahren wie beim Suchmaschinenranking (siehe weiter oben).

Expertentipp

Suchen Sie einen Profi für das Suchmaschinenmarketing, dann schauen Sie doch mal auf die Website der Pilot Group in Hamburg (www.pilotgroup.de).

Kritischer Erfolgsfaktor Nr. 2: Was erwarten meine Kunden? Die passenden Inhalte Ihrer Website

Für jede Website ist eine Statistik hinterlegt. Sie können diese Statistik über Ihren Internet-Anbieter abfragen. In der Regel ist es das Unternehmen, das Ihre Seite betreut (im Internet-Deutsch: „hostet"), zum Beispiel Unternehmen wie Strato oder 1&1. In dieser Statistik sehen Sie genau, welche Seiten an welchem Tag zu welcher Uhrzeit von wem aufgerufen wurde. Die so genannten Sessions geben an, wie viele Besucher in einem bestimmten Zeitraum Ihre Internet-Seite angeklickt haben. Sie brauchen also einen gewissen „Grundtraffic", d. h. eine gewisse Besucheranzahl auf Ihrer Seite – doch das allein wäre wenig hilfreich. Entscheidend ist vielmehr, dass die User, die den Weg auf Ihre Homepage gefunden haben, dort auch die Informationen erhalten, die sie suchen, und aufgrund dieser Informationen später direkten Kontakt mit Ihnen aufnehmen.

Fazit: Freuen Sie sich über viele Besucher auf Ihrer Homepage – aber freuen Sie sich noch mehr über viele Anfragen, die sich auf Ihren Internet-Auftritt beziehen!

Expertentipp

Nehmen Sie Kontakt mit Ihren Kunden auf. Fragen Sie Ihre Kunden, was sie auf Ihrer Internet-Seite erwarten.

Für meinen Bereich als Verkaufstrainer ist es beispielsweise so, das sich etwa 95 % aller Seitenabrufe auf zwei Bereiche konzentrieren, nämlich auf „Arbeitsfelder" und auf „Referenzen". In meiner Branche ist es so, dass unsere Kunden erst einmal sehen möchten, für wen wir als Verkaufstrainer schon gearbeitet haben und welche Erfolge wir jeweils erzielt haben. Dies ist sehr individuell. Klären Sie also mit Ihren Kunden, was diese von Ihnen bzw. von Ihrer Website erwarten.

Aus Ihrer Website-Statistik können Sie ebenfalls herauslesen, mit welchen Suchbegriffen Ihre Homepage in der Suchmaschine gefunden wurde. Dies erleichtert Ihnen zusätzlich die Optimierung Ihrer Seite.

Wenn Sie das Akquise-Instrument Anruf mit Ihrem Internet-Auftritt koppeln wollen, so haben Sie die Möglichkeit, in der Statistik zu recherchieren, woher die Besucher Ihrer Seite überhaupt kommen. Wenn die Statistik zu Ihrer Seite also Besucher aus größeren oder kleineren Unternehmen verzeichnet, so schauen Sie sich doch deren Internet-Seiten an, und rufen Sie bei diese Unternehmen direkt an. Fragen Sie, ob Sie behilflich sein können – im B2B-Bereich ist es eher selten, dass sich jemand auf eine Business-Website „verläuft". In der Regel haben die Besucher Ihrer Seite tatsächlich konkrete Fragen und Wünsche, die Sie direkt ansprechen sollten!

Kritischer Erfolgsfaktor Nummer 3: Wie gestalte ich das Kontaktmanagement? Intelligente Kundenkombination über das Netz

Sie haben eine Top-Platzierung in den Suchmaschinen, eine Menge Besucher auf Ihrer Website und den relevanten „Content“, d.h. die Informationen, die diese Besucher auf Ihrer Homepage suchen. Nun geht es darum, wie Sie Ihren Kunden die Kontaktaufnahme so einfach wie möglich machen. Hierzu sieben Ideen:

1. *0800-Nummer:* Bieten Sie auf Ihrer Internet-Seite eine gebührenfreie Telefonhotline an: 0800 für Deutschland, 00800 für Deutschland und ein weiteres Land. Die meisten Besucher haben keine Lust, erst lange Formulare mit Pflichtzeilen auszufüllen. Die meisten wollen ihre Anfrage schnell loswerden und erwarten eine schnelle Antwort. Bieten Sie Ihren Kunden die gebührenfreie Nummer und Sie werden sehen: Es lohnt sich. Ihre Investition dafür hält sich wirklich in Grenzen: Für eine 0800-Nummer über die deutsche Telekom zahlen Sie etwa 15 Euro pro Monat zuzüglich der Verbindungsentgelte.
2. *Call-me-back-Button:* Installieren Sie auf Ihrer Internet-Seite einen Knopf, auf den der Besucher klickt. Für das sich öffnende Dialogfenster können Sie bestimmen, was Ihr Besucher einträgt – in der Regel handelt es sich um den Namen des Besuchers, seine Telefonnummer für Ihren Rückruf und den Zeitpunkt, zu dem er zurückgerufen werden möchte. Sendet er dieses Formular ab, können Sie innerhalb von zehn Sekunden ein Telefonat mit diesem Besucher beginnen – in Zeiten der für

Unternehmen absolut lebensnotwendigen Kundenorientierung ein echter Vorteil. Ein Anbieter, der sich auf diesen Service spezialisiert hat, ist Hallo Kunde. Kostenpunkt: 23,50 Euro pro Monat für diesen Kundenservice, dazu kommen natürlich die Verbindungsentgelte.

3. *Life-Support-Systeme:* Mithilfe dieses Bausteins haben Sie die Möglichkeit, sofort mit Ihrem Besucher Kontakt aufzunehmen. Während er sich auf Ihrer Seite informiert, öffnet sich automatisch ein Pop-up-Fenster, in dem Sie Ihren Kunden direkt ansprechen – ein noch ungewohntes Medium, das sich aber in den nächsten Jahren noch durchsetzen wird.
4. *Infoquelle:* Sie erhalten eine Anfrage oder eine E-Mail. Bevor Sie nun den Kontakt zu Ihrem Ansprechpartner aufnehmen, informieren Sie sich über das Unternehmen. Sie finden alle entsprechenden Daten hinter dem @-Zeichen, dem „Klammeraffen“ in der E-Mail-Adresse des Unternehmens. Sie werden sehen, wie sehr es Ihre Kunden schätzen, wenn Sie bereits vor der Kontaktaufnahme Ihre Hausaufgaben gemacht und sich über das Unternehmen informiert haben.
5. *Empfehlungsmarketing:* Die großen Zeitschriften bieten es schon an: Sie lesen online einen Zeitschriftenartikel und werden im Anschluss gefragt, ob Sie diesen Artikel empfehlen wollen. Klicken Sie diesen Punkt an, so haben Sie die Möglichkeit, die E-Mail-Adresse eines Freundes oder Bekannten einzugeben, der dann über diesen Artikel informiert wird. Warum sollten Sie dieses Marketinginstrument nicht auch für die eigene Internet-Seite nutzen? Wenn also ein Besucher Ihre Seite verlassen möchte, können Sie automatisch über ein Pop-up-Fenster aktives Empfehlungsmarketing betreiben.
6. *Nachfragen:* Erkundigen Sie sich bei Ihren Kunden nach deren Kommunikationsweg. Wie haben Ihre Kunden Ihre Website gefunden? Welche Wege haben die Besu-

cher Ihrer Seite, mit denen Sie Kontakt aufgenommen haben, gewählt, um Sie zu erreichen?

7. *Schnellste Rückmeldung:* Melden Sie sich innerhalb weniger Stunden, besser noch: Minuten, zurück. Dies erwartet Ihr Kunde – sonst würde er nicht das Internet als Medium wählen!

Neue Seite – neue Kunden!

Fazit: Noch immer nutzen viel zu wenige Unternehmen das Internet richtig. Eine Website lediglich zu *haben*, bringt Sie nicht wirklich weiter. Wenn Sie wirklich neue Kunden *gewinnen* wollen, dann beherzigen Sie die Tipps, und lassen Sie sich von Ihrer EDV-/IT-Abteilung nicht erzählen, so etwas würde nicht funktionieren. Es gibt genügend Unternehmen, die den Gegenbeweis erbracht haben.

11 Andere Wege zum Kunden

Messe- und Ausstellungswerbung

Über Messeplanung, -organisation und -verkauf wurden schon einige Bücher geschrieben. Deswegen möchte ich mich hier auf einige wichtige Elemente beschränken.

Messen und Ausstellungen sind ein idealer Schauplatz, auf dem sich ganze Branchen tummeln. In sehr kurzer Zeit werden sehr viele Interessenten (aber auch viele Schaulustige) erwartet, und fast die ganze Branche bietet eine komplette Übersicht. Es ist eine Leistungsschau.

Nirgendwo haben Verkäufer so viele Möglichkeiten, mit potenziellen Interessenten Kontakt aufzunehmen, wie auf einer Messe. Doch während wir einen einzelnen Kunden beraten, schwirren viele mögliche Kunden wie Kometen an uns vorbei. Hier werden Chancen vergeben. Deswegen müssen wir fit sein in Fragen der

- schnellen Kontaktaufnahme,
- ergiebigen Bedarfsanalyse,
- spannenden Kurz-Produktdemonstration,
- Inszenierung der Messenacharbeit.

Eine Messe ist sehr teuer. Für uns als Verkäufer heißt es deswegen, gerade auf einer Messe topfit zu sein, um möglichst viele Kunden kennen zu lernen. Nur so können wir den hohen Preis der Messe pro Kontakt dann auf ein Minimum drücken.

Wenn sich schon viele Kunden gleichzeitig für uns interessieren, dann müssen wir vorher den Fall der Parallelbedienung, der Verkaufspräsentation vor Kundengruppen, trainieren.

Wir versuchen – sofern es keine echte Verkaufsmesse ist –, uns möglichst viele neue Adressen zu erarbeiten. Dabei ist der Vorwand, Prospekte zuschicken zu wollen, allzu flach und durchsichtig. Unverblümt sagen wir dem Kunden, dass wir ihm gern interessante Informationen zukommen lassen wollen, möglicherweise einen Termin vereinbaren möchten und deswegen gern mit ihm im Dialog bleiben wollen. Dazu bräuchten wir natürlich Adresse, Telefonnummer usw.

Stellen wir uns freundlich und aufwertend vor, springt der Funke der Sympathie schnell über, und verstehen wir Interesse zu wecken, dürfte die Adressenakquisition die harmonische Folge sein.

Beeindruckend ist dann, wenn der Kunde einen Tag nach der Messe bereits einen Brief von uns vorfindet, mit dem wir uns für seinen Besuch auf der Messe bedanken. Einen besseren Eindruck über unsere Schnelligkeit und Servicequalität können wir dem potenziellen Kunden kaum vermitteln. Organisatorisch ist solch ein Brief mit den heutigen technischen Möglichkeiten leicht machbar.

Vortrags- und Seminarwerbung

Wer morgen nur noch ein Produkt zu bieten hat, hat bald nichts mehr zu verkaufen. Den Grundnutzen eines Produkts unterstellt der Kunde, er ist für ihn selbstverständlich. Es gibt keine schlechten Produkte mehr (jedenfalls nicht in der Masse), nur noch billigere und teurere.

Der Kunde, der heute bereit ist, etwas mehr für unsere Produkte zu bezahlen, erwartet zu Recht einen echten Zusatznutzen. Dieser Zusatznutzen kann im atmosphärischen Bereich der Zusammenarbeit liegen, also in besserer Lieferzeit oder Lieferfähigkeit oder in besserer Auswahl oder im allgemein besseren Service. Diese Zusatznutzen werden heute von vielen Firmen geboten, es geht oft nicht mehr ohne diese.

Also müssen wir uns positiv von unseren Konkurrenten unterscheiden.

Wir müssen den Kunden faszinieren, ihm über die normalen Leistungen hinaus ein echtes „Mehr" bieten. Eine besondere Chance bietet die Weiterbildung unserer Kunden aus unserer Hand. Haben wir uns schon einmal Gedanken gemacht, ob und wie wir unseren Kunden bei deren Weiterentwicklung helfen können? Ist es nicht so, dass wir nicht besonders den Menschen dankbar sind, die uns geholfen haben, beruflich weiterzukommen? Was liegt näher, als dafür zu sorgen, dass es unseren Kunden immer besser geht? Also:

- Initiieren wir Vorträge für unsere Kunden.
- Organisieren wir Seminare.
- Gründen wir im Endstadium die eigene Firmenakademie.

Kurz und gut: Bieten wir unseren Kunden Wissenswertes zu deren beruflicher Weiterbildung.

Kunden, denen es menschlich und beruflich gut geht, die uns darüber hinaus noch etwas zu verdanken haben, sind auf Dauer zuverlässige Partner. Hier sind vier Ideen für erfolgreiche Vortrags- und Seminarwerbung:

Idee Nr. 1: Seminare für Konstrukteure

Schon seit Jahren werden die Ingenieure eines Steuerungsbauers in Seminaren darauf vorbereitet, wie man mechanisch, pneumatisch, hydraulisch oder elektronisch intelligentere Steuerungen baut. Bei Entwicklung und Disposition der Steuerung durch den Kunden zahlt sich aus, dass dieser die richtigen Produktnamen (Bestellnummern) kennt.

Idee Nr. 2: Kolloquien für Nachwuchsmanager

Im Rahmen eines Kundenclubs hören die Juniorinhaber von Lackierwerkstätten Interessantes zum Thema „Unternehmensführung und Verkaufen". Im Seminar lernen sich ursprüngliche Konkurrenten menschlich schätzen, pflegen Freundschaften und entwickeln hohe Loyalität gegenüber dem Initiator des Kundenclubs, also dem Lieferanten.

Idee Nr. 3: Motivationsveranstaltungen für Verkäufer des Handels

Durch regionale Großveranstaltungen in verschiedenen Zentren Deutschlands faszinierte ein Motorenteilelieferant die Verkäufer des Handels von seinen eigenen Produkten und eröffnete durch einen prominenten Verkaufstrainer völlig neue Dimensionen leichteren Verkaufens. Was lag näher, als dass die zurückkehrenden Verkäufer anschließend begeistert von den Produkten des einladenden Unternehmen sprachen und diese mit Freude verkauften. Die Investition in die Veranstaltung amortisierte sich bereits im ersten Vierteljahr durch erhebliche Mehrumsätze/ Deckungsbeiträge.

Idee Nr. 4: Events für Top-Accounts

In Incentive-Veranstaltungen wurden die Top-Accounts der Vertriebspartner eines Computerausstatters hoch motiviert in die eigene Verkaufspraxis zurückgeführt. Die anderen Vertriebsmitarbeiter dieser Kunden lernten, wie man systematisch Computer, Zubehör und Software verkauft. Klar, dass sich solche Spitzenevents herumsprechen und in der Branche schnell Kultcharakter bekommen können.

Solche Veranstaltungen fordern am Anfang Vorbereitungs- und Organisationsaufwand. Dieser wird durch die Verkaufserfolge rasch kompensiert. Manche Unternehmen machen sich sogar Gedanken darüber, ob und wie man sich solche beruflichen Weiterbildungsveranstaltungen sogar teilweise von den Kunden bezahlen lassen kann. Mit Erfolg.

Wie gehen Sie bei dieser Art der Akquisition am besten vor?

Meine Empfehlung: Sammeln Sie am Anfang vorsichtig mit kleineren Veranstaltungen Erfahrungen und steigen Sie erst allmählich in die hohe Schule der Kundenakademie und -clubs ein.

Sie können in vier Schritten vorgehen:

1. Schritt: Abendvortrag als Start

Laden Sie gezielt und handverlesen mögliche Entscheidungsträger zu einem spannenden Abendvortrag ein.

Dieser sollte kostenlos sein, eine kleine Bewirtung darf nicht fehlen. Kaufen Sie sich aber nicht „frei“, indem Sie glauben, mit einer üppigen Bewirtung einen Schleier über ein schlechten Vortrag legen zu können.

Der Vortrag muss attraktiv sein und dem Kunden direkten Nutzen für die tägliche Arbeit bringen.

2. Schritt: Tagesveranstaltung als Herausforderung

Aufgrund völliger Reizüberforderung unserer Kunden werden Sie für eine Tagesveranstaltung nur noch Teilnehmer bekommen, wenn wirklich Hochkarätiges geboten wird.

Eine einfache Produktschau ist zu wenig!

Gestalten Sie das Programm vielseitig; wenn es langweilig ist, laufen die Leute allmählich davon. Es schmerzt sehr, mit zunehmender Stunde vor leerem Saal zu stehen.

Die so genannte No-Show-Rate (Zahl derer, die zwar angemeldet sind, aber nicht kommen) ist besonders hoch, wenn die Teilnahme kostenlos ist. Ein Anerkennungsbeitrag (z.B. zur Deckung der Kosten des Veranstaltungsraumes und der Verpflegung sowie der Seminarunterlagen) sollte im Voraus erhoben werden. In der heutigen Wirtschaftswelt sind 99 Euro (oder 199 Euro bei höher gestellten Persönlichkeiten) pro Person kein Problem.

3. Schritt: Zweitagesseminar als Start in Hochkarätiges

Ein solches Seminar verlangt mehr Konzeptionsarbeit, höheren Aufwand und neben den eigentlichen Fachvorträgen auch ein interessantes Rahmenprogramm.

Zu den reinen firmeninternen Vorträgen sollten Sie noch einen bekannten externen Experten (Unternehmensberater, Motivationstrainer, Verkaufstrainer, Steuerexperten etc.) engagieren, um eine zusätzliche Sogwirkung zu erzielen.

Bedenken Sie beim Rahmenprogramm: Ein normales Dreigängemenü reißt niemand mehr vom Stuhl, mehr Kreativität ist schon gewünscht, z. B. lukullische Höhepunkte, präsentiert durch einen Comedy-Kellner.

Ein solches Seminar muss etwas kosten, sonst taugt es nichts. Machen Sie es teuer, wir sind im Geschäfts- nicht im Privatbereich.

4. Schritt: Akademie/Kundenclub als Krönung

Es gibt Branchen, in denen ein hohes Weiterbildungsbedürfnis existiert, z.B. Medizin, Steuerungsbau, Elektronik – also überall, wo wir es mit raschem Wissenszuwachs zu tun haben. Hier ist das Gründen einer Akademie richtig. Diese Institution muss natürlich ein „rundes Programm" bieten: Festvorträge, Tagesseminare, Wochenendevents mit Partner, Workshops und Erfa-Gruppen – bis hin zur berufsbedingten Weltreise (Architekten z. B. machen eine Reise zu fünf Städten, um sich über neue infrastrukturelle Erkenntnisse zu informieren).

Eine Akademie hat selbstverständlich einen Träger (das ist Ihre Firma), einen Akademieleiter und Beiräte (ein Professorentitel macht sich nie schlecht), eine Verwaltung (die muss gesponsert werden) und Trainer/Referenten. Die Akademie kann auf Dauer nur überleben, wenn das Programm abwechslungsreich gestaltet wird. Dazu brauchen Sie meist bekannte Unternehmensberater, die sowohl inhaltlich als methodisch ein Genuss sind.

Bitte verzichten Sie auf bekannte Politiker, die hört und sieht man sowieso ständig im Fernsehen.

Bei der Akademie können Kunden Mitglied werden und erhalten so bestimmte Veranstaltungen kostenlos, andere zu reduzierten Preisen.

Vielleicht konnte ich Sie zu diesem Thema begeistern. Meine Erfahrung ist, dass man gerade im Vortragsbereich sehr schnell überlegen muss, wie alle Aktivitäten institutionalisiert werden können, um für bestehende Kunden sowie potenzielle Neukunden als ein neuer heimatlicher Hafen interessant zu werden.

Event- und Kundenclubwerbung

Mallorca, wer hat es nicht schon gesehen? Für viele immer noch attraktiv.

Doch was halten Sie von Malta? Kennen nur wenige.

Zypern? Hat erstklassige Hotels.

Lissabon? Mit seiner tollen Burg.

Rom? Ein einziges Museum.

Es gibt noch mehr interessante Reiseziele, zu denen man seine potenziellen Kunden einladen kann.

Ein Event, was ist das?

Ein Event ist eine Veranstaltung, ein Höhepunkt, zu dem Kunden und Interessenten eingeladen werden, um ihnen Spannendes, Abwechslungsreiches und Inhaltsvolles zu bieten.

Wichtig: Events dürfen keine reinen Belustigungen, Ess- und Trinktouren sein. Nicht nur, weil der Kunde spürt, dass er „gekauft“ werden soll, auch der Fiskus macht nicht mehr mit.

Man muss schon etwas bieten, und zwar mehr als einen Kurzurlaub, den sich unsere Kunden heute sowieso leisten können.

Übrigens, solche Reisen dürfen für Kunden nicht kostenlos sein, sondern sollen sich durch die Teilnehmergebühren und ein geringes Sponsoring (etwa 30 % der Gesamtkosten) rechnen.

Und wenn Sie noch folgende Empfehlungen berücksichtigen, wird Ihr Event ein voller Erfolg.

1. Beziehen Sie regionale Sitten und Eigenarten mit ein!

Bieten Sie ihren Kunden/Interessenten etwas, das sie nicht automatisch bekommen, wenn sie privat als Tourist dort wären. Sie müssen sich zur Vorbereitung vorher kreativ mit Einheimischen vor Ort auseinander setzen und sollten sich nicht allein auf sowieso abgekupferte Ideen einer Event-Agentur verlassen.

Ein Beispiel: Auf Malta steht noch immer das Kulissendorf, das für den Film „Popeye", Hauptdarsteller Robin Williams, erstellt wurde. Alles ist dort schief und lustig. Das Dorf liegt direkt am Strand. Können Sie sich vorstellen, wie viel Spaß es macht, in der dort vorhandenen Schule auf alten Kisten sitzend einen Vortrag zu hören? Danach geht es per Ruderboot zum Fischen – mit anschließender Grillparty. Das vergisst keiner.

2. Sorgen Sie für spannende, eigenwillige Referate!

Vorlesungen, die inhaltlich zwar hochkarätig, aber einschläfernd sind, reduzieren die positiven Erinnerungen der Teilnehmer.

Wählen Sie Ihre Referenten sorgfältig aus, nehmen Sie nur Spitzenleute.

Neben Ihren Fachthemen, die genauso begeisternd vorgetragen werden können, sind immer wieder folgende Bereiche interessant:

- *Managementwissen*
  (Mitarbeiterführung ist heute schwieriger denn je!)

- *Verkaufskönnen*
  (Gerade Führungskräfte müssen zunehmend verkaufen!)
- *Gesundheitsbewusstsein*
  (Fitness und Power sind immer mehr gefragt!)
- *Gedächtnistraining*
  (Wir müssen mehr und mehr und schneller lernen!)
- *Kreativität*
  (Machen Sie der Einfallslosigkeit ein Ende!)

3. Die Betreuung muss sympathisch sein!

Jeder Teilnehmer muss das Gefühl haben, dass er hoch im Kurs steht. Alle „Offiziellen" müssen trainiert sein in Freundlichkeit und Hilfsbereitschaft. Wenn der Veranstalter am längsten ausschläft oder ständig am Pool sitzt, ist der Respekt rasch verspielt.

Kundenclub!

- Es gibt Firmen, die nun den Akademiegedanken des vorigen Abschnitts mit verschiedenen Events kombinieren und dann Kundenclubs gründen. In Kundenclubs finden wir dann unterschiedliche Arten der Zugehörigkeit: Experten, Assoziierte, Exzellenz-Mitglieder etc. Die Mitgliedschaft muss eine Ehre sein! Schnell wird aus einem Kundenclub auch ein Kundenbeirat, der hilft, Unternehmen noch wettbewerbsfähiger zu machen.
- Die Mitgliedschaft im Club darf nicht kostenlos sein, wenn auch gesponsert werden darf. Vielleicht bekommen Clubmitglieder einen Bonus auf den Umsatz oder je nach Umsatz die Veranstaltungen des Clubs zu reduzierten Tarifen.
- Der Club muss leben. Vorstand und aktive Beiräte werden gebraucht!

- Ein Periodikum (Rundbrief, Zeitschrift) sorgt für neue Ideen, Erinnerungen und Zusammenhalt. Dazu gehören auch regionale Expertentreffen mit lockerem Programm.
- Möglicherweise wählen die Mitglieder sogar ein Gremium zur Beratung der Unternehmensleitung (das Kundenforum), wodurch alle zu Mitunternehmern werden.
- Setzen Sie auf Experten, und initiieren Sie ein „Mitglieder werben Mitglieder"-Programm, wodurch große Akquisitionserleichterungen möglich sind. Chancen über Chancen ...

Akquisition per Fax, E-Mail und SMS

Das Faxgerät kam Ende der 70er Jahre auf den Markt. Nach anfänglicher Skepsis und Zurückhaltung (es nützte ja nichts, ein Faxgerät zu haben, wenn der Empfänger keines hatte) begann wenige Jahre danach der Siegeszug in Europa. Können wir uns heute noch ein Büro ohne Fax vorstellen?

Ein Fax zeigt auch, dass wir schnell sein wollen und können. Oft reicht ein handschriftliches Fax, um einem potenziellen Neukunden eine wichtige Botschaft zu senden. Ein kurzes Dankeschön für den ersten Empfang macht sich immer gut, und eine schnelle zugesagte Information per Fax verfehlt nicht ihre positive Wirkung.

Es darf nicht (jedenfalls nicht im Business-to-Business) Ihr Stil werden, diese „flachen" Karikaturvorlagen, die in manchen Schreibwarengeschäften zu kaufen sind, zu nutzen. Ein guter Verkäufer muss Individualität vermitteln.

E-Mail heißt das neue Zauberwort. Die internationale Vernetzung der Computer macht es möglich: Schnell sich an den Computer gesetzt, für den Kunden einige Zeilen eingegeben und in Bruchteilen von Sekunden sind sie bei ihm. Er muss nur noch die Zeit haben, die E-Mails zu lesen.

Gestalten Sie E-Mails „warmherzig“, eine E-Mail und altmodisches „Kaufmannsdeutsch“ vertragen sich nicht.

Und was wären wir heute ohne Handys? Nutzten in den 70er Jahren nur die „Reichen“ das A-Netz als modernstes Kommunikationsinstrument, so hat es der Preisverfall ermöglicht, dass bald in jeder Hand ein Handy ist. Damit können wir Kunden noch besser erreichen.

Darüber hinaus gibt es noch das System SMS. Hier können wir per Anwahl und – falls der Kunde nicht erreichbar ist – per Tastendruck eine kurze Botschaft wie „Ware geht heute raus“ oder „Bin pünktlich um 14.00 da“ senden.

Die Linie ist klar: Nutzen wir diese modernen Kommunikationsmedien, zeigen wir dem Kunden, dass wir dabei sind.

Akquisition per Anzeige, TV, Rundfunk, Kino und Plakat

Dieses Buch ist für Verkäufer. Mit Werbung klassischer Art beschäftigen sich Werbeagenturen und Werbeabteilungen. Deswegen fassen wir uns hier kurz und beschränken uns auf das, was für Verkäufer wissenswert ist.

Anzeigen sollen Kaufanreiz geben, sie sind Auslöser und machen auf unser Produkt aufmerksam.

Anzeigenwerbung unterliegt gewissen Modeerscheinungen. Das erkennen wir an der Wahl der Farben, der Sprache und der Bilder.

Verkäufer sollten Anzeigen mit dem „Auge des Verkäufers“ genauso sorgfältig lesen wie den Rest einer Zeitschrift, denn Werbepsychologie und Verkaufspsychologie sind fast identisch. Auch in der Werbung geht es um

- das Wecken von Neugier,
- Begeisterung in der Information,
- lang anhaltenden Erinnerungseffekt,
- Reaktionsauslöser.

Werbemedien wie TV, Rundfunk, Kino oder Plakat unterliegen unterschiedlichen Gesetzen. Jedes Medium hat seine eigenen Profis; so gibt es Spezialagenturen für Plakatanschlag, Experten für Rundfunkspots usw.

Wir Verkäufer haben eine große Chance. Machen wir die Werbeaussage im Verkaufsgespräch zu unserer eigenen. Wenn Werbung und Verkäufer eine argumentative Einheit bilden, kommt es zum erwünschten Wiederholungs- und Erinnerungseffekt.

Verinnerlichen wir also die Werbebotschaft! Dies fällt zwar manchmal schwer, weil die Werber uns vorher nicht gefragt haben und andere Argumente bevorzugen. Deswegen müssen wir mit den Werbern reden. Denn nach außen muss der Kunde spüren, dass alles aus einem Guss ist. Fachleute sprechen von Corporate Identity (CI).

Multimedial neue Kunden gewinnen **Zehn Leitfragen, um die richtige Wahl der Mittel zu treffen**
Unser Kunde ... 1. Liest er gern Briefe? 2. Ist das Telefon ein Störenfried? 3. Empfindet er einen Kalt-Besuch als Überrumpelung? 4. Lässt er sich zu Empfehlungen hinreißen? 5. Kann er gar Mit-Verkäufer werden? 6. Sucht er auf Messen neue Partner? 7. Will er auf Vorträgen Neues hören? 8. Nutzt er das Internet aktiv? 9. Braucht er schnelle Kontakte? (E-Mail etc.) 10. Will er durch mehrere Medien angesprochen werden? PS: Ein Profiverkäufer setzt alle Instrumente virtuos ein, wie ein Konzertmeister: zum richtigen Zeitpunkt den richtigen Klang.

12 After Sales und Empfehlungswerbung

Zufriedenheit ist rational, Begeisterung ist emotional

In meiner Familie (ich selbst, meine Frau, meine drei Töchter und meine drei Schwiegersöhne) gibt es insgesamt acht Pkws von sage und schreibe sieben verschiedenen Marken (Mercedes, BMW, Opel, VW etc.). Was meinen Sie, woran das liegt? Ich sag's Ihnen: Kein einziger Verkäufer in den Autohäusern unserer Händler fragte auch nur einmal nach: „Was meinen Sie: Wen in Ihrer Familie gibt es denn noch, der sich für unsere Autos so begeistern kann wie Sie?"

Wahrscheinlich erkennen sehen Sie das Dilemma: Kunden werden heute noch immer viel zu selten oder gar nicht nach ihrer (Produkt- und Service-)Zufriedenheit, nach möglichen Folgegeschäften sowie nach Empfehlungen gefragt. Dabei lautet der eherne Grundsatz der Kundenbetreuung: Danach ist immer davor! Nach dem Abschluss ist immer vor dem Abschluss!

After-Sales-Strategien und die optimale Nachbereitung von Verkaufsgesprächen sind im Kundenbindungsprozess von entscheidender Bedeutung: Manches zunächst optimal gelaufene Verkaufsgespräch führt deshalb nicht zum Erfolg, weil die gegebenen Versprechungen nicht oder nicht termingerecht eingehalten werden und/oder die Kommunikation zwischen Verkäufern und Innendienst nicht richtig funktioniert. Das geht alles zu Lasten des Kunden! Auch nach dem Abschluss darf das Verkaufen nicht aufhören. Strategien und Maßnahmen der After-Sales-Kundenbetreuung sind für Kundenzufriedenheit und -begeisterung und damit für den dauerhaften Verkaufserfolg enorm wichtig.

Die meisten Produkte haben heute vergleichbare Qualitätsstandards, daher zählen für den Kunden bei der Kaufentscheidung entweder der Preis oder nichtmaterielle Kriterien wie Freundlichkeit, Individualität, persönliche Anerkennung, Sicherheit, Vertrauen, Zuverlässigkeit oder die Faszination positiver Erlebnisse (Ambiente von Verkaufsräumen, Erscheinungsbild des Verkäufers und seine Verkaufsunterlagen etc.).

Servicequalität bedeutet heute daher, sich als den besseren Partner als der Wettbewerb zu verkaufen. Auf dem „richtigen“ Service basiert die dauerhafte emotionale Bindung des Kunden zu seinem Verkäufer: Durch Ihre Verkäuferpersönlichkeit, durch Lieferung und Abwicklung, insbesondere aber durch die gesamte Nachkaufbetreuung mit Beratung, Installation, Information, Bestätigung, Wartung und Kundendienst, wird die künftige Beziehungsqualität zu Ihrem Kunden bestimmt.

Auf den Punkt beigebracht: Servicequalität bestimmt Beziehungsqualität. Ihr After-Sales-Service ist das Kriterium dafür, ob Ihr Kunde positiv über Sie und Ihr Unternehmen denkt und vor allem, ob er anderen davon erzählt – ob er Sie weiterempfiehlt!

Nur begeisterte Kunden sind wirklich treue Kunden, zufriedene Kunden wechseln dagegen schnell zur Konkurrenz. Zufriedenheit wächst eher aus rationalen Kriterien, erst Begeisterung macht Kunden zu „Fans“. Begeisterung erwächst aus Ihrer einzigartigen, individuell auf jeden Kunden abgestimmten Servicequalität!

After Sales sollten sie wörtlich nehmen: Es beginnt direkt nach dem Abschluss

Achtung: Den Moment des Verkaufsabschlusses prägt sich Ihr Kunde für immer ein! Das Verkaufsgespräch mit dem erfolgreichen Abschluss kann märchenhaft – nicht nur für Sie! – verlaufen sein, das hilft alles nichts, wenn Sie die ersten Sekunden und Minuten direkt nach dem Abschluss nicht konzentriert bleiben und den Kunden „bei der Stange halten".

Machen Sie's nicht wie manche Reiseveranstalter: In ihren Clubs wird man mit Musik und Animateuren begrüßt – wer's mag, findet's toll. 13 Tage Sonne, Freunde, Spaß, Erholung pur. Aber dann der Abschied am 14. Tag! Um 10 Uhr vormittags das Zimmer räumen und dann bei gnadenloser Hitze warten, bis der Gruppenbus um 16 Uhr kommt, um Sie zum Flughafen zu bringen. 13 schöne Tage wie weggewischt ... danke, das war's – einmal und nie wieder!

- Fast jeder Verkäufer bedankt sich beim Kunden für den Auftrag. Gehen Sie einen Schritt weiter und nutzen den Moment, Ihren Kunden in seiner Kaufentscheidung zu bestätigen, um jeder „Kaufreue" bei ihm zuvorzukommen.
- Signalisieren Sie Ihrem Kunden, dass Sie ihn auch nach dem Abschluss in jeder Hinsicht tatkräftig unterstützen werden, indem Sie ihm zum Beispiel eine schnelle Abwicklung seines Auftrages zusichern.
- Eine weitere nette Geste ist, sich beim Kunden für die Zeit, die er sich für Sie genommen hat, zu bedanken. Damit geben Sie Ihrem Gegenüber gleichzeitig zu verstehen, dass Sie sich durchaus bewusst sind, wie wertvoll und knapp seine Zeit ist.

- Oder wie wäre es damit, Ihren Kunden abschließend mit einer Einladung zu einer Messe oder auch zur Besichtigung Ihrer Firma zu überraschen?

Die Nachbereitung des Verkaufsgesprächs

Die Nachbereitung eines Verkaufsgesprächs ist genauso wichtig wie seine intensive Vorbereitung und optimale Durchführung, denn eine sich sofort daraus ergebende dauerhafte Geschäftsbeziehung ist heute eher die Ausnahme:

- Führen Sie den Auftrag zügig und kundengerecht aus. Fügen Sie der Auftragsbestätigung ein persönliches (Dankeschön-)Anschreiben bei.
- Halten Sie schriftlich fest, wer in Ihrem Unternehmen über die Gesprächsergebnisse Bescheid wissen muss.
- Berücksichtigen Sie eventuelle Sonderwünsche Ihres Kunden, soweit diese in Ihrem Entscheidungsspielraum liegen, und informieren Sie entsprechend alle Ihre Kollegen, die an der Ausführung des Auftrags beteiligt sind.
- Geben Sie Ihrem Kunden unbedingt einen Zwischenbescheid, falls der vereinbarte Liefertermin aus welchen Gründen auch immer nicht eingehalten werden kann.
- Legen Sie gemeinsam mit Ihrem Kunden Termine für Mitarbeiterschulungen zum neuen Produkt fest. Überlegen Sie, ob Sie auch schon einen neuen Termin für ein eventuelles Zusatzgeschäft vereinbaren können.
- Sorgen Sie dafür, dass Ihr Kunden in diverse Verteiler aufgenommen wird, zum Beispiel für die Firmenzeitung, (Online-)Newsletter und andere Unternehmenspublikationen; Messen, Ausstellungen, Tag(e) der offenen Tür, Hausmessen und sonstige (Informations-) Veranstaltun-

gen; den Glückwunschservice (Geburtstage, Weihnachten, Jubiläen etc.).

Fühlen Sie sich selbst auf den Zahn: der Gespräch-Selbstcheck

Neben all den Details, die damit zusammenhängen, den Auftrag „ins Rollen zu bringen“, sollten Sie sich auch ein paar Minuten Zeit dafür nehmen, das Verkaufsgespräch vor Ihrem geistigen Auge noch einmal Revue passieren zu lassen. Bei dieser Nachbereitung geht es nicht darum, die „objektiven“ Gesprächsergebnisse, die schwarz auf weiß auf dem Auftragsformular festgehalten wurden, umzusetzen, sondern darum, dass Sie Ihre Gesprächsführung selbstkritisch unter die Lupe nehmen:

- Waren Sie gut auf das Verkaufsgespräch vorbereitet? Wären zusätzliche Informationen zum Unternehmen oder zu Ihrem Gesprächspartner hilfreich gewesen?
- Wie war die Kommunikation? Haben Sie einen guten Gesprächseinstieg erwischt? War Ihr Gesprächspartner reserviert? Wenn ja, woran könnte es gelegen haben?
- Wie war Ihr Zeitmanagement? Haben Sie den selbst gesteckten Zeitrahmen für das Gespräch einhalten können?
- Was ist gut gelungen, wo sind Ihnen möglicherweise Fehler unterlaufen?
- Haben Sie alle Ihre Gesprächsziele erreicht?
- Konnten Sie alle Einwände Ihres Kunden entkräften?
- Waren Sie in der Lage, Ihrem Kunden den Mehrwert, seinen individuellen Nutzen Ihres Angebots, zu vermitteln?
- Deckt sich Ihr Angebot mit Bedürfnissen Ihres Kunden?

- Wie können Sie Ihre Erkenntnisse aus diesem Verkaufsgespräch für weitere Kundenkontakte nutzen?

Nach der Lieferung: Jetzt geht's erst richtig los

In Ihrem Service zeigt sich Ihre „Kundendenke“: Service, der dem Kunden wirklich Dienste leisten soll, muss aus der Sicht des Kunden heraus konzipiert werden: Dafür müssen Sie sich in die Denk- und Wunschwelt Ihres Kunden hineinversetzen, seinen materiellen, sachlichen Bedarf herausarbeiten – vor allem aber seine emotionalen Bedürfnisse kennen lernen und befriedigen:

Schon die Rechnung können Sie dazu nutzen, mit einem Beileger den Kunden darauf aufmerksam zu machen, dass die „Kundendenke“ Ihres Unternehmens nicht bei der Zahlung endet, sondern weit darüber hinaus reicht.

Beispiel

Bei der Lieferung eines Möbelstücks liegen der dazugehörigen Rechnung ein paar Dankeschönworte und ein kleines Reinigungsset bei. Eine kleine Geste, die verrät, dass Sie die Bedürfnisse Ihres Kunden verstanden haben!

Ihre Servicequalität entwickelt ihre volle Wirkung erst dann, wenn Ihr Kunde bereits gekauft oder schon bezahlt hat. Auch Sie als Verkäufer können zu einem „Serviceerlebnis“ enorm beitragen, indem Sie genau diesen *Service* auch *verkaufen*: Warum sollte Ihr Kunde Ihren höheren Preis akzeptieren, solange er den Zusatznutzen nicht kennt, der ihm dank der „unsichtbaren“ hohen Servicequalität Ihres Unternehmens geboten wird?

Beispiel

Wenn Sie also in einer Nacht- und Nebelaktion bei Eis und Schnee einem Kunden ein wichtiges Ersatzteil bringen, um ihm die Produktionausfallkosten möglichst weitgehend zu ersparen, und Ihr Kunde bedankt sich überschwänglich für Ihre Mühe, dann ist Bescheidenheit à la „Ist doch selbstverständlich. Gehört doch dazu“ zwar eine Zier, aber besser wäre in diesem Fall das Sprichwort: Tue Gutes und sprich darüber! „Herr Kunde, ich freue mich, dass Sie diese Serviceleistung zu schätzen wissen. Ich habe das gern getan, besonders für Sie!“ Ansonsten ist dieser Kunde enttäuscht, weil Sie ihm zu verstehen gegeben haben, dass Ihre Mühe ja nichts Besonderes sei – und damit auch die Mühe, die Sie sich genau für diesen Ihren Kunden gemacht haben!

Zufriedenheitsbefragungen Ihrer Kunden sollten Sie je nach Produkt oder Dienstleistung nach einem bestimmten Zeitraum (zum Beispiel acht Tage nach Überreichung eines PKWs oder bei Anstrich der Hausfassade nach einem Jahr) durchführen, schon um sicherzugehen, dass Ihr Kunde keine Negativwerbung macht, und – weitaus besser! – um nach einer Empfehlung zu fragen.

Beispiel

Nach drei Jahren Leasingdauer gab ich meinen Jaguar XJR zurück, weil ich mir zwischenzeitig bei einem befreundeten Autohaus einen Mercedes bestellt hatte. Der Jaguar-Verkäufer fragte mich daher: „Warum weiß ich das nicht, dass Ihr Leasingvertrag ausläuft?“ Merken Sie was? Allein ein Anruf des Jaguarverkäufers oder einer seiner Kollegen, welche die entsprechenden Kundendaten pflegen, rechtzeitig vor dem Ende des Leasingvertrages, hätte mich zumindest weiter darüber nachdenken lassen, ob ich den Jaguar nicht komplett übernehme.

Und so geht's: Drei oder vier Tage nach jedem Werkstattbesuch rufen zwei Mitarbeiterinnen eines sehr erfolgreichen Kfz-Händlers in Ostdeutschland bei ihren jeweiligen Kunden an, um sich nach deren Zufriedenheit nach der Reparatur zu erkundigen. Ganz nebenbei flechten diese geschickten Mitarbeiterinnen die folgende Frage ein: „Steht in Ihrem Haushalt demnächst ein Pkw-Kauf an?"

Anderes Beispiel: Ein bis zwei Wochen nach dem Einbau einer Heizung kann der Meister seine Funktionskontrolle mit einem Zufriedenheitscheck verbinden und – falls der Kunde entsprechend positiv gestimmt ist – diesen nach einer Empfehlung fragen.

Wie gut kennen Sie eigentlich Ihre Kunden?

Eine individuelle Kundenbetreuung setzt die profunde Kenntnis des jeweiligen Kunden voraus. Hand auf's Herz: Sind Ihre Kundendaten vollständig? Hier ein kleine Auswahl entscheidender Informationen:

- Datum des ersten und des letzten Auftrags
- Auftragsvolumen im vergangenen Jahr
- Bisher gekaufte Produkte
- Eingeräumte Konditionen
- Aufzeichnungen über Angebote, Aktionen und Events
- Noch zu akquirierendes Umsatzpotenzial
- Sonderwünsche
- Hinweise zu Mitentscheidern im Hintergrund und zu Bemerkungen des Kunden über Wettbewerb
- Reklamationen und ihre Regelung

- Aufzeichnungen über private Angaben und Geburtstage und andere „Feiertage“

Informationen über Kunden professionell zu sammeln, zum „richtigen Zeitpunkt“ auszuwerten und somit Kundenkontakte gewinnbringend zu nutzen ist heute eine enorm wichtige Voraussetzung für langfristigen Verkaufserfolg. Darüber hinaus ist der schnelle Zugriff auf Kundendaten für die intensive Vorbereitung auf Kundenbesuche unerlässlich – setzen Sie Hintergrundinformationen zu Ihrem Kunden im Gespräch mit ihm geschickt ein, fühlt er sich individuell betreut und damit aufgewertet. Von da aus ist nur noch ein kurzer Weg, um in Ihrem Kunden Begeisterung zu entfachen. Außerdem helfen Ihnen Detailinformationen über Ihren Kunden, um die Stimmung in festgefahrenen Verkaufsgesprächen bzw. Preisverhandlungen aufzulockern.

Eine gut gepflegte Kundendatei ermöglicht Ihnen auch den Tick mehr an Hilfsbereitschaft, als Ihr Kunde erwartet. Oder meinen Sie nicht, dass Ihr Kunde sich darüber freut, wenn Sie ihn darauf hinweisen, dass sein Bestand aus der letzten Lieferung zu Ende geht, oder wenn Sie ihm An- und Verwendungstipps und andere nützliche Hinweise per Newsletter schicken? Ebenso sind Schulungen, Seminare für seine Verkäufer oder für seine eigenen Kunden das Plus an Hilfsbereitschaft, das ihn begeistert!

Checkliste für kundenspezifische After-Sales-Strategiepläne
➢ Wie können Sie den Bedarf Ihres Kunden, seine brennenden Probleme am besten lösen? ➢ Wie können Sie den Mehrwert, den individuellen Kunden(zusatz-)nutzen entwickeln und ausbauen, der Ihre Wettbewerber aussticht? ➢ Was bringt Ihrem Kunden mehr Umsatz und bessere Erträge? ➢ Wie können Sie Ihrem Kunden weiterhin zum Erfolg verhelfen, damit er seine Ziele, Träume und Wünsche realisieren kann? Wie können Sie Ihren Kunde positiv überraschen und verblüffen? ➢ Werden die Kundeninformationen und -daten in das Vertriebsinformationssystem, in die Kundenkartei/ Kundendatenbank, in das CRM-System etc. aufgenommen? ➢ Wer muss im Unternehmen besonders bei einem neuen Kunden informiert werden, damit die Kundenbeziehung gerade am Anfang nicht gestört wird? Wie schaffen Sie perfekte Beziehungen zwischen Ihrem Kunden und Ihren beteiligten Kollegen im „Ihrem" Unternehmen? ➢ Gibt es eine persönliche Kundenbetreuung durch ständige Ansprechpartner im Unternehmen (Hotline)? ➢ Wird Ihr Kunde im Verteiler für Telefonaktionen, zum Beispiel zu Zusatzangeboten oder zu anderen wichtigen Kundeninformationen, berücksichtigt? ➢ Welche elektronischen Verkaufshilfen (Newsletter etc.) passen für die Betreuung Ihres Kunden? ➢ Wird Ihr Kunde zu Neuproduktentwicklungen eingeladen? ➢ Kann Ihr Kunde im unternehmenseigenen Kundenclub Mitglied werden (Events, Sport/Fitness, Reisen, Vorzugskonditionen etc.)?

Events

Kundenevents wie Feste, Tage der offenen Tür, Get-together-Partys auf Messen, Seminare, Tagungen, besondere Incentives für besonders treue Kunden etc. bieten hervorragende Gelegenheiten, (weitergehende) soziale Kontakte zu ermöglichen – zwischen Ihren Kunden, aber auch zwischen Ihren Kunden und den Mitarbeitern Ihres Unternehmens.

Durch den positiven *Erlebnis*charakter des Events sprechen Sie die emotionalen Bedürfnisse Ihrer Kunden direkt an – Sie schaffen ein verbindendes „Wir-Gefühl“, bei etwas Besonderem dabei zu sein, Sie schaffen *persönlichen Kontakt* zu den Menschen, die im Unternehmen hinter den Kulissen arbeiten (Telefondienst, Auftragsbearbeitung, Lager, Versand, Marketing, Werbung etc.).

Als Verkäufer müssen Sie Ihre Kunden mit diesen internen Mitarbeitern natürlich ins Gespräch bringen, denn nur dann bekommt Ihr Unternehmen ein Gesicht, dann sind die Namen Ihrer Mitarbeiter nicht allein eine Aneinanderreihung von Buchstaben auf irgendwelchen Formularen oder „nur“ Stimmen am Telefon.

Entscheidend für die Kontakt- und Bindungserfolge solcher Events ist nicht die Höhe des jeweiligen Aufwands. Viel wichtiger ist es zum Beispiel, dass der Vorstandsvorsitzende Ihres Unternehmens einmal persönlich für Kunden zu sprechen ist, dass er als „Mensch unter Menschen“ erlebt wird.

Beispiel

Das örtliche Autohaus lädt alle VIPs, wichtige, d. h. umsatzstarke Kunden, und die örtliche Polit- und Society-Prominenz schon am Freitagabend zu einem kleinen Event anlässlich der Neuvorstellung eines neuen PKWs, während die „breite Masse“ erst am Samstag die Gelegenheit bekommt, das neue Auto zu bestaunen.

Events werden als positiv gestaltete Ereignisse zu beeindruckenden Erlebnissen, welche die Erinnerung und die innere Einstellung Ihrer Kunden nachhaltiger als jeder Kontaktanruf oder jede aufwändige Infobroschüre prägen.

Don'ts – so schrecken Sie Ihre (Stamm-)Kunden ab

Gebührenfreie 0800er-Hotlines, auf der kompetente Mitarbeiter Ihren Kunden bei Fragen rund um die Uhr zur Verfügung stehen, haben ebenfalls eine sehr positive, „verbindliche“ Wirkung – die Sie aber schnell wieder mit gebührenpflichtigen 0190er- oder 01805er-Nummern zunichte machen können. Stellen Sie sich mal einen Kunden vor, der sich nach Büroschluss über einen Produktfehler ärgert, sich beschweren will und dann dafür auch noch „blechen“ soll ...

Ständiger Personal-, Kundenbetreuer- und Mitarbeiterwechsel nervt Ihre Kunden, denn sie wollen nicht immer wieder einen ganzen Vorgang von vorne erklären müssen. Große Fluktuation beim Personal kostet vor allem mühsam akquirierte Neukunden, denn so kann keine dauerhafte und tragfähige Kundenbeziehung entstehen. Der Aufwand, gute und beim Kunden beliebte Mitarbeiter zu halten, hat einen hohen Return on Investment, denn Mitarbeiterbindung sorgt für langfristig ertragreiche Kundenbindung.

Kunden schätzen Glaubwürdigkeit und Redlichkeit als Basis für eine Vertrauensbeziehung. Machen Sie daher keine Versprechen, die Sie nicht halten können: ob in der Produktion nicht zu realisierende Produktvarianten, nicht einzuhaltende Lieferfristen, nicht genehmigte Rabatte oder Zahlungsziele, Einweisungen und Schulungen, die aus Organisations- oder Personalgründen nicht zustande kommen – enttäuschte Kunden sind verlorene Kunden: Goodwill ist sehr zerbrechlich und schnell verspielt, auch bei langjährigen Stammkunden. Außerdem machen vorschnelle, aber nicht gehaltene Zusagen und Versprechen schnell die „Branchenrunde“ und können einen verheerenden Imageschaden für Ihr Unternehmen herbeiführen. Bedenken Sie: Potenzielle Neukunden sind ohnehin sehr kritisch ...

Begeisterte Kunden sind loyale Kunden

Die systematische Gewinnung und Pflege von Stammkunden fußt auf der uralten Erkenntnis, dass es vielfach kostengünstiger ist, bisherige Kunden zu pflegen und ihr Umsatzpotenzial auszuweiten, als immer wieder neue Kunden gewinnen zu müssen. Begeisterte „Fan-Kunden“ kaufen mehr und von allein, ohne aufwändige Werbung und viele Außendienstbesuche.

Die Loyalität treuer Stammkunden, die schließlich auch zu Empfehlern werden, wächst allmählich: vom Interesse zum Probekauf, durch Zufriedenheit zum Wiederkauf, durch Überzeugung zum Weiterkauf, durch Faszination zu Zusammenarbeit und Vernetzung, durch Begeisterung zur Empfehlung.

Erfolgreiche Unternehmen sind dabei, Prozesse und Systeme mit dem Ziel zu entwickeln, dem Kunden so viel wie möglich zu helfen, ihm sein Leben zu erleichtern und ihm Arbeit abzunehmen. Der Verkäufer wird dabei zum Berater, zum Coach, zum Ideengeber und zum ständigen Betreuer des Kunden in allen Geschäftslagen. Er hilft ihm dabei, erfolgreicher zu verkaufen, technische Prozesse zu optimieren, schnell und kostengünstig an erforderliches Wissen zu kommen, Steuern zu sparen oder an neue Aufträge zu kommen. Ihrer Hilfsbereitschaft sind dabei kaum Grenzen gesetzt: Durch Ihre Hilfe im Dienst Ihres Kunden entstehen enge Verflechtungen zwischen Ihrem Unternehmen und Ihrem Kunden: Netzwerke, Win-Win-Geschäftsbeziehungen, deren Vorteile und Nutzen für beide Seiten klar ersichtlich sind.

Expertentipps für begeisterte Stammkunden

- Stammkunden lassen sich heute nicht mehr allein mit traditionellen Verkäuferkompetenzen erreichen, sondern nur durch zusätzliche, emotional geprägte und individuelle Vorteile. Bieten Sie Ihrem Kunden mehr – mehr an Zusatznutzen, mehr an Vertrauen, mehr an Kauferlebnis!
- Verblüffen Sie Ihren Kunden mit Hilfsbereitschaft!
- Schaffen Sie Loyalität durch absolute Fairness, Glaubwürdigkeit und Ehrlichkeit – machen Sie keine Versprechen, die Sie nicht halten können!
- Helfen Sie Ihrem Kunden dabei, der Beste zu sein, der Sieger – Ihre Strategie heißt: sich für den Kunden einsetzen, seine Gewinne mehren!
- Sprechen Sie Ihren Kunden immer individuell und persönlich an: Wissen Sie durch eine umfassende und aktuelle Kundendatei stets bestens Bescheid über ihn!
- Machen Sie sich schlau – Kunden erwarten kompetente Verkäufer, die ihnen zuhören und ihre Sprache sprechen!
- Schaffen Sie Nähe durch Kontinuität beim Vertriebspersonal!
- Flechten Sie Kundennetzwerke: Vereinfachen Sie die Prozesse in der Produktion Ihres Kunden!

Empfehlungswerbung

Ein Kunde, der Vertrauen zu „seinem“ Verkäufer hat, der sich gut aufgehoben fühlt, geht nicht wegen eines kleinen Preisvorteils gleich zur Konkurrenz, im Gegenteil: Er lässt sich auch gut führen – zum Zusatzauftrag, zur Probeorder eines neuen Produkts etc. Der wertvollste Schatz aber, den emotional an den Verkäufer und dessen Unternehmen gebundene Kunden haben, ist ihr Empfehlungspotenzial.

Ein begeisterter Kunden ist bereit, Empfehlungen abzugeben, sich als positive Referenz zur Verfügung zu stellen. Begeisterte Kunden sind die besten Werbeträger – sie sind die günstigste und wirksamste Werbeinvestition überhaupt, denn empfohlene Kunden haben von Anfang an eine stärkere Bindung an den Verkäufer und dessen Unternehmen, als das mit den üblichen Werbemitteln und -formen und vorsichtigem Probe-/Erstkauf bei neu akquirierten Kunden jemals erreicht werden kann.

Eine Empfehlung ist die qualifizierteste Akquisitionsadresse, die Sie überhaupt in die Hände bekommen können:

- Sie werden nur dann weiterempfohlen, wenn Sie Ihren (Stamm-)Kunden überzeugt haben.
- Der Name des Empfehlers wirkt wie ein Zauberstab, der Ihnen alle Türen bis ins Büro des Empfohlenen wie von selbst öffnet. Der Gesprächseinstieg fällt Ihnen leicht, weil Sie sich auf jemanden beziehen können, den Ihr Gesprächspartner schon kennt.
- Sie haben einen Vertrauensvorschuss, den Sie mithilfe anderer Instrumente der Neukundenakquise zumindest in der Phase des Erstkontaktes nicht annähernd erreichen können: Ihr Gesprächspartner sagt sich: „Wenn mein Kollege diesen Verkäufer und dessen Produkte empfiehlt, kann ich mich eigentlich darauf verlassen ...“

Die Angst des Verkäufers vor der Empfehlungsfrage

Trotz ihrer unbestrittenen Vorteile hat die Frage nach einer Empfehlung unter vielen Verkäufern nach wie vor ein schlechtes Image. Sie halten Empfehlungen für eine Form der Neukundengewinnung, die für Multi-Level-Marketing-systeme und dubiose Strukturvertriebe typisch und daher für ihre eigene Branche und die eigenen Produkte nicht angemessen ist – dabei sind Empfehlungen in unserem Alltag doch eine Selbstverständlichkeit! Gerade im privaten Bereich sprechen wir oft (unbewusst) Empfehlungen aus (neuer Kinofilm, der Italiener um die Ecke, Arzt, Versicherungsvertreter, Friseur etc.).

Ein anderer Grund, warum Verkäufer die Empfehlungsfrage gern vermeiden: Sie fühlen sich als Bittsteller in einer untergeordneten Position, andererseits glauben sie, den Kunden als Erfüllungsgehilfen für ihre Neukundenakquise zu instrumentalisieren – dabei profitiert doch auch der Kunde von der Empfehlungsfrage! Ein zufriedener Kunde ist stolz auf seine Entscheidung, möchte seinen Kollegen und Freunden gern von diesem Erfolg erzählen, das Produkt vorstellen und damit „protzen".

Außerdem treibt viele Verkäufer die Angst vor der Kaufreue ihres Kunden um. Sie fürchten, nach erfolgreichem Abschluss den Kunden durch die Frage nach Empfehlung zu verärgern oder kritische Nachfrage nach dem geraden verkauften Produkt zu provozieren. So treten sie lieber den schnellen Rückzug an, um den momentanen Erfolg unbeschwert „genießen" zu können, ohne an neue Kunden und weitere Abschlüsse denken zu „müssen" – dabei ist die Situation wie geschaffen für eine Empfehlungsfrage! Der Kunde „honoriert" doch den Einsatz des Verkäufers – die Anbahnung neuer Kontakte wird dann quasi als verstecktes Beratungshonorar aufgefasst.

Auch wenn ein Kunde mal „Nein“ sagt – und das ist schließlich Verkäuferalltag und kein Fiasko! –, so fasst er die Frage nach einer Empfehlung in der Regel nicht als Belästigung oder Zumutung auf, ganz im Gegenteil: Sie wird von ihm durchaus als indirekte Streicheleinheit empfunden, denn in der Frage nach Kontakten steckt eine Aufwertung seiner Person, er ist stolz, vom Verkäufer nach seiner Meinung gefragt zu werden.

In dieser Situation stärken Sie das Geltungsbedürfnis Ihres Kunden, denn zum einen versetzen Sie ihn in eine stärkere Position und überlassen ihm die Entscheidung, ob er Ihrem Anliegen nachkommt. Zum anderen trauen Sie Ihrem Kunden ja offensichtlich einen entsprechenden Bekannten- und Kollegenkreis zu, der für seine Empfehlungen offen ist. Alles in allem werten Sie ihn also auf, weil Sie ihn einer exklusiven Zielgruppe zuordnen – die der Empfehlungsgeber!

Nutzen Sie also die Euphorie des Verkaufserlebnisses, um diese durch die Empfehlungsfrage zu verlängern. Folgen Sie der alten Motivationsregel: Höre nicht auf, wenn du in Erfolgslaune bist!

Erfolgreiche Verkäufer fragen selbstbewusst

Die Empfehlungsfrage muss durchaus nicht in plump bettelnden Worten vorgetragen werden: „Tun Sie mir einen Gefallen und empfehlen Sie mich weiter!“

Warum einen zufriedenen Kunden, zu dem wir einen guten Draht haben, nicht um einen Tipp oder Gefallen bitten? Ein erfolgsreicher Verkäufer fürchtet nicht, sich einen Zacken aus der Krone zu brechen, wenn er sich bei einem zufriedenen (Stamm-)Kunden danach erkundigt, ob dieser in seinem Kollegenkreis jemanden kennt, der einen ähnlichen Bedarf haben könnte.

Unsicherheit signalisieren auch Wünsche wie: „Es wäre schön, wenn Sie mich bei Gelegenheit weiterempfehlen würden!" Der Kunde verspricht zwar, „mal dran zu denken", doch seien wir ehrlich: Natürlich denkt er nicht daran – aus den Augen, aus dem Sinn.

Eher den Charakter einer Pflichtübung macht auch folgende Formulierung: „Ach, Herr Kunde, bevor ich's vergesse ... ich hätte noch eine Bitte an Sie: Sie wissen ja, dass ich ganz auf Empfehlungen angewiesen bin ... Haben Sie nicht zufällig eine Idee, an wen aus Ihrem Kollegenkreis ich mich vielleicht auch noch wenden könnte?"

Eine derart bittstellerische Formulierung, mit der sich der Verkäufer selbst ganz klein macht und ausdrückt, wie lästig ihm diese Frage ist – so lästig, dass er sie eigentlich gar nicht seinem Kunden „zumuten" will –, suggeriert mit ihrer Negativ- und Konjunktivwendung, dass der Verkäufer eigentlich gar keine Empfehlung erwartet. Wie kann er denn allen Ernstes bei so einer ungeschickten, unmotivierten Fragestellung damit rechnen, dass ihm sein Kunde Kollegen nennt, die auch an dem Produkt Interesse haben?

Führen Sie Ihren Kunden stattdessen ganz gezielt zur Empfehlungsfrage: „Herr Kunde, welche Faktoren sind es eigentlich, die Sie an unserem Produkt schätzen?" Mit seiner Antwort wird Ihr Kunde seine Zufriedenheit bestätigen und Ihnen die wertvolle Auskunft geben, worauf er besonderen Wert beim Produkt legt. Er malt sich die Vorteile Ihres Angebots sozusagen selbst noch einmal aus – ein guter Moment, um die präzise Empfehlungsfrage stellen zu können: „Wem unter Ihren Kollegen kann denn dieses Produkt ebenso nutzen wie Ihnen? Wer kann noch von unserem Service profitieren?"

Merken Sie was? Dieser letzte Satz spart sich jeden Konjunktiv! Stattdessen vermittelt er die Selbstsicherheit des Verkäufers, der keinen Zweifel daran lässt, dass er mit seinem Produkt auch anderen Menschen Vorteile verschafft. Zudem wertet der Verkäufer den Kunden auf, indem er ihn zum Entscheider macht, der anderen einen Gefallen tut.

Ein Name ist nur ein Name

Ein Name allein ist noch keine Empfehlung – Sie brauchen unbedingt noch ein paar Zusatzinfos, um diesen Namen zu qualifizieren, um abschätzen zu können, welches Neukundenpotenzial tatsächlich hinter diesem Namen steckt. Stellen Sie Ihrem Kunden also ruhig noch zwei, drei Zusatzfragen, die Ihnen in der jeweiligen Gesprächssituation angemessen erscheinen:

- „Warum fällt Ihnen spontan gerade dieser Kollege/diese Kollegin ein?"
- „Wie gut kennen Sie ihn/sie?"
- „Welchen Bedarf hat er/sie?"
- „Bei wem hat er/sie bisher gekauft?"
- „Zu welchem Zeitpunkt ist denn ein Anruf am günstigsten?"
- „Was ist denn wichtig für das erste Kennenlernen? Worauf sollte ich achten?"

Vom richtigen Umgang mit Empfehlungen

Wer eine Empfehlung oder Referenz bekommt, ist verpflichtet, dieser auch nachzugehen – das erwartet der Empfehlungsgeber. Er ist zu Recht enttäuscht, wenn seine Empfehlung unbeachtet bleibt, denn demonstrativer kann ein Verkäufer seinem Kunden gar nicht zeigen, wie gering er dessen Empfehlungsbemühungen schätzt!

Selbstverständlich sollten Sie Ihren Empfehlungsgeber auch zeitnah darüber informieren, wie und wann Sie den Empfohlenen angesprochen haben und wie die Reaktion des Empfohlenen ausfiel. Kunden fragen spätestens beim nächsten Besuch nach, was aus der Empfehlung geworden ist. Bringen Sie sich selbst nicht mit einer schlechten Ausrede in Verlegenheit: „Ach so ... jaaa ... äääbhh ... wissen Sie, ich hatte so viel zu tun, dazu bin ich noch gar nicht gekommen ...“ Schlimmer geht's nimmer!

Danken Sie dem Empfehler entsprechend dafür, wenn die Empfehlung zum Erfolg führt. Zumindest sollten Sie ihn anrufen; besser ist es allerdings, ihm einen Brief mit ein paar Zeilen des Dankes zu schreiben. Noch schöner ist freilich ein Danke, wenn dem Brief ein kleines Präsent beiliegt, zum Beispiel ein Buch mit Ihrer Widmung, ein Blumenstrauß für den ersten Probekauf des Empfohlenen, eine angemessene Bonusgutschrift oder ein Incentive bei Folgekäufen.

Mit geschickt gestaffelten „Dankeschöns“ lassen sich ganze Incentive-Wettbewerbe starten, um Kunden zu Empfehlungen zu motivieren – „Mitmachen, mitgewinnen“ wäre ein Slogan, um das Verkaufsgespräch auf die Frage nach Empfehlungen zu lenken!

Multiplikatorenwerbung

Multiplikatoren sind Kunden, die Sie gezielt und organisiert weiterempfehlen. Gelegentlich sprechen wir auch von Vermittlern.

Damit Sie sich vom Durchschnitt Ihrer Kollegen und Wettbewerber abheben, müssen Sie Ihre Verkaufskraft multiplizieren. Ihre Verkaufsgespräche müssen so gut sein, dass Ihre Kunden gern und oft verschiedenen potenziellen Neukunden davon weitererzählen.

Sie haben richtig gelesen: Sie sollen von Ihren Kunden gezielt und organisiert vermittelt werden. Dazu ist es notwendig, dass Sie einen Interessenten zum Kunden machen und diesen dabei so zufrieden und glücklich machen, dass er aus eigenem Antrieb bereit ist, auf Dauer von Ihnen zu erzählen, Ihnen den roten Teppich auf dem Weg zu allen möglichen Leuten auszurollen, die er kennt oder die er für Sie kennen lernt.

Beispiele

- Ein Tankwart vermittelt „seinem“ Autoverkäufer Interessenten für Neu- und Gebrauchtwagen.
- Ein Versicherungsvertreter schickt seine Kunden bei Unfallschäden (oder anderen Interessen) zu „seinem“ Autovermieter.
- Ein Bankmitarbeiter kennt die Adresse eines seriösen Immobilienmaklers und bittet seine Kunden, sie sollen diesem doch einen Gruß vom ihm ausrichten.
- Ein Vorsitzender schließt selbst zum Beispiel Pferde- oder Hundehaftpflichtversicherungen mit Mitgliedern seines Vereins ab.

- Ein Hausrenovierer bittet seine Kunden, ganz gezielt in der Nachbarschaft Werbung zu machen und dabei das eigene Objekt als Reverenz zu zeigen.

Der Aufbau eines solchen Multiplikatorenpools hat vor allem drei Voraussetzungen:

- Der Multiplikator muss Ihr Produkt selbst gekauft haben. Auf keinen Fall dürfen Sie ihm das Produkt schenken. Außerdem muss er damit sehr zufrieden und glücklich sein, um den Antrieb zu verspüren, von seiner Zufriedenheit und seinem Glück weiterzuerzählen.
- Sie briefen Ihren Multiplikator kurz mit den Argumenten, die für Ihr Produkt sprechen, um ihn „sattelfest“ zu machen.
- Ihr Multiplikator soll bei potenziellen Interessenten lediglich Neugier wecken, eine Empfehlung aussprechen und gegebenenfalls einen Termin für Sie vereinbaren. Umfangreiche Prospekte in seiner Hand bringen ihn in Versuchung, angesichts der ihm in Aussicht gestellten Vergünstigungen gegenüber Interessenten völlig zu übertreiben.

Wie arbeiten wir auf Dauer mit Multiplikatoren?

Multiplikatoren sind anfänglich schnell zu begeistern, doch nach einer gewissen Zeit, nachdem alle Bekannten „abgeklappert“ sind, flacht das Interesse schnell wieder ab.

Deswegen sollten Sie Ihre Multiplikatoren „eng“ führen. Treffen Sie sich öfters und regelmäßig in Gruppen, um neues Feuer zu entfachen:

- Danken Sie den Leistungsträgern.
- Gratulieren Sie den „Jubilaren".
- Fordern Sie Ihre Multiplikatoren zu Fragen auf, regen Sie den Erfahrungsaustausch an.
- Motivieren Sie Ihre Multiplikatoren zum Benchmarking, sich also an den Besten zu orientieren.

Mit einem Paukenschlag, dynamischer Motivation, Lust und Laune geht es dann wieder ans Vermittlungswerk!

Sie müssen ständig bereit sein, gerade Ihren Multiplikatoren die Anerkennung zu zollen, die sie erwarten, wenn sie ihre Leistung erbracht haben. Ein einfaches Danke reicht meist nicht – schließlich befinden wir uns im kommerziellen Bereich!

Daher müssen Sie die Leistungsentlohnung gründlich durchdenken. Die Erfahrung zeigt: Regeln Sie alles nur mit Geld, steigen die Erwartungen Ihrer Multiplikatoren. Geld kann in Form von Provisionen oder Prämien gezahlt werden. Je nach Qualität des Vorverkaufs darf diese zwischen 10 und 30 % dessen ausmachen, was Sie als Verkäufer am Ende selbst unterm Strich erhalten.

Für manche Menschen und Berufsgruppen sollten Sie allerdings eine Sachleistung in Betracht ziehen. Dabei müssen Sie sich überlegen, was Sie Ihrem Vermittler schenken können – am besten etwas, das er sich sonst nicht gönnt. Versagt er sich zum Beispiel:

- Besuche von teuren Theaterpremieren?
- Teure Karten für Open-Air-Konzerte?
- Ein Luxusessen im Gourmetrestaurant?
- Ein Wochenende mit einem Cabrio?
- Einen Bergaufstieg mit Reinhold Messner?
- Einen Multifunktions-Partygrill?
- Edle Seidenkrawatten?

Der Köder muss bekanntlich dem Fisch schmecken und nicht dem Angler. So ist es auch mit Sachleistungen. Es geht darum, etwas zu finden, das der Multiplikator gerne besäße, und ihm dieses Geschenk in Aussicht zu stellen.

Übrigens: Wenn Sie mehrere Multiplikatoren haben, dann sollten Sie diesen für die Erreichung eines Gruppenzieles eine kreative Grillparty versprechen. Die Erinnerungen daran bleiben lange wach, weil Ihre Multiplikatoren sie mit dem entsprechenden Anlässen verknüpfen.

Mit Geld allein erreichen Sie keine Loyalität, sondern lediglich, dass Ihre Multiplikatoren eine genau definierte und abgegrenzte Leistung ohne darüber hinausgehende Motivation erbringen. Dagegen schaffen Sie mit Sachleistungen, die den emotionalen Bedürfnissen Ihrer Multiplikatoren, ihren Wünschen und Sehnsüchten entspringen, zusätzlich eine Loyalität gegenüber Ihrer Person.

Mit diesem Buch als Geschenk können Sie gerade Ihren Multiplikatoren eine besondere Freude machen. Ganz locker und entspannt kann jeder von ihnen genau die Abschnitte lesen, die er dann für seine Vermittlungspraxis benötigt.

Das Credo des Starverkäufers lautet:
Mein treuester Kunde ist der, der mich ständig weiterempfiehlt!

13 Erfolgreich verkaufen mit B.I.SS. – eine kleine Gebrauchsanweisung

Als Verkäufer sollten Sie wissen, wo Sie stehen, wie Ihr persönlicher Standort ist, denn nur so können Sie sich orientieren, sich (neu) ausrichten und konsequent Ihre Vertriebsleistung verbessern.

Die Reutter-Group in Fellbach bei Stuttgart hat einen Test entwikkelt, durch den Sie Ihr Selbstbild und Profil als Verkäufer systematisch und schnell bestimmen können: B.I.SS.

Anhand der Musteranalyse können Sie den dreistufigen Aufbau des Tests erkennen: die beiden Hauptkomponenten Effektivität und Vertriebsregelkreis und die jeweils dazugehörigen Parameter, die sich ihrerseits in Einzelaspekte ausdifferenzieren.

Grundeffektivität

Von Verkäufern, die eine klare Vorstellung von ihren *realistischen* Zielen entwickelt haben, kann man Zielstrebigkeit erwarten. Die Zielkontrolle ist oft ein Manko von Verkäufern, deswegen meiden sie gern Soll-Ist-Vergleiche ihrer (Selbst-)Führungskraft.

Doch diese Soll-Ist-Vergleiche sind sehr wichtig, damit Sie sich an den Besten und Leistungsstärksten messen und sich deren Fähigkeiten und Fertigkeiten aneignen können.

Persönliche Fertigkeiten

Die absolute Leistungsorientierung dominiert – aber zu viel Fachkompetenz kann schaden, denn viel wichtiger ist Ihre Problemlösungskompetenz, damit Sie Ihrem Kunden einen wirklichen und individuellen Nutzen vermitteln und schaffen. Nur wer als Verkäufer über genügend Sozialkompetenz verfügt, kann langfristige und „glückliche" Kundenbeziehungen aufbauen, die ihn und seine Kunden begeistern!

Rolle und Situation

Spielt ein Verkäufer überhaupt eine Rolle? Oder soll er so stark an seiner Persönlichkeit arbeiten, dass er sich selbst in seinem Beruf (seiner Berufung!?) verwirklicht? Ihre Identifikation mit Ihrer Aufgabe und Ihr Selbstverständnis (Rollenbewusstsein) als Verkäufer sind hier gefragt!

Vertriebsregelkreis

Der B.I.SS.-Test folgt (chrono-)logisch dem Gang eines typischen Verkaufsprozesses. Er beginnt mit der Vorbereitung und endet bei der Kundenpflege. Im daraus folgenden Kunden-Feedback mit entsprechenden Weiterempfehlungen ist bereits der „Neustart" des Verkaufsprozesses/ Vertriebsregelkreises – mit Ihrem neu akquirierten Kunden! – und damit der weitere Ausbau Ihrer Kundenbeziehungen angelegt. Die Elemente des Vertriebsregelkreises sind typisch für ein gutes Verkaufstraining.

Interessiert?

Den Text können Sie als Leser von E.N.D. (Erich-Norbert Detroy) zu *Sonderkonditionen* unter www.potenzialdiagnostik.de mit der E.N.D.-User-ID 839017 anfordern.

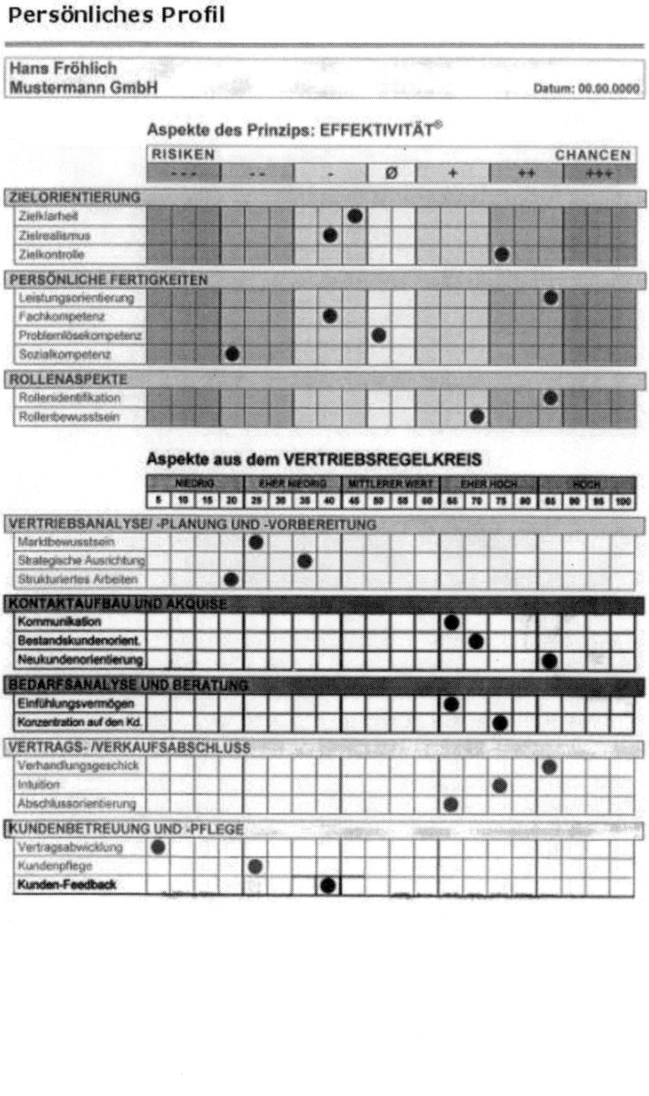

Literaturverzeichnis

Christiani, Alexander: *Magnet Marketing*. Frankfurt am Main: Frankfurter Allgemeine Buch, 2002.

Christiani, Alexander: *Weck den Sieger in dir! In 7 Schritten zu dauerhafter Selbstmotivation*. Wiesbaden: Gabler, 2. Auflage 2000.

Detroy, Erich-Norbert: *Engpass Preis?* Wien: Signum, 2. Auflage 1999.

Detroy, Erich-Norbert: *Sales Spirit. Was Spitzenverkäufer zu allen Zeiten auszeichnet*. München: Redline, 2003.

Detroy, Erich-Norbert/Scheelen, Frank M.: *Jeder Kunde hat seinen Preis. Wie Sie Verhandlungen individuell führen und gewinnen*. Berlin/Regensburg: Metropolitan, 2003

Detroy, Erich-Norbert: *Mit Begeisterung verkaufen*. München: Moderne Industrie, 5. Auflage 1999.

Detroy, Erich-Norbert: *Sich durchsetzen in Preisgesprächen und Preisverhandlungen*. München: Redline, 13. Auflage 2004.

Fink, Klaus J.: *Empfehlungsmarketing. Königsweg der Neukundengewinnung*. Wiesbaden: Gabler, 2. Auflage 2003.

Fink, Klaus J.: *Bei Anruf Termin. Telefonisch neue Kunden akquirieren*. Wiesbaden: Gabler, 2. Auflage 2002.

Köhler, Hans U. Köhler: *Verkäufen ist wie Liebe. Nutzen Sie Ihre emotionale Intelligenz. Das Handbuch für Verkäufer*. Berlin/Regensburg: Metropolitan, 9. Aufl. 2003.

Köhler, Hans U.: *Love Selling*. Offenbach: Gabal, 2003.

Kreuter, Dirk: *Der Messetrainer. In fünf Schritten zu neuen Messekunden*. Wiesbaden: Gabler, 2002.

Kreuter, Dirk: *Verkaufs- und Arbeitstechniken für den Außendienst. Key-Account-Management, Kundenbesuch, Nachbereitung*. Scriptor, 2005.

Limbeck, Martin: *Siegerstrategien für Verkaufsprofis*. Wien: Signum, 2002.

Limbeck, Martin: *Das neue Hardselling. Verkaufen heißt Verkaufen*. Wiesbaden: Gabler, 2005.

Scherer, Hermann (Hg.): *Von den Besten profitieren. Erfolgswissen von 12 bekannten Management-Trainern*. Offenbach: Gabal, 5. Auflage 2001.

Scherer, Hermann (Hg.): *Von den Besten profitieren. Band II. Erfolgswissen von 14 bekannten Management-Trainern*. Offenbach: Gabal, 2002.

Stichwortverzeichnis

C

D

E

F

G

T

U

V

W

Z